"당신은 행복 자체입니다."

당신에게 있는 행복을
충분히 누리시길 바라면서…

_____ 님께

_____ 드림

리셋!
눈부신 탄생

리셋!
눈부신 탄생
RESET!

글 **김필수** (리셋 컨설팅)

살림Biz

힘이 빠진 삶에 의지와 열정을 불어넣고 싶은 모든 이들에게 『리셋!』을 추천한다. 잊고 있었던 행복의 의미를 다시 생생히 느끼게 하고, 읽는 이로 하여금 새로운 자신으로 재부팅하게 하는 이 책의 강력한 진정성은 많은 독자들을 감동시킬 것이다.

– 김형윤 (MBC 시사교양국 PD)

행복에 이르는 공식을 다루는 책들은 부지기수로 많다. 그럼에도 불구하고 『리셋!』이 특히 탁월한 이유는, 읽고 나서 도저히 따라 해 보지 않을 수 없게끔 독자를 설득하기 때문이다. 보다 많은 사람이 '눈부신 탄생'을 경험하길 진심으로 바란다.

– 박창배 (월간 「글로벌 HR」 발행인)

살다 보면 세상살이에 답이 없어 보일 때가 있다. 경제적 어려움, 일에서의 낙오, 인간관계의 넝쿨 등에 얽혀서 말이다. 『리셋!』은 바로 그와 같은 때에 세상에서 시선을 거두어 자신을 돌아봄으로써 세상살이의 절대 답으로 이끄는 안내서다.

– 성리화 (월간 「행복한 인생」 발행인)

『리셋!』은 '행복한 삶'이라는 다소 추상적인 목적지를 향하는 실제적인 길을 단계별로 제시하며 이끄는 책이다. 간절한 열망과 열정의 중요성은 알지만 구체적으로 어떻게 그것을 현실로 실현해야 할지 알지 못했던 사람들에게 이 책은 진가를 발휘할 것이다.

– 윤경희 (삼성SDS 리더십아카데미 센터장, 교육공학 박사)

『리셋!』은 우리가 평소에 지나치듯 하는 말과 생각, 느낌이 어떤 면에서 중요한지, 또 그것을 어떻게 행복을 위해 사용할 수 있는지를 자세히 설명한다. 이 시대를 사는 사람이라면 누구든 이 책을 처음부터 끝까지 차분히 읽어볼 것을 진심으로 권한다.

– 윤영화 (한국NLP센터 원장, 생리심리학 박사)

사람마다 삶에서 원하는 것은 다르지만, 그것이 귀착되는 지점은 바로 '행복'일 것이다. 그러나 막상 행복을 향한 길은 멀고 험난하게만 느껴진다. 『리셋!』은 행복의 원리를 설명함과 동시에 아주 간단하고 쉬운 실천의 방법을 가르쳐준다는 점에서 매우 탁월한 자기계발서다.

– 윤원철 (서울대학교 인문대학 교수)

기존의 다른 자기계발서를 통해 '보다 나아진 자신'을 발견했다면, 이제는 『리셋!』에서 제시하는 단계별 자기계발법을 따라 '최고의 자신'으로 한 번 더 도약할 차례다. 단언컨대 우리의 삶에 있어 이보다 더 '눈부신 탄생'은 없을 것이다.

– 한성환 (대우조선해양 경영혁신그룹 상무)

'리셋(Reset)'은 시스템을 초기 상태로 되돌리는 것이다. 컴퓨터가 제대로 작동하지 않을 때 '리셋' 버튼을 누르면 처음부터 다시 시작할 수 있다. 그러나 현실적인 삶은 그렇지 않아서, 내가 원하지 않는 사건들이 꼬리에 꼬리를 물고 일어나도 어찌할 방법이 없다. 한 번 저지른 실수가 결코 돌이킬 수 없는 것이 되기도 하고, 한 번 받은 상처가 평생 지워지지 않기도 한다. 지금 나에게 주어진 환경과 조건들을 마음대로 바꿀 수만 있다면, 혹은 잘못 선택했던 그 결정적인 순간 이전으로 삶을 '리셋'할 수만 있다면 얼마나 좋을까?

많은 사람들이 '즐겁지 않은 현실'로 고민하고 있다. 자신이 하는 일에 재미를 못 느끼고, 그저 주어진 업무들만을 처리하며 스트레스와 피로에 시달린다. 그러나 모든 사람이 다 그런 것은 아니다. 어떤 이는 힘든 일을 하면서도 늘 싱글벙글 웃음을 잃지 않고, 일에 열정적으로 달려들어 탁월한 성과를 낸다. 그런 사람들을 보면 나는 부러움을 느낀다. 저렇게 늘 유쾌하고 힘차게 생활하며 가정이나 직장 할 것 없이 모든 주변 사람들에게 즐거움과 활력을 불어넣어 줄 수 있다면 얼마나 좋을까?

이 책의 제목을 '리셋!'이라고 한 이유가 그것이다. 모든 이에게는 자신이 꿈꾸는 삶이 있지만, 대개는 그것이 현실에서 이루어질 수 없다고 생각한다. 어떤 사람은 상처와 고통으로 얼룩진 삶에 지쳐 더 나은 삶에 대한 희망을 접기도 한다.

그러나 삶을 완전한 모습으로 되돌리는 것은 얼마든지 가능하다. 문제가 있을 때 컴퓨터처럼 리셋 버튼만 누르면 모든 것이 해결된다는 말이 아니다. 밖으로만 향하고 있던 시선을 리셋하여 안으로 돌리라는 것이다. 내가 바라는 모든 것들이 이미 내 안에 완성되어 있다는 사실을 발견하기만 하면, 누구나 자유롭고 풍요로운 삶으로의 '눈부신 탄생'을 경험하게 될 것이다.

이 책은 삼성SDS 멀티캠퍼스와 리셋 컨설팅의 전신인 (주)컨설팅그룹 에너자이저가 공동 개발한 e-learning 프로그램 '에너자이저의 빛 — 직장인을 위한 탁월한 성과 창출의 비밀'에서 강의한 내용을 바탕으로 하되, 직장인뿐만 아니라 일반인 누구라도 자신의 삶에 적용할 수 있도록 자료를 보충하여 재구성한 것이다.

사실 이 책의 필자로 내 이름을 올린다는 것이 송구스럽다. 비록 필자가 이해하고 체험한 내용을 글로 옮긴 것이라고 하더라도, 이 책의 내용 중 어느 것 하나도 나의 스승님, 리셋 컨설팅 신병천 마스터께 배우지 않은 것이 없기 때문이다.

스승님은 내가 오래도록 지녀 온 삶에 대한 물음에 해답을 얻고 행복한 삶을 누릴 수 있도록 이끌어 주신 분이다. 어려서부터 나는 '나는 무엇인가?', '삶의 의미는 무엇인가?', '행복이란 무엇인가?', '지속적으로 행복한 삶이 가능한가?' 등 삶에 관한 여러 가지 질문들을 가지고 있었다. 하지만 어디에서도 그 답을 얻을 수 없었다. 그러나 스승님께서는 그 모든 질문들에 명쾌하게 대답해 주셨고, 그 해답에 대한 분명한 인식은 나의 삶을 송두리째 바꾸어 놓았다.

나는 일곱 살 때 하반신 마비를 겪고 관절이 불편한 장애를 극복하며 나름대로 낙천적인 자세로 살아왔지만 삶이 그렇게 순탄치만은 않았다. 학교를 다닐 때는 공부 잘하는 학생으로 인정을 받기도 했지만, 무한 경쟁의 사회생활은 나에게 견디기 힘든 압박감과 좌절감을 가져다주었다. 마음이 불편하니 건강이 좋을 리 없었고 경제적인 문제든 대인 관계든 풀리는 일이 없었다. 그러던 중에 마스터님의 세미나에 참여하여 강의를 듣고 코칭을 받으면서 나의 인생은 놀랍게 바뀌었다.

늘 예민하고 긴장과 불안에 사로잡혀 있던 사람이 언제나 마음이 편안하고 유쾌한 사람으로 변했다. 1년 내내 감기에 시달렸던 나였지만 이젠 겨울에 장갑을 끼지 않고 코트를 입지 않는다. 그런데도 지난 20년간 감기로 앓아누운 적은 단 한 번도 없었다. 사람 만나는 걸 좋아하기는 했지만 정작 인간관계에서는 늘 불편함을 느꼈던 내가 이제는 누구를 만나든 즐겁기만 하다. 영어 강사를 하던 시절에는 가는 학원마다 망하는 '재수 없는' 사람이었다. 그러나 이제는 하는 일마다 좋은 성과를 내는 '재수 좋은' 사람이 되었다. 누구라도 '진짜 자신'을 발견하면, 자신의 무한 능력을 발휘하면서 이러한 삶을 누릴 수 있다.

스승님의 가르침을 실제로 체험하면서 나는 돈벌이가 제법 되던 학원 강의를 과감하게 접고 스피리추얼 코치(spiritual coach)와 컨설턴트로 뛰어들었다. 영어를 잘 가르쳐서 아이들을 좋은 대학에 보내는 것도 보람 있는 일이었지만, 과거의 나처럼 힘든 삶을 살아가는 사람들에게 '눈부신 탄생'의 소식을 알려 주고 싶은 마음이 더 간절했기 때문이다. 새로운 생각 하나를 받아들임으로써 이전에는 상상도 못했던 행복한 삶을 누리게 된다고 길거리에서라도 외치고 싶었다. 기업체나 공공기관, 학교에서 강의를 하면서, 청소년 비전캠프를 열면서, 내가 바라는 것은 단 하나, 참석한 분들 모두가 진정한 자기를 발견하고 행복한 삶을 살아가는 것밖에 없다.

어떤 분들에게는 이 책의 내용이 이해하기 어렵거나 허황된 것으로 여겨질 수도 있다. 하지만 이제까지 가지고 왔던 생각들은 내려놓고, 생소할 수도 있는 이 이야기에 귀 기울여 주시기를 부탁드린다. 자기 생각에 따라 펼쳐지는 것이 삶이라고 한다면, 이전 생각만을 고집할 때의 삶은 지금까지 살아온 삶과 별반 다를 것이 없을 것이다. 그러니 마음을 활짝 열고, '어째서 그렇지?'하는 호기심을 가지고 읽어 주시기를 바란다. 진정한 성공과 행복을 갈망해 온 분들에게는 이 한 권의 책이 인생을 완전히 바꾸어 주는 계기가 될 수 있을 것이다.

이 책을 접하는 모든 분들이 자신이 육체적인 존재가 아니라 정신적인 존재임을 깨닫고, '진짜 자기'가 무한 능력의 존재임을 발견하며, 그 능력을 발휘하여 탁월하고 행복한 삶을 사시기를 바란다. 무엇보다 그 사람이 바로 당신이기를 진심으로 바란다.

Step ❺ 진정한 행복을 누린다

Step 1

행복을
정의하라

중요한 것은
눈에 보이지 않는다

RESET

⏻

우리 앞뒤에 놓여 있는 것은 사소한 문제들이다.
우리 안에 있는 것과 비교한다면.

우리 안에 있는 것을 꺼내어 세상에 펼쳐 놓을 때
기적은 일어난다.

— 헨리 데이빗 소로(Henry David Thoreau)

중요한 질문을 하라

**지금 나는
행복한가?**

우리는 살아가면서 많은 질문을 한다. 그런데 그 질문들의 내용은 "몇 시까지 가야 되지?", "가장 가까운 주유소가 어디야?", "이번 달 전기요금이 왜 이렇게 많이 나왔어?" 등 당장 눈앞에 벌어지고 있는 상황, 즉 대부분 지극히 사소하고 순간적인 것이다. 하지만 정말 중요한 질문은 놓치고 살아가기 쉽다. '지금 나는 행복한가?'라고 스스로 물어보자. 행복을 원하면서도 정작 그것에 대한 질문은 지금까지 잘 해 보지 않았을 테니 말이다.

어느 드라마에 나왔던 장면이다. 사랑하던 남녀가 헤어진 후 각각 다른 사람과 결혼을 했다. 그리고 오랜 세월이 흐른 뒤에 다시 만난 둘은 서로 머쓱하게 마주앉아 있다.

여자가 먼저 말문을 연다. "어떻게 지내? 행복하게 살고 있어?"

남자가 대답한다. "그저 그렇지 뭐……."

이번엔 남자가 여자에게 묻는다. "너는 어때? 행복해?"

여자가 대답한다. "나도 그냥 그래."

어쩌면 이게 가장 평범한 모습일지도 모른다. 삶 전체를 돌아보는 계기가 있어야만 평소에는 잘 하지 않던 행복에 대한 질문들을 어색하게 던지는 것이다. 그러나 그나마도 분명한 대답은 없다.

흔히들 돈을 많이 벌거나 건강해지면, 혹은 다른 사람들에게 인정을 받거나 목표한 일을 성취하면 행복해질 것이라고 믿는다. 그러나 정작 '지금 나는 행복한가?'라는 질문은 던지지 않는다. '정말 내가 원하는 행복은 무엇인가?'라고는 더더욱 묻지 않는다. 그저 우리에게는 회사 업무의 마감일, 집안 행사의 처리 문제, 자녀들의 성적 등 당장 눈앞에 드러나는 문제들에 대한 관심만 있을 뿐이다.

그래서 나는 기업체 교육이나 강연을 할 때 참여자들에게 세 가지 질문을 한다. 이 질문들에 대답하기 위해서는 삶 전체를 넓은 시각에서 다시 바라봐야 한다. 이제 당신에게 이 질문들을 던져 볼 차례다.

지금 느끼는 과거와 미래

첫 번째는 '지금까지 후회 없는 삶을 살아왔는가?'라는 질문이다. 이에 대해 많은 사람들은 '그렇지 않다'고 대답한다. 어떤 사람은 "지난날에 후회할 일 하나 없는 사람이 있겠습니까?"라고 반문하기도 한다. 대부분 '그때 이렇게 했더라면 더 좋았을 텐데…….' 싶은 과거가 있는 것이다. 그중에서도 특히 아쉽거나 돌이킬 수 없이 아픈 부분은 최선을 다하지 못한 채 실패한 순간, 그리고 부모님 생전에 다하지 못한 효도에 관한 것이다.

그러나 모든 사람이 공통적으로 생각하는 것이 있다면 바로 '지나간 일은 어쩔 수 없다'는 것이다. 그러나 사실은 그렇지 않다. 내가 지금 어떤 상태에 있느냐에 따라서 과거의 의미와 느낌이 달라지기 때문이다.

지금 성공해서 만족스럽고 행복한 삶을 살고 있다면 과거에 힘겨웠던 일들도 고맙게 느껴진다. "지난 어려움이 없었더라면 아마도 오늘의 제가 없었을 겁니다."라는 누군가의 고백이 낯설지 않은 이유다. 반면에 지금 가난과 질병에 시달리는 사람이라면 어떨까? 불우했던 어린 시절과 고통스러웠던 경험에 대해 고맙기는커녕, 아마도 원망과 분노의 감정을 느낄 것이다.

그렇다면 보다 중요한 두 번째 질문을 던질 차례다. '지금 나는 기쁘고 만족스러운 삶을 살고 있는가?' 이 질문의 대답에 따라 과거의 의미는 달라진다. 그리고 이 질문은 세 번째 질문인 '나는 어떤 비전을 이루어 가고 있는가?'와 직결되어 있다. '비전(vision)'은 내가 성취하고 싶은 것에 대한 생생한 이미지로서 가장 행복한 상태의 이미지라고도 할 수 있는데, 이것을 늘 품고 사는 사람은 언제나 행복감을 느낀다.

처음 만나 한눈에 반해 버린 여학생이 있었다. 헤어지면서 또 만날 수 있겠느냐고 물었더니 흔쾌히 그러자고 했다. 기뻐서 날아오를 것만 같았다. 손꼽아 기다리던 그날이 오고, 버스정류장에서 약속 장소로 가는 버스를 기다리고 있었다. 그때 나는 그 여학생을 만날 생각에 마음이 설레어 그녀 외에는 아무 생각도 나지 않았다. 드디어 버스가 왔다. 벅찬 마음으로 버스에 올라탔다. 한 정거장, 두 정거장……. '아, 이제 곧 그녀를 만나겠구나!' 얼마나 가슴이 두근거리고 기쁨이 솟구치던지, 그때 그 장면은 지금도 생생하다.

그녀를 만나는 것이 비전이라면, 버스 정류장에 서 있는 것이 지금 내가 해야 할 일이다. 당신이 간절히 원하는 비전은 무엇인가? 그리고 그 비전을 위해 지금 해야 할 일은 무엇인가? 그것이 직장 업무든 학교의 과제나 시험이든 집안을 돌보는 일이든 상관없다. 지금 주어진 일을 통해 내 비전이 이루어진다면 어떤 느낌이겠는가? 사랑하는 사람을 만나려고 정류장에서 버스를 기다릴 때처럼 가슴이 뛰지 않겠는가? 자신이 하는 일에서 비전을 본다면 그 사람은 매 순간 즐거움과 행복을 누리는 삶을 살 것이다.

그렇기에 행복한 삶을 위해서는 삶 전체를 포괄하는 근본적인 질문을 던지는 것이 중요하고, 그것이 곧 행복의 출발점이다. '지금 나는 행복한가?', '내가 원하는 행복은 무엇인가?', '내가 행복하게 살고 있다면 어떤 모습이겠는가?' 그것이 진정한 비전이다. 그 비전이 분명하고 생생한 느낌으로 살아날 때 새로운 삶으로의 '눈부신 탄생'이 가능한 것이다.

질문과 대답, 그리고 변화

삶의 근본적인 질문에 대한 분명한 대답을 찾지 못했을 때, 나는 삶이 힘겹게만 느껴졌다. 나름대로는 열심히 살고 주어진 일에 최선을 다하려고 노력했다. 하지만 여러 어려움이 한꺼번에 닥쳐올 때는 그냥 주저앉아 버리고 싶었다. 어려서부터 관절이 불편하여 3급 장애 판정을 받았던 나는 학원에서 강의를 하면서도 늘 질병과 만성 피로에 시달렸다.

결혼을 하고 첫 아이가 태어났을 때에는 경제적인 시련까지 겹쳐서 찾아왔다. 강의를 하던 학원이 빠르게 성장하는 것을 보고 적지 않은 돈을 투자했는데, 그 학원이 망해 버린 것이다. 당장 수입은 없고, 투자금은 다 날렸는데, 새 아파트를 분양 받으려고 큰 금액을 대출해 놓았던 터라 그 이자와 생활비를 대기 위한 돈은 계속 필요한 상황이었다. 어려움이 한꺼번에 겹쳐서 밀려오니 정말 어떻게 해야 할지 갈피를 잡을 수 없었다.

'이걸 어떻게 하면 좋지? 도대체 내가 결혼을 왜 한 거야? 왜 이렇게 무책임한 결정을 내렸을까?' 아내가 못마땅하거나 미워서가 아니라, 가장으로서의 능력을 갖추지 않은 채 결혼하고 아이를 낳았다는 자책감 때문에 많은 생각이 들었다. '내 삶은 왜 이렇게 고통스럽고 힘들기만 한 것일까?' 마음이 아팠다. 그러니 몸도 아팠다. 물리 치료를 받아도 그때뿐이었다. 고통의 밤은 길고 희망의 빛은 보이지 않았다.

하지만 절망의 끝이 희망의 시작이라고 했던가? 그때 참여한 것이 스승님의 세미나였다. 스승님의 강의를 들으면서, 한동안 잊어버리고 있던 근본적인 질문들, 즉 '내가 인생에서 정말 원하는 게 뭐지?', '내가 추구하는 행복이란 건 어떤 거지?' 등의 물음을 나 자신에게 다시 던지게 되었다. 스승님께서는 "가장 중요한 질문은 '나는 무엇인가?'다. 이 질문에 대해 정확하게 대답할 때 삶 전체는 변화한다."라는 말씀을 해 주셨다.

다시 질문을 시작했다. 나는 무엇인가? 대답은 이미 스승님께서 다 해 주셨다. 간단한 문장으로 쉽게 설명해 주셨지만, 상식에서 너무 벗어나는 내용들이라 처음에는 받아들이기 어려웠다. 그러나 내가 무엇인지, 진정한 행복이 무엇인지에 대해 스승님께서 알려 주신 대답이 분명한 것임을 알게 되었을 때, 내 삶은 완전히 바뀌었다. 그렇게 많은 고민을 끌어안고 한 치 앞이 보이지 않는 삶을 살던 사람이, 그토록 그리던 자유와 평화를 누리며 늘 활기차게 생활하는 사람으로 변모한 것이다.

'당신은 무엇인가?'라고 묻는다면 뭐라고 말하겠는가? '당신이 원하는 행복은 무엇인가?'라고 질문하면 어떻게 대답하겠는가? 스스로 질문하고 대답해 보라. 이 질문들에 대해 정확하고 분명하게 대답할 수 있게 된다면, 당신도 내가 경험한 것 이상의 탁월한 삶을 살게 될 것이다.

보이지 않는 것을 보라

우리는 다섯 가지 감각으로 세계를 파악한다. 눈으로 보고, 귀로 듣고, 코로 냄새 맡고, 입으로 맛보고, 피부로 느끼는 것을 현실이라고 생각한다. 그리고 감각적 경험에 덧붙여 일어나는 생각 역시 세계를 인식하는 또 하나의 방법으로 본다. 하지만 감각 기관을 통해 무엇을 인식하든 그것은 모두 마음에서 일어나는 것이다. 넓은 의미에서 보면, 오감으로 지각하고 반응하는 것도 마음에서 일어나는 일종의 '생각'이라고 할 수 있는 것이다.

그중 가장 큰 비중을 차지하는 것은 시각으로, 전체 감각에서 차지하는 비중이 50퍼센트가 넘는다고 한다. 이것은 시각이 아닌 다른 감각의 경험에도 '보다'라는 말을 결합하여 사용하는 우리말 표현에도 잘 나타나 있다. '듣다'를 '들어 보다'로, '느끼다'를 '느껴 보다'로, '냄새 맡다'는 '냄새 맡아 보다'로, 심지어 미각의 경우에는 아예 '맛보다'를 사용한다. 이처럼 시각에 많이 의존해 현실을 인식하다 보니 우리의 관심은 당장 눈에 보이는 것에 끌리기가 쉽다. 그러나 정말 중요한 것은 눈에 보이지 않는다.

『어린 왕자(Le Petit Prince)』의 어느 영어 번역본에 다음과 같은 문장이 나온다. 'The thing that is important is the thing that is not seen(중요한 것은 눈에 보이지 않는 것이다).' 참으로 옳은 말이다. '눈에 보인다'는 것은 시각으로 대표되는 감각 전체를 의미하는 것으로 볼 수 있다. 『어린 왕자』가 전달하는 메시지를 한마디로 요약한 이 문장은 '보이지 않는 것'의 중요성을 간결하게 표현하고 있다.

조금만 깊게 생각해 보면 누구라도 그것을 알 수 있다. 무언가가 슬프다고 느끼는 그 마음은 눈에 보이지 않는다. 그러나 우리 눈에 보이는 눈물이 흘러내리게 만드는 것은 바로 그 보이지 않는 마음이다. 마찬가지로 보이는 얼굴에 웃음을 짓게 하는 것은 눈으로 볼 수 없는 즐거운 마음이다. 이처럼 눈에 보이는 것은 그림자일 뿐이고 본질적인 것은 보이지 않는 마음인 것이다.

그럼에도 눈에 보이지 않는 마음이 마치 신체의 어느 부위에 있는 것처럼 생각하는 경우가 많다. 우리나라 사람들을 비롯한 동양인들은 대부분 마음이 심장에 해당하는 왼쪽 가슴에 있다고 생각한다. 반면에 서양 사람들의 80퍼센트 이상은 마음이 머리에 있다고 생각한다. 그런데 수술용 메스로 가슴을 해부하거나 두개골을 절개해서 뇌를 열어 보아도 마음을 발견할 수는 없다. 마음은 신체에 있는 것이 아니라 물질과는 다른 차원에 있는 것이기 때문이다.

흔히들 "행복은 마음에 있는 것이다."라고 이야기한다. 행복은 물질적인 조건이 충족된다고 해서 얻어지는 것이 아니라는 뜻이다. 하지만 그렇게 말하는 사람들도 대개는 눈에 보이는 돈과 명예를 쫓아다닌다. 그리고 행복은 언제나 미래 시제다. 그러면 어떻게 해야 행복을 내 것으로 만들 수가 있을까? 행복이 마음에 있는 것이라면 나의 관심을 물질적인 것에서 정신적인 것으로, 보이지 않는 마음으로 돌려야 하지 않을까?

자기 규정이 모든 것을 결정한다

응용심리학 프로그램 중에 NLP (Neuro-Linguistic Programming: 신경언어프로그래밍)라는 것이 있다. NLP는 자신이 경험한 긍정적인 감정과 상상을 통해 불러낼 수 있는 탁월한 느낌을 활용하여 문제를 해결하는 심리 기법이다. 이 프로그램의 개발과 발전에 크게 기여한 사람은 로버트 딜츠(Robert Dilts)로, 그는 다음 페이지의 그림과 같이 삶의 구성 요소를 여섯 가지로 설명한다.

그가 피라미드 모양의 도표로 단계를 나누어 놓은 것은 상위 단계가 하위 단계를 결정하기 때문이다. 다시 말해 상위 단계가 바뀌면 반드시 하위 단계도 바뀌지만, 하위 단계가 바뀐다고 해서 언제나 상위 단계가 바뀌는 것은 아니다.

맨 아래에 있는 두 단계를 놓고 생각해 보자. 상위 단계인 '행동'이

삶의 여섯 가지 구성 요소

바뀌면 반드시 하위 단계인 '환경'도 바뀌지만, 하위 단계인 '환경'이 바뀐다고 해서 반드시 상위 단계인 '행동'이 바뀌는 것은 아니다. 공부라면 지긋지긋하게 생각해서 학교에서는 책도 들여다보지 않는 학생이 독서실에서는 공부를 열심히 하겠는가? 그렇지 않다. '환경'이 바뀐다고 '행동'까지 바뀌지는 않기 때문이다.

경우에 따라서는 환경의 변화에 따라 행동이 바뀔 수도 있다. 학교나 직장을 다닐 때는 무절제하게 생활하던 사람도 군대에 가서는 규칙적인 생활과 절도 있는 행동을 하게 되는 것이 그 예다. 그러나 언제나 이런 경우가 성립하는 것은 아니다. 사회적으로 부적절한 행동을 일삼던 사람이 군대에 가서도 행동이 바뀌지 않아 문제를 일으키는 경우가 종종 있는 것이다.

그러나 '행동'이 바뀌면 '환경'은 바뀔 수밖에 없다. 전에는 쓰레기가 떨어져 있어도 본체만체하던 사람이, 쓰레기만 눈에 띄면 주워다 버리는 습관을 들였다고 하자. 그 사람이 쓰레기를 줍는 행동을 계속한다면 그가 가는 곳의 환경이 어떻게 변하겠는가? 가정이든 직장이든 학교든, 쓰레기 하나 없이 깨끗해질 것이다. 이처럼 '행동'이 변하면 '환경'도 따라서 바뀌게 된다.

같은 원리로 '역량'이 바뀌면 '행동'이 바뀐다. 노래를 잘 못해서 노래방에서는 자리에 앉아만 있던 사람이 노래를 배워서 자신감을 가지면 마이크를 놓지 않고 신나게 노래를 부른다. 이런 식으로 '가치와 신념'이 바뀌면 '역량'이, '자아 정체성'이 바뀌면 '가치와 신념'이 바뀐다. 그래서 결국 자기를 규정하는 '자아 정체성'의 변화에 따라 모든 요소들이 다 바뀌게 된다. 다시 말해서 '나는 무엇인가?'라는 질문에 대해 어떻게 대답하는가에 따라 인생 전체가 달라지는 것이다.

자아 정체성이 중요하다는 것은 로버트 딜츠의 이론을 빌지 않더라도 누구나 인정하는 사실이다. 그러나 현실적으로 중요한 문제는 '실제로 자기를 어떻게 규정하는가' 그리고 '자신에 대해 어떻게 느끼고 있는가'에 달려 있다. '지금 나는 행복한가?'라는 질문에 대해서 언제나 '그렇다.'라고 대답하지 못한다면 그 이유는 무엇인가? 내게 뭔가 부족하거나 결핍된 것이 있다고 느낀다면 그것은 무엇인가? 그리고 그렇게 만족스럽지 못한 것을 충족시키려면 어떻게 해야 하겠는가? 내 삶을 행복하게 만들기 위해 변화가 필요하다면 무엇을 바꾸는 게 가장 빠르고, 가장 확실한 방법이겠는가?

그것은 바로 '나는 무엇인가?'라는 질문에 대해 자신을 규정하고 있는 내용, 자기에 대한 인식을 바꾸는 것이다. 우리는 우리 자신을 한 사람의 개인, 가족의 구성원, 학교나 직장의 일원, 사회를 구성하는 한 사람이라고만 생각한다. 그러나 눈에 보이는 존재로만 한정 짓지 말고 자신이 무엇인가에 대해서 보다 진지하고 깊은 고민을 하면서 그 대답을 찾아보자. 다음 페이지에서부터는 그 대답에서 출발하여 삶의 구체적인 영역까지 훌륭하고 멋지게 바꾸는 방법을 나눌 것이다.

세상을 다시 정의하라

**행복을 느끼는
간단한 방법**

지금까지 살아오면서 '아, 정말 행복하다!'
라고 느낀 순간이 있었는가? 그때가 언제였는
가? 어느 곳에서 누구와 함께, 무엇을 하고 있었는가? 당신의 눈앞에
펼쳐진 장면은 무엇이었는가? 어떤 소리가 들렸는가? 무슨 이야기를
나누었는가? 날씨는 어땠는가? 그때 당신은 어떤 심정이었는가? 가
능한 한 구체적으로 그 느낌을 되살려 보자.

"행복했던 기억이 없어요."라고 답하는 사람들도 있다. 얼마나 힘겨
운 삶을 살아왔기에 행복했던 기억이 하나도 없을까? 그런 경우라면
'행복'이라는 단어에 연연하지 말고 '기분 좋은 느낌', '긍정적인 감정',
'짜증이나 분노가 일어나지 않고 마음이 편안한 상태'라고 해도 괜찮
다. 아주 오래전의 기억일 수도 있고 최근의 일일 수도 있다. 행복한

느낌을 모른다고 하더라도 한 번쯤 즐겁게 웃어 본 경험은 있을 것이다.

초등학생 때 반장 선거에서 당선된 날일 수도 있고, 중학교 2학년 때 친구들과 생일 파티를 했던 날일 수도 있다. 대학에 합격한 날, 제대하던 날, 회사에 첫 출근을 하던 날일 수도 있고, 연인에게서 사랑 고백을 받은 날일 수도 있다. 결혼하던 날, 첫아이를 품에 안은 순간, 어려운 목표를 성취했던 순간, 가족들이 함께 즐거운 시간을 보내던 한때일 수도 있을 것이다. 당신이 행복을 느꼈던 '그때'는 언제였는가?

기업체 교육을 진행하면서 같은 질문을 던지면, 대답을 하는 사람들의 표정들이 그야말로 걸작이다. 약간의 차이는 있지만, 행복했던 기억을 떠올리며 대답하는 사람들의 표정은 그야말로 '행복한 표정'이다. 과거에 경험했던 행복한 순간을 생각하면서 자기도 모르게 즐거운 느낌이 일어나고, 그것을 느끼는 마음이 표정을 밝게 만들기 때문이다.

행복해지는 방법은 이처럼 아주 간단하다. 행복한 생각을 떠올리기만 하면 되니 말이다. 그것이 과거의 일이든 미래에 이루어질 것이라고 확신하는 일이든 상관없다. 지금 하는 일이 즐겁고 고맙다고 생각하면 더욱 좋다. 내가 행복한 생각을 하면 행복한 느낌이 일어난다. 이렇게 언제나 행복한 생각만을 떠올리면 늘 행복하게 살 수 있을 것 같기도 하다.

하지만 사실 그게 어디 말처럼 쉬운 일인가? 회사 업무를 처리하다 보면 생각대로 일이 진행되지 않는 경우도 있고, 상사로부터 꾸지람을 듣기도 한다. 집에 돌아와서 쉬고 싶어도 아내가 잔소리를 하거나 아이들이 속을 썩인다. 직장 여성의 경우에는 회사일 하랴 집안일 하랴 몸이 열 개라도 모자라는데 남편은 도와줄 생각도 하지 않는다. 하루 종일 고객들을 만나느라 지친 마음으로 집에 돌아왔는데, 또 다른 고객들이 접대를 기다리고 있다. 내 몸 하나 챙기기도 힘든데 집안 어른들까지 모시려면 물심양면으로 더 힘이 든다. 그러니 어떻게 항상 행복한 생각만 할 수 있겠는가?

늘 행복한 생활이라는 것은 현실과 동떨어진 막연한 이상(理想)에 불과하다고 치부해 버릴 수도 있다. 그러나 언제나 즐거운 생활을 가능하게 해 주고, 심지어 돈도 들지 않는 방법이 있다면 당장 실천에 옮기지 않겠는가? 그 방법은 간단하다. 생각을 훈련하여 언제나 행복한 느낌을 불러일으키는 것이다. 그것에 익숙해지면 의식적인 노력을 하지 않더라도 늘 행복을 누리며 생활할 수 있다.

우리의 불행은 하기 싫은 일은 억지로 해야 하고, 정작 하고 싶은 일은 못한다는 데 있다. 이렇게 힘들고 불편한 현실을 행복한 현실로 바꾸는 출발점은 바로 '정의를 잘 내리는 것'이다.

최고로 긍정적인 정의를 내려라

우리말 '정의하다'에 해당되는 영어 단어는 'define'이다. 이 단어를 어근에 따라 나누어서 살펴보자. 먼저 'de-'는 '구체적이고 상세하게'라는 의미를 갖는다. 'fine'은 라틴어 어근으로 볼 때 '끝'이라는 뜻이다. 학교에서 돌림노래를 배울 때, 노래가 끝나는 자리에 'fine'이라는 말이 적혀 있었던 것이 기억날지 모르겠다. 같은 어근의 단어들인 final(마지막의), finish(끝내다)를 보더라도 의미가 분명해질 것이다. 따라서 '정의한다'는 것, 영어로 'define'한다는 것은 '끝의 경계를 상세하고 분명하게 결정하는 것'이다.

이것을 실생활에 적용해 보자. 내 삶에서 가장 큰 비중을 차지하는 것은 나 자신과 가정, 그리고 학교나 직장일 것이다. 나는 나 자신과 가정, 학교나 직장을 어떻게 정의하고 있는가? 각각에 대해 '나는 _____이다.' '가정은 _____이다.' '직장은 _____이다.'라고 짧게 한두 단어로 정의해 보자. 이 정의의 내용이 중요한 이유는, 의식하든 못하든 나는 내가 정의를 내리는 대로 삶을 경험하기 때문이다.

"당신은 어떤 분이십니까? 자신을 어떻게 정의하시겠습니까?" 하고 질문을 하면 다양한 대답들이 나온다. 어떤 사람들은 "나는 돈 버는 기계다.", "나는 우리 집안의 암적 존재다."처럼 깜짝 놀랄 만큼 부정적인 자기 정의를 내리는 반면, 어떤 사람들은 "나는 분위기 메이커다.", "나는 미래의 성공자다."처럼 긍정적으로 자기를 규정한다. "나는 인생 여행가다."라고 시적으로 대답하거나 "내가 무엇인지 찾고 있지만 아직 잘 모르겠다."라고 말하는 사람도 있다.

"가정은 무엇입니까?"라고 질문을 해도 부정적으로 대답하는 사람들이 있다. "가정은 잠을 자는 곳이다."라고 답하는 사람은 하숙생이나 마찬가지다. "가정은 책임이다." 혹은 "가정은 부담이다."라고 말하는 이들은 가정을 자신이 책임져야 하는 부담스럽고 힘겨운 대상으로 여기고 있다.

그러나 가정에 대해서는 '안식처', '울타리', '충전소' 등 자기 자신에 대한 것보다 긍정적으로 정의하는 사람들이 훨씬 많다. 심지어 "가정은 천국이다.", "가정은 행복이다."라고 답하기도 한다. 다행히 가정은 많은 사람들에게 편안하고 행복한 곳으로 인식되는 것이다.

그에 비해 직장에 대한 정의는 부정적인 방향으로 기울어진다. 가정을 긍정적으로 생각하는 사람들조차도 직장에 대해서는 극단적이라고 할 만큼 부정적으로 정의하는 경우가 있다. 어떤 사람은 큰 소리로 "직장은 스트레스다."라고 대답한다. 그 외에도 '전쟁터', '감옥', '밥줄' 등 직장은 대개 '필요하기는 하지만 즐겁지는 않은 곳'으로 정의된다. 물론 '꿈을 이루어 가는 곳', '희망', '더 큰 가정'이나 '천국', '놀이터'로 직장을 정의하는 분들도 있다.

사람들은 이렇게 자신과 가정, 학교나 직장에 대해 여러 정의를 가지고 살아간다. 중요한 것은 그러한 정의의 이면에 숨겨진 정서다. 어떤 대상을 정의하는 사람의 마음이 그것을 즐겁게 느끼는가의 여부가 정의의 내용을 결정하는 것이다. 그리고 그러한 정의를 반복적으로 내리면서 그 느낌은 강화된다. 다시 말해 어떤 대상에 대한 정의는 그에 해당하는 느낌을 불러일으킨다는 것이다.

회사를 전쟁터로 정의하는 사람은 출근할 때 싸움하러 가는 것처럼 긴장감과 불안함을 느낄 것이고, 감옥으로 정의하는 사람은 죄수가 끌려가는 것처럼 처참한 심정으로 출근할 것이다. 그러나 "직장은 보다 큰 가정이다."라고 정의하는 사람이라면 사랑하는 가족들을 만나러 갈 때처럼 출근길의 마음이 편안할 것이고, 천국이나 놀이터로 회사를 정의하는 사람은 출근이 기다려질 정도로 즐겁고 신날 것이다. 정의의 내용이 중요한 이유가 바로 이것이다.

내 삶의 모든 영역들에 대해 최고로 긍정적인 정의를 내리고, 그 느낌으로 살아가 보자. 삶의 모든 면이 훌륭한 것으로 인식되고 기쁨과 즐거움이 지속적으로 느껴진다면 그것이 곧 행복 아니겠는가? 가정도 직장도 친구도 모두 내 마음에 있고, 모든 것은 나의 생각을 통해 마음으로 경험된다.

무엇보다 가장 중요한 정의는 자기 자신에 대한 것이다. 내가 어디에서 누구를 만나고 무엇을 하더라도 나는 항상 나 자신일 수밖에 없기에, 나의 행복은 나를 어떻게 정의하는가에 달려 있다. 다음에서 이에 대한 자세한 내용을 알아보자.

나는 행복 자체다

나는 무엇인가? 이 책에서 전하는 메시지의 처음과 끝이라고 할 수 있는 질문이지만, 여기에서 일단락을 지어 보자. '나는 무엇인가?'라는 질문이 중요하다고 하면서 대답은 제시하지 않아 어쩌면 독자 여러분들이 답답했을지도 모르겠다. 하지만 이 질문과 대답은 앞서 이야기한 '행복해지는 방법'과 다르지 않다. '이건 또 무슨 소리인가?'하고 의문 부호가 더 늘어나도 좋다. 이제 어째서 '진짜 내가 무엇인지를 아는 것'과 '내가 행복해지는 방법'이 같은 것인지 살펴보자.

먼저 '나는 무엇인가?'라는 질문에 진지하게 대답해 볼 필요가 있다. 당신은 처음 만난 사람에게 자기를 어떻게 소개하는가? 일반적으로 "저는 ○○ 회사에 다니는 홍길동입니다."라고 직장과 이름을 알려 줄 것이다. 그러나 직장과 직급이 나의 사회적 위치와 역할을 알려 줄 수는 있어도, '내'가 본질적으로 무엇인가는 알려 줄 수 없다. 직장을 바꾸거나 직급이 오른다고 해도 '본래적인 나'는 변함이 없기 때문이다.

내 이름도 '나'는 아니다. 내 이름은 '김필수'인데, 맘에 들지 않으면 법원에 가서 개명을 신청할 수 있다. 신청한다고 다 바꿀 수 있는 것은 아니지만, 개명 신청이 받아들여졌다고 가정해 보자. 내가 '김피카소'라고 이름을 바꾸었다면 주민등록증에도 '김피카소'로 기록되겠지만, 그렇다고 해서 '김필수'로 불리던 내가 없어지거나 바뀐 것은 아니다. 일반적으로 통용되는 나의 이름도 진짜 나를 가리키지는 않는 것이다.

나이가 자기 존재의 전부라고 여기는 사람은 없겠지만, 자신에 대해 생각할 때 나이부터 먼저 떠올리는 경우는 많다. 우리는 해가 바뀌면서 나이를 먹는다고 생각하지만, 서양에서는 나이를 월 단위까지 계산하기도 한다. 시간까지 따지며 생각한다면 내 나이는 매 시각 바뀌는 셈이 된다. 그러니 나이가 본질적인 나를 말한다고 할 수도 없다.

인간관계로 나를 규정하는 것도 적절하지 않다. 자신을 누구의 엄마나 아빠, 누구의 아들이나 딸이라고 하는 것은 다른 사람에 의존해서 자기를 규정하는 것이므로 완전한 자기 정의가 아니다. 누구의 남편이나 아내, 누구의 선배나 후배, 친구라고 자기를 소개하는 것도 마찬가지다. 별명은 말할 것도 없다. 주민등록상의 이름도 진짜 내가 아닌데, 별명이 진짜일 수 있겠는가?

강의 중에 같은 질문을 던지면서 이것저것 다 안 된다고 하니까 "나는 사람이다."라고 대답하는 분도 있다. 물론 그게 정답이 아니라는 건

대답한 사람도 안다. "나는 산을 사랑하는 사람이다.", "나는 꿈이 있는 사람이다.", "나는 한국인이다.", "나는 남자(혹은 여자)다."라고 대답해도 결국은 '사람'이다.

대답이 궁해져서 "나는 나다."라고 대답하는 사람도 있다. 그러나 '나는 무엇인가?'라고 질문하는 이유는 바로 그 '나'가 무엇인지를 알고 싶기 때문이다.

생각과 느낌으로 존재한다

다시 한 번 생각해 보자. 당신이라면 이름, 나이, 직업, 인간관계, 별명, 성별, 국적 등과 더불어 '사람'도 빼고 대답하라면 어떻게 말하겠는가?

대전에 가면 학생들을 가르치다가 은퇴하신 교수님들과 선생님들의 모임이 있다. 대부분 70세를 넘기신 어르신들로 학식과 연륜이 모두 뛰어나신 분들이다. 그러나 이분들께도 같은 질문을 드렸더니 대답을 못하신다. 오히려 "아니, 그럼 뭐라고 대답하란 말이에요?"라고 반문하신다.

아무리 지식과 경험이 많아도 본질적인 자신이 무엇인가에 대해서 대답하기는 어렵다. 답변이 마땅치 않다 보니 시나 노래 가사처럼 비유적인 대답도 나온다. "나는 바람이다." 누군가가 이렇게 답하면 옆에 있는 동료들이 "나는 구름이다.", "나는 호수다." 등등 맞장구를 친다. 그런 대답들을 다 모으면 재미있는 시집이 한 권 나올지도 모르겠지만, 이 대답들 역시 막연하기는 마찬가지다.

2006년 거제도에 있는 어느 조선 회사에서 강의를 할 때였다. 교육 중 한 분이 자리에서 벌떡 일어나서는 "강사님, 보소. 이게 나요." 하신다. 처음에는 그분이 왜 그러시는지 몰라 당황스러웠다. 그런데 알고 보니 아무리 생각해도 뾰족한 답이 나오지 않으니까 자기 몸을 가리키면서 "이게 납니다."라고 한 것이다. 그런데 나의 신체가 정말 나라고 할 수 있는가?

학자들에 따라 의견이 분분하지만, 『잠재의식의 힘(The Power of your Subconscious Mind)』의 저자로 유명한 조셉 머피(Joseph Murphy) 박사는 11개월이면 인간의 몸이 완전히 바뀐다고 한다. 이것을 편의상 1년이라고 하면, 1년 전의 내 몸은 현재의 몸과 세포 하나도 일치하지 않는 셈이다. 그러면 이전에 내 몸을 구성하던 요소들은 다 어디로 갔는가? 목욕탕에 가면 그 대답을 금방 알 수 있다. 목욕 타월을 문질러 나오는 때는 땀과 먼지와 죽은 세포들로 구성된 것이니, 알고 보면 우리는 때를 밀면서 조금씩 바뀌고 있는 새로운 신체를 발견하고 있는 것이다. 그러니 내 신체가 나라고 할 수도 없다.

가장 행복했던 순간을 떠올려 볼 때 우리는 1년 이상, 혹은 그보다 훨씬 오래된 일들도 생각해 낼 수 있다. 최고로 행복했던 순간이 '첫 아이를 낳았을 때'라고 대답한 주부에게 그때가 언제였냐고 묻자 그분은 "17년 전이요."라고 답했다. 신체가 열일곱 번 완전히 바뀌는 동안 첫 아이를 품에 안았던 행복한 느낌에는 변함이 없는 것이다.

이처럼 내 몸은 시시각각 변하지만 내가 늘 가지고 있는 생각과 느낌은 변하지 않는다. 나는 물질과 육체로 존재하는 것이 아니라 생각과 느낌으로 존재한다. 20년 전에 심한 독감을 앓고 나서부터 '나는 감기에 잘 걸려.'라고 생각해 온 사람은 몸이 스무 번 바뀌는 사이에도 변함없이 그 생각과 느낌을 유지한다. 그리고 그 생각과 느낌대로 감기에 잘 걸리는 삶을 산다. 이처럼 '나'는 눈에 보이는 육체가 아니라 지속적으로 지녀 온 생각과 늘 느끼는 숨겨진 정서인 것이다.

나를 행복으로 정의하라

그러나 '나는 생각과 느낌으로 구성된 정신적 존재다.'로 정의하는 데 그치지 말고 한 단계 더 나아갈 필요가 있다. '정신'에는 즐거움, 사랑, 용기, 감사 등 긍정적인 것과 고통, 미움, 두려움, 원망 등 부정적인 것이 모두 담겨 있다. 그중에서도 긍정적인 것보다는 부정적인 것이 훨씬 더 많이 인식되고 경험된다.

이것은 자신과 세상에 대해서 거꾸로 된 생각을 가지고 있기 때문이다. 많은 사람들이 스트레스나 부정적인 생각 및 느낌들을 '진짜'로 인정하는 반면, 긍정적인 감정은 드물게 느끼는 것이라고 생각한다. 그러나 사실은 정반대다. 부정적인 생각과 느낌은 진짜가 아니다. 오히려 깊은 의식으로서의 본질적인 나는 사랑, 감사, 열정, 즐거움, 자유로 표현할 수 있는 행복 자체인 존재다.

물론 자신을 이런 존재라고 인정하고 받아들이는 것이 어렵기도 할 것이다. '너무 미워서 보기도 싫은 사람들이 여럿인데 어떻게 내가 사랑일까? 만성적인 스트레스와 피로에 시달리는데 내가 어떻게 열정일 수 있을까? 하기 싫은 일을 억지로 하고 골치 아픈 인간관계로 불편한데, 이런 내가 어떻게 자유란 말인가?' 하는 생각이 들 수도 있기 때문이다. 그러나 일단 나에 대해 가능한 한 최고의 감정을 불러일으키는 정의, 긍정으로만 꽉 찬 정의를 내리는 것부터 시작해 보자.

앞에서 살펴본 것처럼 '나를 어떻게 정의하느냐'가 나의 삶을 결정한다. 나를 '무한 능력의 존재'로 정의하면 무한 능력을 발휘하는 삶을 살게 된다. 나를 '즐거움'으로 정의하고 마음으로 인정하면 늘 즐거운 삶을 누리게 된다. 처음에는 노력이 필요하지만, 긍정적인 자기 정의를 진심으로 반복하다 보면 '아, 이게 진짜 나였구나!'라고 깨닫는 순간이 있다. 그때부터는 의도적으로 정의를 내리는 노력이 불필요해진다.

'나는 조건 없는 사랑이다.', '나는 싱싱한 생명이다.', '나는 감사함 자체다.', '나는 무한 능력의 존재다.'와 같은 자기 정의는 단순히 관념적인 선언이 아니다. 이것은 자기가 인정을 하든 말든 상관없이 언제나 존재하는 나의 본질적인 모습이다. 행복해지는 방법은 간단하다. 나는 본래부터 행복 자체라는 사실을 인정하는 것이다.

처음에는 이것이 실재감으로 느껴지지 않는다. 그래서 자기를 탁월하게 정의하는 것으로부터 시작하는 것이다. 나를 '행복'으로 정의하라. 내가 행복 자체라는 것을 정서적으로도 분명히 느끼게 되면, 조건에 상관없이 행복을 누리는 삶이 자연스럽게 따라온다.

Reset Point

● 중요한 것은 눈에 보이지 않는 것이다. 감각적으로 지각하고 인식하는 모든 것은 나의 마음이다.

● 삶의 변화를 위한 출발점은 근본적인 질문을 던지는 것이다. 그중에서 가장 중요한 질문은 '나는 무엇인가?'다.

● 자아정체성이 바뀌면 인생 전체가 바뀐다. 그러므로 자신을 최고의 존재로 규정할 때 최고의 인생을 살게 된다.

● 행복해지는 간단한 방법은 행복한 생각을 떠올리는 것이다. 나를 행복 자체로 정의하고 그것을 실제로 느끼게 되면 언제나 행복한 삶을 누릴 수 있다.

Reset Guide

1. 행복한 느낌을 다시 불러낸다.

지나간 시간을 담고 있는 앨범을 보며 지금까지 살아오면서 만났던 고마운 사람들과 가장 행복했던 순간을 생생하게 떠올려 보자. 또한 감명 깊게 보았던 영화를 다시 찾아서 보거나 즐거운 추억과 관련된 음악을 찾아서 듣고 그때의 행복했던 느낌을 되살려 보자.

2. 사람들에게 행복을 질문한다.

가족, 친구, 동료들과 대화를 할 때 언제 행복을 느끼는지 물어보고 그들의 대답을 나의 대답과 비교해 보자. 더불어 내가 행복해지기 위해 실천할 수 있는 일이 무엇인가 생각해 보자.

3. 최고로 긍정적인 정의를 내린다.

나 자신과 가정, 학교와 직장에 대해 최고로 긍정적인 정의를 내리고 적어 보자. 사랑, 기쁨, 평화, 감사, 용기, 자유, 신뢰, 조화, 즐거움, 생명, 열정, 풍요, 행복 등 긍정적인 가치들 중에서 가장 좋은 느낌이 드는 단어를 선택하여 '나는 _____이다.'라고 정의하고 10번 반복해서 말해보자.

즐겁게 몰입하라

RESET

⏻

춤추라, 아무도 바라보고 있지 않은 것처럼.
사랑하라, 한 번도 상처받지 않은 것처럼.
노래하라, 아무도 듣고 있지 않은 것처럼.
일하라, 돈이 필요하지 않은 것처럼.
살라, 오늘이 마지막 날인 것처럼.

– 앨프리드 디 수자(Alfred de Souza)

두려움에 속지 마라

**문제는 어디에서
시작되는가?**

'이걸 어떻게 하면 좋지?' 하는 생각에
막막한 느낌이 들 때가 있다. 불안한 감정에
휘말리기 시작하면 문제가 더 어려워진다는 걸 알면서도 그 느낌에서
벗어나기가 어렵다. 특히 시간을 다투는 일을 처리해야 하는 경우에는
'마감 시간 안에 다 끝낼 수 있을까?' 하며 조급해지기 쉽다. 일의 중요
도에 따라 차이가 있기는 하지만, 시간에 쫓겨 본 사람은 그 부담감이
상당하다는 것을 안다. 심한 경우에는 긴장을 이기지 못하고 쓰러지는
사람도 있다.

일반인도 그렇지만 사업을 하는 사람들은 특히 자금 문제로 고민하
는 경우가 많다. 직원들 월급부터 시작해서 이래저래 들어가는 비용이
왜 그렇게 많은지 모른다. 월급날이나 거래업체에 채무를 지불해야 할

기한이 다가오면 잔액이 부족한 통장을 초조한 마음으로 연신 들여다보게 된다. 대출이라도 넉넉히 받을 수 있다면 차라리 나을 텐데, 여기저기 아쉬운 소리를 해 가며 부탁해도 당장 돈을 구할 수 없을 때는 마음이 답답해진다.

대인 관계에서 문제를 느끼는 사람들도 많이 있다. 낯선 사람을 만나는 것 자체를 불안하게 느끼거나, 오랫동안 알고 지낸 사람들과의 해묵은 갈등으로 어려움을 겪는 사람도 있다. 좋은 사이로 지내다가도 이해관계가 개입되면서 불편해지는 경우도 있다. 무엇을 부탁하거나 판매를 하려면 상대를 설득하고 서로의 입장을 조율할 수 있어야 하는데, 그것이 보통 어려운 일이 아니다. 이해가 얽혔을 때 '내가 손해 보고 말지.' 하고 물러섰다가도 정작 손해를 보면 억울해진다. 도대체 이런 문제들은 어디에서 비롯되는 것일까?

자기계발 전문가인 마시 시모프(Marci Shimoff)는 사람이 하루에 6,000가지 생각을 한다는 연구 결과를 소개한다. 그에 따르면 우리는 대략 1분에 네 가지, 15초에 한 가지 생각을 하는 셈이다. 물론 순간적으로 스치는 생각들까지 포함하면 더 많을 수도 있을 것이다. 우리나라 사람들은 흔히 '오만 가지 생각'이라고 한다. 그만큼 많은 생각을 한다는 상징적인 표현이다.

우리의 어려움은 이렇게 끊임없이 일어나는 많은 생각들을 통제하지 못하는 데서 시작된다. 그중에서도 특히 '문제'라고 생각하는 상황은 어떤 생각이 부정적인 감정과 결부될 때 발생한다. 사람들 앞에서 프레젠테이션을 할 때면 몹시 긴장하고 당황하는 사람들이 있다. 개인적으로 대화를 할 때는 조리 있게 말을 잘 하는데, 앞에 나서기만 하면 말문이 막혀 버리는 것이다. 왜 그럴까? 어휘력이나 문장 구성력, 논리적 사고, 충분한 배경 지식을 모두 갖추고 있는 이 사람이 어려움을 겪을 이유는 아무것도 없다. 문제는 다만 여러 사람 앞에서 발표를 한다는 생각과 결부된 불안한 감정인 것이다.

여러 사람 앞에 선다는 것은 긴장되는 일이지만, 당황해서 아무 말도 못할 만큼 겁먹을 일은 아니다. 그럼에도 불구하고 그에 대한 불안감이 심한 경우에는 두려움처럼 극단적인 감정을 느끼기도 한다. 발표를 하는 상황에서 연상된 불안감이 반복적으로 강화되어 심각한 문제로 인식되는 것이다. 이것을 보통 '발표 불안'이라고 한다.

그러면 이렇게 청중 앞에서 느끼는 긴장과 불안을 편안하고 자신에 찬 느낌으로 바꾸려면 어떻게 해야 할까? 이 문제를 해결하려면 '두려움'에 대한 인식의 전환이 필요하다.

두려움을 성취감으로 전환하라

먼저 '두려움'의 종류에 대해 다시 한 번 생각해 보자. 우선 대부분의 일반적인 상황에서 누구라도 느낄 수 있는 두려움이 있다. 누군가 폭력을 휘두르며 자신을 위협한다면 대부분의 사람들이 두려움을 느낄 것이다. 높은 건물이나 다리의 난간에 섰을 때는 어떤 사람이라도 떨어질 것을 두려워할 수 있다. 이렇게 일반적인 두려움을 영어로는 'fear'라고 한다.

그런데 합리적으로 생각하면 두려워할 이유가 전혀 없음에도 불구하고 두려움을 느끼는 경우가 있다. 이렇게 근거 없는 두려움을 'phobia'라고 한다. 'xenophobia(외국인 공포증)'가 그중 하나다. 가족이나 친구들과 대화할 때는 편안하게 이야기하는 사람이 외국인을 대할 때 불안하고 겁이 난다면 'xenophobia'를 느끼는 것이다. 요즘은 예전보다 외국인을 무서워하는 사람들이 많지 않지만, 여전히 어떤 사람들은 그런 상황에 두려움을 느낀다. 특히 영어에 자신이 없는 사람은 서양인을 만날 때 괜한 불안을 느끼곤 한다.

자동차를 타거나 운전하는 것은 겁내지 않으면서 비행기를 탈 때는 심한 두려움을 느끼는 사람도 있다. 이것을 'aerophobia(비행 공포증)'라고 한다. 사실 비행기 사고 사망률보다 자동차 사고 사망률이 훨씬 더 높으니, 위험하기로 치면 자동차가 비행기보다 훨씬 더 위험하다. 비행기는 모든 장비와 시스템이 철저하게 관리되는, 자동차보다 안전한 교통수단이다. 그런데도 자동차는 걱정 없이 타는 사람이 단지 '높은 하늘을 난다'는 생각 때문에 비행기를 탈 때만 두려움을 느낀다면 얼마나 비합리적인가?

이처럼 생활에서 직면하는 문제들도 깊이 통찰해 보면 모두 나의 생각에 불과한 것이고, 그 생각은 부정적인 감정과 직결되어 있다. 하지만 근거 없는 두려움임을 알아도 당장 느끼고 있는 불안을 떨치기란 쉽지 않다. 이때 필요한 것은 생각을 바람직한 방향으로 전환하는 것이다. 우선 문제 상황에 맞추어진 초점을 문제가 해결된 상황으로 옮긴다. 그리고 목표가 성취되었을 상황에 집중하여 편안하고 만족스러운 느낌이 일어나기 시작하면 문제가 해결된다.

마감 날짜가 코앞에 닥친 과제를 마무리하느라 시간에 쫓긴다고 치자. '이걸 다 못하면 어떻게 하지?'라고 자꾸 생각하면 조급하고 불안한 느낌을 반복적으로 강화하게 된다. 그때는 생각을 전환하여 그것이 훌륭하게 완성된 상황을 떠올린다. 시간이 촉박하고 아직 갈 길은 멀어도, 과제가 깔끔하게 마무리되었을 때의 통쾌한 성취감을 느껴 보는 것이다. 자금이 부족한 경우도 마찬가지다. 당장 돈이 모자라는 상황이 아닌, 자금이 생겨서 목표한 일들이 잘 이루어지는 모습을 떠올리고 그 느낌을 생생하게 내 안에서 일으켜 보자.

인간관계의 문제도 같은 방법으로 해결할 수 있다. 내가 상대방에 대해 긴장하고 불안해하면 상대방도 나에게서 뭔가 언짢은 감정을 계속 느끼게 되고, 갈등이 해결되지 않는다. 과거에 나와 사이가 좋았던 사람이라면 그때의 느낌을 떠올리고, 그렇지 않다면 그 사람과 좋은 관계로 지내는 모습을 상상한다. 그 생각을 진지하게 반복하여 편안한 마음으로 그 사람을 떠올릴 수 있게 되면 갈등이 해소된다.

"그런 상황에서 생각을 바꾸고 긍정적인 감정을 일으키는 게 가능합니까? 그럴 수 있었으면 애당초 그런 일들이 생기지도 않았을걸요." 라고 말하는 사람들이 있다. 맞는 말이다. 꼬리에 꼬리를 물고 일어나는 생각들이 문제가 되는 이유는 그것이 내 의지로 통제가 불가능하기 때문이다. 그러나 생각을 전환하는 것은 누구나 가능한 일이고 쉽게 할 수 있는 일이다. 적어도 자신이 문제라고 생각하는 상황이 초래할 최악의 결과를 감당하는 것보다는 쉽다.

실제로 체험해 보지 않은 사람이라면 받아들이기 어려울 수도 있다. 그러나 한 번도 이런 방법을 시도해 보지 않았다면 속는 셈치고 한 번 해 보는 것이 어떨까? 돈이 드는 것도 아닌데 그 효과는 강력하니 말이다.

그러나 조건이 있다. 얕은 생각으로 적당히 해서는 안 된다. 문제가 해결된 상황이 생생하게 느껴질 만큼 생각은 치밀하고 상상은 구체적이어야 한다. 현실처럼 느껴지는 성취감이 동반되어야만 그 느낌에 해당되는 결과가 나타나기 때문이다.

시선을 돌려라

내가 자주
느끼는 감정은?

행복한 생각이 행복한 느낌과 결부되어 있
듯, 문제는 그것을 문제라고 느끼는 부정적인
감정과 결부되어 있다. 평소에 더 많이 느끼는 감정이 즐거움인지, 혹
은 불편함이나 버거움인지는 사람마다 다를 것이다. 그런데 사람들과
이야기를 나누어 보면 대부분 유쾌한 정서보다는 부정적 정서를 더
많이 느낀다.

하지만 그것보다 중요한 사실은, 그런 부정적인 감정이 현실에서
문제라고 생각되는 상황을 불러낸다는 것이다. 이것은 무의식적으로
진행되는 과정이기 때문에 본인은 전혀 인식하지 못하지만, 직면한 문
제에서 한 발짝만 떨어져서 바라보면 현실의 문제는 자기 생각과 부
정적인 감정의 집합체에 불과하다는 사실을 발견한다. 이것을 깨달으

면 다양한 방법들을 활용해서 문제를 해결할 수 있지만, 부정적인 감정에 사로잡힌 상태에서는 그것을 발견할 수 없다.

좋아하는 이성이 있어도 마음을 표현하지 못하는 사람들이 있다. "그걸 왜 못 해? 그 사람도 널 좋아할지 모르잖아?"라며 친구가 거들어도 용기가 나지 않는다. 연애 지침서도 열심히 읽으며 이런저런 방법을 연구해 보지만, 정작 그 사람 앞에 서면 말문이 막혀 버린다. 연애 박사로 소문난 친구가 들려준 조언을 조심스럽게 행동으로 옮겨 보아도 친구가 가르쳐 준 시나리오대로는 되지 않는다.

옆에서 지켜보던 친구가 안타까운 마음에 한마디 한다. "말을 좀 더 듣거려도 괜찮고, 실수해도 괜찮아. 마음이 마음으로 전달되는 거야. 혼자서만 고민하지 말고 있는 그대로 솔직하게 얘기해 봐." 그래도 그 사람은 못한다. 이미 두려움을 느끼고 있기 때문이다. '내가 이렇게 얘기하면 바보처럼 보일 거야. 아니, 무시를 당하는 것까지는 괜찮은데, 나를 두 번 다시 만나지 않겠다고 하면 어떡해?' 이렇게 부정적인 감정에 휩싸여 있으면 아무것도 할 수 없다.

바라보는 방향으로 움직인다

자동차 경주를 하는 카레이서들이 잘 알고 있는 운전 수칙 하나를 소개하겠다. 자동차가 고속으로 달리면 운전자의 시야는 굉장히 좁아지는데, 이때 갑자기 운전대가 흔들리거나 장애물이 나타나면 당황하기 쉽다. 만일 고속으로 달리던 자동차가 예기치 못한 원인 때문에 중앙 분리대를 향해 질주하고 있는 순간이라면 운전자는 시선을 어느 쪽에 두어야 할까? 자동차의 진로를 파악하기 위해 중앙 분리대 쪽을 봐야 할까? 아니면 넓은 도로 공간이 있는 반대쪽일까?

정답은 두 번째다. 운전자는 자기가 바라보는 방향으로 운전대를 돌리게 되어 있다. '반대 방향으로 차를 돌려야 돼.'라고 생각하면서도 시선을 중앙 분리대 쪽으로 두고 있다면 그쪽을 향해 달려가게 된다. 때문에 중앙 분리대 반대편의 탁 트인 도로로 시선을 돌리면, 자동차도 그 방향으로 달리게 되고 위험은 사라진다.

성공하는 사람과 실패하는 사람의 차이도 마찬가지다. 중요한 것은 '어떤 목표를 가지고 있는가'가 아니라 '그 목표를 바라보는가', 즉 내가 가려고 하는 방향을 바라보고 있는가의 여부다. 성공하는 사람은 자기가 원하는 것이 이루어진 모습만 떠올리고 그때의 성취감을 미리 느낀다. 반면 실패하는 사람은 자기가 원하지 않는 모습을 떠올리고 염려하며 불안한 감정을 느낀다.

영업 사원들 중 실패하는 사람들은 고객을 만나기 전에 '이 사람이 핑계를 대고 안 만나 주면 어떻게 하지?', '계약하기로 한 사람이 마음이 바뀌면 어쩌지?', '이번 달 목표를 달성하지 못하면 어떡하지?' 등 미리 걱정부터 하는 사람들이다. 이렇게 원하지 않는 것들만 생각하며 원하지 않는 현실, 불편한 현실을 사는 것이다.

하지만 성공하는 사람들은 다르다. '오늘 만나는 고객은 정말 행운이야! 이렇게 좋은 상품을 접할 기회가 생겼으니 말이야. 내가 소개하는 제품을 구매하지 않을 수 없을 거야.'라고 생각하며 유쾌한 기분으로 고객을 찾아간다. '오늘이 계약하는 날이지? 이분이 계약을 하고 나면 다른 분들을 소개해 줄 거야. 다들 나를 도와주려고 하시니 고맙 다니까.' 그는 씩 웃으며 또 고객을 만나러 간다. 이 영업 사원이 실적 이 좋은 것은 당연한 일이다. 원하는 것만 생각해서 원하는 현실을 살 기 때문이다. 이 사람은 중앙 분리대에서 시선을 돌려 넓은 도로만 바 라보고 달리는 훌륭한 카레이서다. 그렇다면 나도 모르게 일어나는 부 정적인 생각과 감정, 이것들을 어떻게 긍정적인 방향으로 돌릴 수 있 을까?

해결된 모습만 바라보라

생각을 전환하여 느낌을 바꾸는 방법을 잘 보여 주는 일화가 있다. 어느 양반집에 막 시집 을 간 젊은 며느리가 있었다. 그녀는 시어머니를 진심으로 대하고, 한 끼 식사도 정성을 다해 준비했다. 그렇게 최선을 다해 며느리의 역할 을 했지만, 시집 온 지 얼마 되지 않아서부터 시어머니는 그야말로 '시 어머니 노릇'을 하기 시작했다.

"진지 잡수세요." 하고 밥상을 들여다 놓으면, 한 숟갈 뜨고서는 "이 걸 음식이라고 했니? 집어치워라." 하고는 돌아앉아 버렸다. 음식을 다시 차려 가도 한두 숟갈 뜨다가 말고는 밥상을 엎어 버리기까지 했 다. 뿐만 아니라 툭하면 아주 사소한 것을 트집 잡아 며느리를 못 견디 게 괴롭혔다. 며느리는 참고 참으려 했지만 한 달 두 달이 가고 6개월, 1년이 지나도 시어머니의 행동은 점점 더 심해질 뿐이었다. 결국 도저히 못 견디겠다고 생각한 며느리는 친정 오빠를 찾아갔다. 자초지종을 다 듣고 난 오빠가 한 가지 방법을 알려 준다.

"그래. 그럼 내게 좋은 방법이 있다. 내가 계란을 줄 테니까, 그 계란을 가져다가 시어머니가 식사 때마다 꼭 드시도록 해라. 그 계란에는 미량의 독이 들어 있는데, 6개월만 지나면 몸에 그 독이 쌓여 아무도 이유를 알 수 없이 죽어 버린단다."

사람으로서의 도리가 아닌 줄 알면서도 더는 견딜 수 없다고 생각한 며느리는 다음 날부터 그 계란을 가지고 음식을 해 올리기 시작했다. 시어머니는 전과 같이 식사 때마다 괴팍한 행동을 계속했다. 하지만 어떻게든 시어머니가 이 계란을 먹어야 지긋지긋하고 끔찍한 상황이 끝날 것 아닌가? 며느리는 '그래. 6개월만 견디면 된다. 어차피 얼마 못 사실 분 아닌가?' 하고 마음을 다잡으며 다섯 번이든 열 번이든 밥상을 새로 차려서 올렸다. 그리고 온갖 구박과 괴롭힘을 묵묵히 참아 냈다.

그런데 여느 때처럼 며느리가 밥상을 차려 들고 온 어느 날, 시어머니는 밥상은 보지도 않고 며느리 얼굴만 물끄러미 쳐다보았다. 며느리는 무슨 날벼락이 떨어질까 몰라 안절부절못하고 있었다. 이윽고 시어머니가 입을 연다.

"아가, 너는 힘들지도 않니?"

"무슨 말씀이세요? 제가 어머니 맘에 들게 잘 모시지 못하는 게 죄송할 뿐이죠."

"그게 아니다, 아가야. 이리 와 보렴."

당황한 며느리가 머뭇머뭇 다가가자 시어머니가 며느리를 품에 꼭 안는다.

"아가야, 넌 정말 훌륭하구나. 나도 시어머니한테 모진 학대를 당하면서 '나는 이러지 말아야지.' 했는데, 내가 똑같은 짓을 했구나. 너같이 착한 아이에게 못되게만 굴어서 미안하다. 앞으로는 너를 내 딸처럼 여기고 사랑하마. 정말 고맙다."라며 시어머니는 며느리가 차려 온 음식을 맛있게 먹기 시작했다.

그날부터 시어머니는 누구를 만나든 "우리 며느리가 최고다."라고 자랑하고, 며느리를 끔찍이도 아껴 주는 천사로 돌변했다. 며느리는 갑작스런 시어머니의 변화에 어쩔 줄 몰랐고 자기가 저지른 일 때문에 죄책감이 몰려왔다. 며느리는 당장 오빠를 찾아갔다.

"오라버니, 제가 잘못했어요. 어떻게라도 해독제를 구할 없을까요? 어떻게 하면 좋아요?"

그때 오빠가 빙그레 웃으며 말한다.

"처음부터 그 계란에는 독이 없었단다. 사람이 진심으로 최선을 다하면 하늘도 움직인다고 하는데, 하물며 사람의 마음이 불가능하겠니? 이제 네가 그것을 알았으니 지금부터 시어머니를 잘 모시도록 해라."

부정적인 감정에 사로잡혀 있을 때는 그것을 당장 긍정적인 감정으로 바꾸기가 어렵다. 그러나 며느리가 6개월 뒤면 괴로운 시집살이도 끝이라고 생각했던 것처럼, 문제가 끝난 상황으로 관심의 초점을 바꿀 수는 있다. 당장 직면한 문제만 생각하고 부정적인 감정에 휘말리면 아무 해결책도 보이지 않는다. 하지만 문제가 해결된 상황을 떠올리고 그것을 확신한 다음부터는 마음의 여유가 생긴다. 지금 눈앞에 펼쳐진 문제가 있다면, 그것이 이미 해결되었다고 생각하는 시각에서 너그럽게 바라보자. 그래야 문제에 슬기롭게 대처하고, 그것을 원활하게 해결할 수 있다.

그러므로 가장 먼저 할 일은 원하는 방향으로 시선을 돌리는 것, 즉 문제가 해결된 바람직한 모습을 떠올리고 확신하는 것이다. 그 다음으로 마음과 정성을 다해 문제 해결에 필요한 일들을 꾸준히 하자. 그러다 보면 어느 순간 문제가 해결되어 있는 것은 물론, 내가 문제라고 여겼던 것들이 나의 제한된 생각일 뿐이었다는 사실을 알게 될 것이다.

탁월성에 집중하라

**탁월한
성과의 비결**

어떻게 하면 내가 하는 일에서 탁월한 결과를 낼 수 있을까? 누구라도 그 방법을 알고 싶을 것이다. 그리고 교육이나 책, 선배들의 조언이나 자신의 경험을 통해 나름대로 터득한 방법들을 활용하고 있을 것이다. 그러나 그 모든 방법들이 실제 효과를 거두기 위해서는 근본적인 차원에서 인식을 전환하는 것이 필요하다. 그것은 바로 자기의 탁월성에 집중하는 것, 다시 말해 자신을 탁월한 존재로 인정하는 것이다.

한국인의 언어 습관에서는 적극적인 성향보다 소극적 성향이 많이 발견된다. 밝고 활기찬 느낌을 있는 그대로 표현하기보다는 감정을 억제하는 표현을 사용하는 경우가 많은 것이다. 대표적인 것이 '겸손한' 표현을 하는 경우다. 윗사람에게 칭찬을 받았을 때 기쁜 감정을 숨기지 않고 "감사합니다. 앞으로 더 잘하겠습니다."라고 하면 뭘 모르는 철부지로 여겨지기 쉽다. "제가 뭘요. 아직 많이 부족합니다." 혹은 "운 이 좋았을 뿐입니다. 한참 더 배워야지요."라고 대답을 해야 겸손한 사 람으로 인정을 받는다.

선물을 주고받을 때도 마찬가지다. 우리나라 사람들은 선물을 받으 면서 보통 "그냥 오셔도 되는데, 뭐 이런 걸 다 사 오셨어요." 혹은 "미 안하게 이런 걸 뭐 하러 사 왔어?"라고 말하곤 한다. 선물을 받고 기분 이 좋으면서도 말로는 이렇게 표현하는 것이다. 물론 진심으로 부담을 느끼거나 상대방의 처지를 배려하는 경우도 있겠지만, 그렇지 않더라 도 고마움을 적극적으로 표현하는 경우는 많지 않다. 선물을 받으면서 "고맙습니다. 와, 이거 정말 맘에 드네요."라고 인사하면 아직은 '철없 는' 사람이라고 생각한다.

한국인의 오래된 예의범절인 '겸양(謙讓)의 미덕'을 폄하하려는 것 이 아니다. 다만 예의가 형식화되면 내면의 긍정적인 감정들을 자연 스럽게 표현하지 못하는 한계가 생긴다는 것을 지적하는 것이다. 어 떤 말로 인사를 주고받든 기쁨과 즐거움을 함께 느낄 수 있으면 더할 나위가 없다. 그러나 점잖게 인사하느라 충분한 즐거움을 함께 나누지 못한다면 보다 밝고 적극적인 표현으로 바꿀 필요가 있다.

이처럼 일상적인 언어 표현을 살펴보아도, 우리가 자신을 높이 평 가하고 긍정적인 정서를 느끼는 데 익숙하지 않다는 것을 알 수 있다. 하지만 탁월한 성과를 내기 위해서는 먼저 자기를 훌륭한 존재로 인 정하고, 그것을 분명한 자신감으로 느껴야 한다. '나는 조건 없는 사랑이고 싱싱한 생명이다.', 나는 감사함 자체이며 무한 능력의 존재다.'와 같이 자신을 가장 높은 가치로 정의하고 진심으로 자신의 탁월성을 인정할 때 비로소 탁월한 능력이 발휘되는 것이다.

있는 것만 생각한다

그렇다면 일상 속에서 나의 탁월성을 느끼는 방법은 무엇일까?

첫 번째 방법은 '없는 것'에 관심을 갖지 않고 '있는 것'에만 초점을 맞추는 것이다. 주변에서 만나는 사람들과 대화를 나누다 보면 '없는 것'에 대한 하소연을 많이 듣게 된다. "나는 돈도 없고, 백도 없어." "나는 머리도 나쁘고 배운 것도 없어." "나는 부모님이 안 계셔." "나는 아내도 없고 자식도 없어." 이런 말들을 습관적으로 하는 사람들은 여러 면에서 결핍을 느끼며 살아가는 사람들이다. '없는 것'에 초점을 맞추면서 삶의 다른 영역들까지 결핍된 현실이 나타나는 것이다.

성공하는 사람과 실패하는 사람의 차이가 이것이다. 실패하는 사람은 자신에게 '없는 것'을 생각하고 성공하는 사람은 자기에게 '있는 것'을 생각한다. 돈이 없으면 벌면 되고, 몸이 아프면 건강을 회복하면 된다. 자신감이 없으면 이끌어 내면 되고, 가족이 없으면 누군가의 가족이 되어 주면 된다. 이렇게 생각 하나 바꾸면 모든 것이 바뀌는데, 없는 것에만 초점을 맞추고 있으니 아무것도 바뀌지 않는 것은 물론 자신이 느끼는 결핍과 고통은 더욱 강화된다. 그리고 성공은 먼 나라의 이야기가 되어 버린다.

스웨덴 출신의 세계적인 가스펠 가수인 레나 마리아(Lena Maria)는 태어날 때부터 양팔이 없고, 왼쪽 다리는 보통 사람의 절반도 되지 않을 만큼 짧다. 외형적으로는 정상 생활이 불가능할 것처럼 보이는 중증 장애인이다.

그러나 두 팔이 없어서 그녀가 못하는 일은 없다. 발로 뜨개질을 해서 스웨터를 만들고 요리를 한다. 피아노를 연주하고, 자동차를 운전하고, 심지어 십자수를 놓는다. 3살 때부터 수영을 시작한 그녀는 세계 장애인 수영 선수권 대회에서 네 개의 금메달을 땄다. 사지 중에서 유일하게 정상인과 같은 오른쪽 다리 하나로 이 모든 것을 해내는 것이다.

그녀가 부르는 노래를 들으면 모든 청중이 감동을 받는다. 양팔이 없는 장애인에 대한 동정이나 연민 때문이 아니다. 어떤 가수보다도 밝고 환한 표정으로 노래하는 그녀의 목소리는 천사처럼 곱고 아름답다. 어느 인터뷰에서 그녀가 한 말은 더욱 감동적이다. "나에게 돈이 없다는 것, 배운 게 없다는 것, 또한 온전한 신체를 지니지 않았다는 것은 중요하지 않습니다. 나는 주변 사람들에게 중요한 무엇인가를 가졌습니다. 우리 모두는 소중한 존재입니다."

레나 마리아가 자기에게 '없는 것'을 보았다면 제일 먼저 무엇이 보였겠는가? 아마도 태어날 때부터 없었던 양팔이었을 것이다. 사람들은 팔이 없고 한쪽 다리가 짧은 사람을 '장애인'이라고 부른다. 자신에게 '없는 것'을 생각했다면 그녀는 '장애인'으로 살았을 것이다. 그러나 자신에게 '있는 것'으로 관심을 돌렸을 때, 그녀는 자신의 고운 목소리와 음악적 재능을 발견했다. 사람들은 아름다운 목소리로 멋지게 노래하는 사람을 '가

수'라고 부른다. 그녀는 '장애인'이 아니라 '가수'다. 그녀는 자신에게 '있는 것'만을 생각했고, 그래서 최고의 능력을 발휘할 수 있었다. 그 결과 전 세계의 수많은 사람들에게 용기와 희망을 전하는 가수가 된 것이다.

나의 탁월성을 인정하라

영어 강사로 단과학원에 첫발을 들여놓았을 때, 나는 철저한 경쟁 시스템에 심한 스트레스를 느꼈다. 같은 과목을 가르치는 강사들이 여럿 있었기 때문에 그들 사이에서는 더 많은 학생들이 자신의 수업을 듣게 하려는 경쟁이 치열했다. 내 강의를 듣던 어떤 학생이 다른 강사의 수업으로 옮겨 간다는 것은 곧 내 수입이 줄어드는 것을 의미했기 때문이다. 초반에는 어느 정도 강의에 대한 자신감과 자부심도 있었고, 처음이니 그냥 배운다는 생각으로 열심히 일했다. 그러나 이 반 저 반 다 합쳐서 열한 명으로 시작한 수강생은 도통 늘지를 않았다.

단과학원은 수강생이 낸 수업료를 학원과 강사가 절반씩 나누는 것이 일반적이다. 그 당시 한 과목의 평균 수강료는 6만 원이었던 것으로 기억한다. 즉, 한 달 동안 열한 명을 가르친 대가로 33만 원을 받았던 것이다. 원장님의 배려로 처음에는 수강료를 나누지 않고 전액 지급받기도 했지만, 그래 봐야 70만 원도 안 되는 수입이었다. 게다가 교재도 만들고 광고도 해야 하니 오히려 적자였다. 그래도 실력을 인정받으면 달라지리라 생각하고 힘든 상황을 참아 냈다.

그런데 가장 견디기 힘든 것은 다른 강사와 비교할 때 느끼는 열등감이었다. 내 강의실에는 겨우 다섯 명 정도가 앉아 있을 뿐인데, 옆 강의실에서는 100명이 넘는 학생들이 다른 강사의 강의를 듣고 있었다. 내가 수업을 마치고 나오면, 옆 강의실 수강생들이 다음 시간에 좋은 자리를 차지하려고 줄을 길게 늘어서 있었다. 나도 열심히 하면 될 거라고 위로하며 나름대로 최선을 다했다. 수업 준비도 철저하게 하고, 학생들에게 전화도 자주 거는 등 여러 가지 방법을 시도해 보았다. 그러나 수강생은 많이 늘지 않았다. 답답한 마음에 형에게 연락해서 술 한잔 사 달라고 하고서 푸념을 늘어놓았다.

"형, 나는 왜 이렇게 안 될까?"

그랬더니 형이 한마디로 대답한다.

"너는 대한민국 최고 강사잖아. 자기를 그렇게 인정하면 그렇게 되는 거야."

형이 말하는 의도를 짐작할 수는 있었지만 공감이 되지는 않았다.

"무슨 소리야. 대한민국 최고 강사가 어떻게 겨우 열 명 앉혀 놓고 강의를 할 수 있어?"

형이 다시 한 번 힘주어 이야기한다.

"네가 정말 대한민국 최고 강사라고 느끼면 그렇게 된다니까."

"현실이 그렇지 않은데, 어떻게 그런 느낌이 일어나겠어?"

여러 번 이야기를 해도 내가 받아들이지 않자 형의 태도가 바뀌었다.

"야, 너는 네 수업을 듣는 학생들에게 미안하지도 않냐? 그 많은 영어 강사들 중에 네 강의를 듣는다는 건 너를 최고로 인정한다는 거잖아? 그러면 너는 최고의 영어 강의를 해 줘야 맞는 것 아냐? 오히려 학생들은 너를 인정하는데 너는 못난 생각만 하고 있으니, 그 학생들에게 부끄럽지도 않니?"

충격이었다. 내가 언제 나 자신의 모습을 돌아본 적이 있었던가? 도대체 나는 지금까지 나 자신을 어떻게 생각해 온 것인가? 내가 나를 인정하지 않으면서 다른 사람들의 인정을 구걸하고 있었단 말인가? 그때 내 마음 깊은 곳에서부터 '그래, 나는 대한민국 최고의 영어 강사야! 적어도 내 수업을 듣는 아이들에게는 대한민국 최고의 강의를 들려주겠어!' 하는 새로운 각오가 일었다.

집에 돌아와 강의 교재를 뒤적이다 보니 부끄러운 생각이 들었다. 교재를 만들면서 원서조차 한 번 제대로 본 적이 없었던 것이다. 이전에 쓰던 교재들은 당장 다 갖다 버리고, 서점에 가서 영어 원서와 국내 도서 수십 권을 사서 쌓아 놓고 다시 교재를 만들었다. 그리고 처음 시작하는 마음으로 신바람 나게 강의를 했다.

그러자 놀라운 일이 벌어졌다. 불과 열 명 남짓하던 수강생이 불과 1년도 되지 않아서 300명이 넘는 인원으로 늘어났고, 여러 학원에서 강의 요청이 들어왔다. 좋은 강사로 인정을 받고 수입이 늘어난 것은 당연한 일이다.

나 자신을 인정하지 않고 다른 사람과 비교할 때는 늘 열등감에 시달렸다. 학원에서도 인정을 받지 못하고, 소외감과 무한 경쟁의 압박감으로 힘들어했다. 하지만 나 자신의 장점들을 발견하고 자신을 정말 훌륭하다고 인정하자 비교 의식과 열등감이 사라지고 내가 하는 일에 즐겁게 몰입하는 변화가 일어났다. 자신의 탁월성에 집중할 때 탁월한 성과를 내게 된다는 사실을 경험으로 알게 된 것이다.

즐거움을 클릭하라

**언제 몰입을
경험하는가?**

시간 가는 줄도 모르고 어떤 일에 몰입해 본
경험이 있는가? 일상생활에서 몰입을 경험하는
경우는 언제인가? 나도 술을 즐기는 편이지만, 술 없이는 못 사는 사
람들이 있다. "술 마시고 집에 늦게 들어갈 때, 몇 시쯤 들어가십니까?"
라고 질문하면 대답이 천차만별이다. 늦게 들어가는 시간이 12시라는
사람도 있고, 일찍 들어가는 시간이 새벽 4시라는 사람도 있다. 심지
어 "술 마시다가 어떻게 집에 들어갑니까? 바로 출근해야죠." 하면서
껄껄 웃기도 한다.

아무리 주당이라도 술을 많이 마신 다음 날에는 '아, 피곤해. 오늘은
일찍 들어가서 쉬어야겠다.'라는 생각이 들기도 한다. 하지만 친한 친
구가 와서 어깨를 툭툭 두드리며 "야, 너 좋아하는 곱창에 소주 한잔 하

자. 오늘은 내가 살게." 하면, "진짜?" 하며 눈이 반짝반짝 빛난다. 조금 전만 해도 피곤해서 다 쓰러질 것 같던 사람이 갑자기 힘이 펄펄 넘친다. 자기가 정말 좋아하는 것에 집중할 때는 피곤도 사라지는 것이다.

술을 좋아하는 남자들만큼이나 쇼핑을 좋아하는 여자들도 많다. 요즘은 인터넷이나 TV에서 쇼핑 프로그램이 많아진 탓에 충동구매도 많이 늘었다고 한다. 어떤 주부가 홈쇼핑 채널을 보다가 마음에 드는 물건을 발견했다. 하지만 가격이 조금 부담스러워 '지금 저걸 살 형편이 아니잖아.'라고 생각하면서도 어느새 전화를 걸어 상품을 주문하는 자신을 발견하고는 깜짝 놀랐단다. 정말 좋다고 느끼는 것에 대해서는 나도 모르게 저절로 반응하게 되는 것이다.

쇼핑을 아주 좋아하는 주부가 대청소를 하고 나서 녹초가 되었다. '아, 오늘은 정말 피곤해. 만사가 다 귀찮다. 그냥 좀 쉬어야지.' 하고 침대에 벌렁 누웠다. 그런데 눕자마자 친한 친구가 전화를 걸어와 뭐 하냐고 묻는다. "오늘은 나 너무 피곤해. 좀 쉬려고." 하고 대답하려는 순간, 친구가 "야, 나 10만 원짜리 백화점 상품권 두 장 생겼다. 하나 너 줄 데니까 같이 쇼핑 안 갈래?" 하면 언제 피곤했냐는 듯이 침대에서 벌떡 일어나 "그래, 어딘데? 금방 갈게!"라며 쏜살같이 뛰어나간다.

소주 한잔 하자는 친구의 말에 눈이 번쩍 뜨이는 사람이나, 상품권 줄 테니 쇼핑하자는 말에 번개처럼 뛰어나가는 사람이나 자기가 좋아하는 일에 대해서는 모두 즉각적으로 반응한다는 공통점이 있다. 자기가 좋아하지 않는 일에 대해서는 그렇게 반응하지 않는다. 꼭 해야 할 일이라도 귀찮고 힘들다고 생각하면 미루거나 잊어버리는 것이다.

몰입의 즐거움

우리나라 사람들이 명절 때 많이 하는 게임은 고스톱이다. 명절 때 고향에 내려가 친척들이 모이면 으레 판이 벌어진다. 가구별 대표로 선수를 구성하고 패를 돌린다. 한두 판 따기 시작하면 신바람이 난다. 가족들끼리 하는 게임이라도 봐주는 일은 없다. 서로 피박에 멍박까지 씌우며 게임을 하다 보면 시간 가는 줄 모른다. 그러다가 갑자기 허리가 아프고 피로가 몰려온다. 돈을 잃기 시작하거나, 창밖으로 먼동이 트는 광경을 보면서 몰입 상태에서 벗어난 것이다.

지금 당신이 하고 있는 일에서 즐거움을 느끼는가? 일하는 즐거움에 시간 가는 줄 몰랐던 적이 있는가? 이 질문에 대해서 진심으로 "그렇다."라고 대답할 수 있다면 정말 훌륭한 직장 생활을 한 것이다. 하지만 그렇지 않은 경우가 많다. 회사가 내게 일할 기회를 준 것이 고맙기는 하지만, 결국 내가 일한 만큼의 대가를 받는 것 아닌가? 입사 초기에는 내가 하는 일에 보람과 자부심도 느끼고 비전도 있었는데, 지금은 아니다. 어떻게 해야 주어진 일에 즐겁게 몰입할 수 있을까?

당신은 청소를 즐기는가? 청소만 생각하면 신바람이 나는가? 휘파람을 불거나 노래를 부르면서 즐겁게 청소를 하거나, 저녁 식사를 마치고 나서 "여보, 매일 당신만 설거지하지 말고 오늘은 나도 좀 해 보자." 하고 아내에게 부탁을 하는 사람은 많지 않을 것이다. 일반적으로 청소나 설거지는 즐겁고 재미있는 일이 아니다. 그러나 청소나 설거지에 대해 의미 부여를 달리하고 실제 행동으로 옮기다 보면 그 일에 대한 느낌도 달라진다.

나는 어려서부터 청소나 설거지는커녕 쓰레기를 갖다 버리는 것조차도 귀찮아해서 가족들이 짜증을 내고 잔소리를 해야 한 번 할까 말까 했다. 그러던 어느 날 화장실에서 물을 내리고 나가는데, 변기가 너무 더럽다는 생각이 들었다. '이건 너무 지저분하군. 내가 좀 닦아야겠어.' 나도 모르게 수세미를 가져다가 깨끗하게 닦기 시작했다. 변기 안쪽 구석구석에 달라붙은 오물들은 솔로 긁어내고 다시 수세미로 박박 문질렀다. 다 닦고 나서 물을 쫙 부으니 변기가 새것처럼 반짝거렸다. 시원한 느낌이 들었다.

이제 손을 씻고 나가려고 했더니 세면대에도 때가 잔뜩 묻어 있다. 대충 닦아 내려고 손으로 문질렀는데 때가 잘 지지 않는다. 내친김에 이것도 끝내자 싶어 철 수세미를 갖고 와서 때를 싹싹 밀어냈다. 전부 닦고 나니 세면대가 깨끗하다. 이번에는 바닥에 떨어진 머리카락들이 눈에 들어온다. '에라 모르겠다. 다 청소하자!' 바닥을 닦으며 머리카락도 쓸어 내고, 샤워 부스의 유리벽과 타일의 얼룩까지 다 씻어 냈다. 개운하고 상쾌한 기분이 정말 좋았다.

저녁에 집에 돌아온 가족들은 눈이 휘둥그레졌다. "이게 웬일이야, 화장실이 반짝반짝 하네!" 하며 평소에 잘 안 하던 칭찬을 한마디씩 한다. 나는 화장실이 깨끗해지는 느낌이 좋아서 청소를 한 것뿐인데, 가족 모두가 이렇게 행복해한다. 내가 했던 일의 과정과 결과가 모두 좋은 느낌이었다. 그 느낌을 알고 나서는 눈에 띄는 대로 쓰레기도 치우고, 시키지 않은 설거지도 하게 되었다.

몰입의 방법과 효과

내가 하는 일에 즐거움을 느끼는 것은 그것에 어떤 의미를 부여하느냐에 달려 있다. '즐거움'이라는 의미를 부여하면 그 일을 즐겁게 하게 된다. 그 대표적인 사례가 발명왕 에디슨이다. 실험 횟수에 대해서는 의견이 분분하지만, 한국발명문화교육연구소 소장인 왕연중 교수에 따르면 에디슨은 전구 하나를 발명하기 위해 1,800번이나 실험을 했다고 한다.

전구 발명 소식을 듣고 찾아온 기자가 질문을 했다. "에디슨 선생님, 전구를 발명하려고 1,800번이나 실험을 하셨다면서요? 그렇게 실패를 많이 하면서도 포기하고 싶은 생각이 들지 않으셨나요?" 에디슨이 대답한다. "실패라니요? 나는 단 한 번도 실패한 적이 없어요. 나는 1,800번 실패한 것이 아니라 전구에 불이 들어오지 않는 1,800가지 방법을 알아낸 겁니다."

기자는 또 질문을 던졌다. "하루에 18시간씩 실험실에서 연구를 하신다는데 힘들지 않으세요? 하루 이틀도 아니고 몇 년씩이나 그렇게 계속하면 좀 쉬고 싶지 않습니까?" 이에 대한 에디슨의 대답은 워낙 인상적인 것이라 영어 문장으로 기억한다. "I have never done a day's work in my life(나는 평생에 단 하루도 일이란 걸 해 본 적이 없습니다)." 그 다음에 이어지는 대답이 압권이다. "It was all fun(그건 모두 즐거움이었죠)!" 아마도 그가 성공하지 못했다면 그것이 기적이었을 것이다.

수많은 경기 변동을 겪으며 순위가 오르내리기도 했지만, 아직도 많은 사람들은 제너럴 일렉트릭(General Electric)을 세계 최고의 회사로

꼽는다. 2008년 현재 총 자산 7,977억 달러, 총 매출 1,825억 달러인 이 회사는 세계 최대 규모의 다국적 기업이다. 130년이 넘게 세계 최고의 자리를 지키며 끊임없이 성장해 온 이 회사를 설립한 사람이 바로 에디슨이다. 한 사람이 정말 즐겁게 자신의 일에 몰입하면 이렇게 놀라운 결과가 나오는 것이다.

처음엔 어색하게 느껴질 수도 있다. 하지만 내가 하고 있는 일에 긍정적인 의미를 부여해 보자. 처음부터 '참 재미있고 즐거운 일이야.'라고 하기는 어렵더라도, 자기 일에서 좋은 점들과 즐거움의 요소들을 찾아보자. 그리고 그 일이 고맙다고 생각하자. 그러다 보면 내가 하는 일은 보다 즐겁게 느껴지고 감사하는 마음도 커져 간다. 내가 즐겁게 몰입하는 노력을 계속할 때, 나의 깊은 의식에 존재하는 즐거움이 터져 나와 즐거운 현실을 펼쳐 내는 것이다.

Reset Point

- 문제에 직면했을 때 느끼는 부정적인 감정은 본래 근거가 없는 것이다. 부정적인 감정을 긍정적인 감정으로 전환하면 문제가 해결된다.

- 문제가 해결된 상황을 실제로 떠올리면 편안하고 즐거운 감정이 일어난다. 그리고 부정적인 감정에서 벗어나게 된다.

- 나에게 '없는 것'이 아니라 '있는 것'에 초점을 맞출 때 성공하는 삶이 된다. 나를 탁월한 존재로 인정하고 신뢰할 때 훌륭한 결과도 따라온다.

- 자신이 하는 일에 긍정적인 의미를 부여하면 즐겁게 몰입할 수 있다. 자기 일에 기쁜 마음으로 몰입할 때 탁월한 성과가 나온다.

Reset Guide

1. 내가 지금 직면한 문제들과 그것이 해결된 상황을 적는다.

가정과 직장, 인간관계에서 문제로 여겨지는 상황들을 구체적으로 한 가지 이상 적고, 각각의 문제가 해결되면 어떻게 될 것인지 적어 보자. 그 문제가 해결된 상황의 모습을 구체적으로 상상하고 그 느낌을 떠올려 보자.

2. 나의 장점과 능력들을 써 본다.

나의 장점, 내가 재주 있게 잘하는 일들이 무엇인지 찾아서 써 보고, 그것들 중 한 가지를 지금 당장 해 본다.

3. 내가 소유한 것과 내가 하는 일에 감사한다.

내가 소유하고 있거나 내게 가치 있는 것들의 목록을 만든 후, 그 것들에 대해 감사하다고 소리 내어 말하자. 내가 늘 해야 하는 일들 중 하기 싫은 일 한 가지를 골라서 그 일의 장점과 즐거움의 요소를 찾고, 그것에서 즐거운 느낌을 느껴 보자.

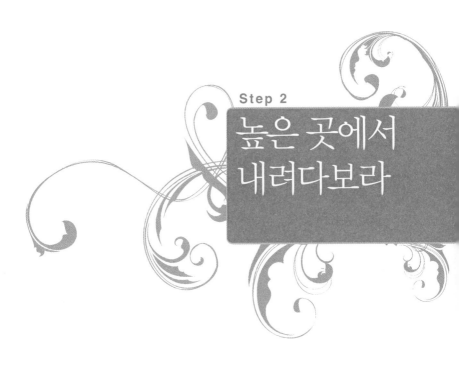

Step 2

높은 곳에서
내려다보라

03
—

생각으로
기분을 전환하라

있는 그대로의 세계는 아무 문제가 없습니다.
누구를 탓하려면 그릇된 사고 방식을 가진 우리 자신을 탓해야 합니다.
우리 마음의 이면에 자리 잡고 있는 최초의 고리를 찾아내어
그것을 뿌리 뽑는 것입니다..
살라, 오늘이 마지막 날인 것처럼.

— 라마나 마하리쉬(Ramana Maharishi)

높은 의식으로 바라보라

어떤 생각이 떠오르고 그것과 관련된 감정을 느낄 때, 그 생각과 느낌은 동시에 일어나는 것이라고 볼 수 있다. 보다 깊은 의식으로 보면 정서가 앞서는 것이지만, 생각과 느낌은 서로의 원인과 결과로 이어지며 연속적으로 일어나기 때문이다. 그런데 우리가 어떤 감정을 느낄 때 그 느낌을 바꾸는 것은 쉬운 일이 아니다. 그 느낌이 일어나는 보다 깊은 의식을 통찰하지 못하기 때문이다. 그래서 일단은 생각을 바꿈으로써 느낌을 변화시키는 것이 보다 쉬운 접근법이다.

가장 먼저 필요한 일은 숨겨진 생각과 정서를 파악하는 것이다. 일반적으로 사람들은 어떤 감정에 일단 빠져들기 시작하면 그 안에서 헤어 나오지 못한다. 예를 들어 친구와 한바탕 말다툼을 하고 버럭 화를 낸 후 헤어졌다고 하자. 그런데 다른 친구를 만나 이야기를 나누다 보니 그 친구가 잘못한 것이 아니라 내가 오해한 것임을 알게 되었다. 그렇게 상황이 파악되고 그 친구가 이해되었다면 기분이 전환되어야 하는데 마음은 영 따라 주질 않는다. 불같이 화를 냈던 감정을 바꾸어서 선뜻 "미안해. 내가 오해했어. 사과할게. 용서해 줄 거지?"라고 말하기가 어렵다. 생각으로는 이해가 되어도 화를 냈던 불편한 느낌에서 쉽게 벗어나지 못하는 것이다.

슬픈 감정도 마찬가지다. 연애를 하던 이성 친구와 이별한 후 걷잡을 수 없는 우울함에 사로잡히거나, 사랑하는 가족이나 친척 또는 친구와의 사별 후 깊은 슬픔에 빠져드는 경우도 있다. 생각 같아서는 그 느낌을 툭툭 털어 버리고 즐겁고 유쾌한 생활로 돌아갈 수도 있을 것 같은데, 그러기가 쉽지 않다. 오히려 헤어진 사람과의 추억에 더 매달리거나, 슬픈 노래와 소설, 영화를 더 많이 접한다. '이 상황에서 벗어났으면…….' 하는 생각도 있지만, 그 슬픔에서 벗어나지 못하는 것이다.

실패의 경험과 두려움

이종격투기 대회인 K1에서 활약하고 있는 최홍만 선수는 본래 씨름을 하다가 K1에 뛰어들어 탁월한 실력을 발휘하며 여러 시합에서 승리를 했다. 그런데 한 번은 키 218센티미터, 몸무게가 160킬로그램에 이르는 최홍만 선수가 키 185센티미터에 몸무게 124킬로그램인 마이티 모(Mighty Mo)라는 선수와 경기를 하게 되었다. 자신보다 30센티미터나 작은 선수와 시합을 하게 되자 최홍만 선수는 '덩치도 작은데 그냥 한 방에 날려 보지 뭐.' 하고 방심하며 준비를 소홀히 했다.

그는 '한 방에 끝내 버릴 거야.'라고 생각하며 링에 올라갔지만, 의외의 상황이 발생했다. 2라운드에 들어 몸집이 작은 마이티 모 선수가 거구의 최홍만 선수를 한 방에 쓰러뜨려 버린 것이다. 보는 사람의 입장에서도 황당할 정도의 KO였으니 당사자인 최홍만 선수의 심정은 어땠겠는가? 변변한 펀치 한 번 날려 보지 못하고 단번에 당해 버렸으니 창피하기도 했지만, 패배의 충격은 그보다 더욱 컸다.

설욕을 해야겠다고 마음먹은 최홍만 선수는 다음번에는 정말 한 방에 끝내 버리겠다고 투지를 불사르며 준비를 했다. 그리고 마이티 모 선수와 다시 맞붙게 되었다. 그때 최홍만 선수의 기분은 어땠을까? 마이티 모 선수와 처음 하는 시합이었다면 여유로울 만큼 자신에 차 있었을지도 모른다. 하지만 이미 경험한 KO패의 기억이 사라지지 않았다. 가까스로 판정승을 거둔 최 선수는 시합 뒤에 가진 인터뷰에서 솔직하게 고백했다. 철저하게 준비하고 연습을 했음에도 불구하고, KO패를 당했던 충격과 두려움이 몰려와서 스텝도 펀치도 마음대로 되지 않아 굉장히 힘든 시합을 했다는 것이다.

누구나 한 번쯤은 이와 비슷한 경험이 있을 것이다. 대학 입시를 준비하는 제자들 중에도 그런 고민을 하는 친구가 있었다. 고등학교 3학년 때 대학 입시에서 떨어지고, 재수했는데도 또 낙방을 했다. 어떻게 할까 고민을 하다가 삼수를 시작했는데, 대입 시험을 코앞에 두고 불안한 마음을 못 이겨 시험을 포기하고 군 입대를 결정하고 말았다. 그리고 제대를 하자마자 찾아온 이 친구는 내게 고민을 털어놓았다.

"선생님, 제가 군대 가기 전에 재수하고 삼수를 하고도 대학에 못 가다 보니 두려움이 앞섭니다. 군대에서도 틈나는 대로 시험 준비를 하기는 했는데, 수능만 생각하면 갈피를 잡지 못하겠어요."

이처럼 자기가 실패했다고 생각하는 경험에서 연상되는 두려움은 자신의 능력을 발휘하지 못하게 만든다. 성적이 어떻게 나오든 자기가 공부한 만큼 실력을 발휘해서 시험을 보면 어느 대학에라도 진학할 수 있을 것이다. 그러나 실패의 경험과 그때 느꼈던 부정적인 정서의 감옥에 갇혀 있으면 시도를 하는 것조차 두렵게 느껴진다.

높은 의식으로 탈출하라

〈쇼생크 탈출(The Shawshank Redemption)〉이라는 영화가 있다. 내용도 감동적이었지만, 포스터에 새겨진 "Fear can hold you prisoner. Hope can set you free(두려움은 당신을 감옥에 붙잡아 두지만, 희망은 당신을 자유롭게 한다)."라는 카피가 오래도록 기억에 남는 영화였다. 이 영화의 대사들을 보면 포스터에 새겨진 '희망'의 의미를 더 분명하게 이해할 수 있다. "기억해요, 레드. 희망은 좋은 거예요. 아마도 가장 좋은 것이라고 할 수 있죠. 그리고 좋은 것은 결코 사라지지 않아요(Remember Red, hope is good thing, maybe the best of things. And no good thing ever dies)."

이 영화에서 '희망'은 '가장 좋은 것'을 나타낸다. 그것을 생각하면

'가장 좋은 정서'를 느끼게 된다. 그것을 보다 높은 수준에서 이해하면, 무한한 자유와 행복을 느끼는 것이다. 그리고 두려움은 사라진다. 그것을 이번 장에서 다루고 있는 '높은 의식(意識)'이라고 봐도 좋다. 물리적인 공간으로 비유하자면 '높은 의식'은 위에서 내려다보는 것과도 같다. '내가 왜 그런 바보 같은 생각을 했지?', '왜 그렇게 부정적인 감정에 빠져 있었던 거지?' 하고 자신의 생각과 느낌을 한눈에 내려다보는 의식이다. 그리고 그것은 긍정적인 감정만을 느끼게 해준다.

데이비드 호킨스(David Hawkins) 박사는 그의 책 『의식혁명(Power vs. Force)』에서 인간의 의식을 17단계로 나누어 놓았다. 그 내용은 다음 페이지의 도표에 잘 나타나 있다.

의식의 17단계에서 제일 낮은 수준에 해당되는 것은 '수치심'이다. 이어 죄의식, 무기력, 슬픔, 두려움 등이 그 뒤를 잇는다. 이것들은 한마디로 '부정적인 감정'이다. 다시 말해 '낮은 의식'은 무기력하고 슬픈 감정, 두려움과 분노를 느끼는 감정인 것이다.

반면에 '높은 의식'은 도표의 제일 위쪽에 제시되어 있는 사랑, 기쁨, 평화, 깨달음의 정서, 다시 말해 '최고로 긍정적인 감정'이라고 할 수 있다. 그러므로 가장 의식 수준이 높은 사람은 늘 행복한 감정을 느끼는 사람인 것이다.

우리는 흔히 학식이 있는 사람이나 분별력이 뛰어난 사람, 혹은 뚜렷한 원칙을 가지고 살아가는 사람은 의식도 높을 것이라고 생각한다. 그런데 사실은 그렇지 않다. 서울대 국문과에 아주 유명한 교수님

룩스(LUX)	의식 수준	감정	행동
700~1000	깨달음	언어 이전	순수 의식
600	평화	하나	인류공헌
540	기쁨	감사	축복
500	사랑	존경	공존
400	이성	이해	통찰력
350	포용	책임감	용서
310	자발성	낙관	친절
250	중용	신뢰	유연함
200	용기	긍정	힘을 주는
175	자존심	경멸	과장
150	분노	미움	공격
125	욕망	갈망	집착
100	두려움	근심	회피
75	슬픔	후회	낙담
50	무기력	절망	포기
30	죄의식	비난	학대
20	수치심	굴욕	잔인함

의식 수준의 17단계

이 계셨다. 유명 잡지에 기고도 많이 하는 분이셔서 그분의 수업을 기대하고 들었지만, 실망하지 않을 수 없었다. 수업 시간 내내 술 얘기만 하시는데, 가장 황당했던 것은 자신의 '마지막 소원'을 말씀하실 때였다. "내가 이제 살면 얼마나 더 살겠나? 내 마지막 소원이 있다면 비행기 사고로 죽는 거다."

'아니, 저렇게 유명한 교수님의 소원이 겨우 비행기 사고로 죽는 것이라니? 이게 도대체 무슨 소리인가?' 나는 도무지 이해가 가지 않았다. 교수님께서는 아무렇지도 않다는 듯이 이유를 설명하셨다. 공부도 할 만큼 했고 목표한 것들도 웬만큼 다 성취했으니, 죽을 때 미련이나 두려움 없이 갔으면 좋겠다는 것이었다. 이 교수님의 의식 수준을 단순화시켜서 도표에 적용하면 100룩스에 해당하는 '두려움'이다. 그러니까 도표의 맨 오른쪽에 나타나 있는 것처럼 죽음을 '회피'하는 행동이 나오는 것이다.

이처럼 지식이 많고 사회적인 지위가 높다고 해서 의식 수준이 높은 것이 아니다. 중요한 것은 '내가 얼마나 긍정적인 감정을 느끼는가'다. 사랑과 기쁨, 벅찬 감동을 충만하게 느낄 때는 어떤 상황에 직면하더라도 마음이 흔들리지 않는다. 간절히 원하던 대학에 합격했다는 소식을 듣는 순간, 아끼는 옷에 커피를 쏟았다고 짜증이 나지는 않는다. 암으로 투병하던 어머니께서 완치되어 퇴원하실 때, 주차비가 많이 나왔다고 실랑이를 벌이는 사람은 없다. 10년 동안 노력해서 마련한 내 집으로 이사 가는 날, 접시 하나 깨졌다고 화가 나지는 않는다.

내가 정말 즐거운 느낌을 만끽하고 있을 때는 부정적인 생각이 일어나지 않는다. 심지어 모두가 부정적으로 판단하는 상황에 있어도 그것에 아무런 영향을 받지 않고, 두려움 없이 내게 주어진 일에 몰입하여 탁월한 결과를 낸다.

다시 말하지만 '높은 의식'은 긍정적인 감정, 행복한 느낌을 지속적으로 느끼는 것이다. 그것은 지식이나 논리적 추론으로 얻을 수 있는 것이 아니다. 그러면 어떻게 해야 그렇게 '높은 의식'으로 존재할 수 있는지 살펴보자.

바람직한 생각에 집중하라

우리는 당장 눈앞에 놓인 문제에 얽매이기 쉽다. 순간순간 펼쳐지는 상황에만 집중하면 그 문제가 굉장히 커 보이기 때문이다. 흔히들 허물이나 잘못을 가리려는 행동을 가리켜 '손바닥으로 하늘을 가린다'고 한다. 하지만 우리는 손바닥으로 하늘을 가리고 살아갈 수 있다. 손으로 눈만 가리면 하늘은 보이지 않기 때문이다. 따라서 내가 어느 것에 초점을 맞추느냐에 따라 세상이 다르게 보이고, 문제가 있다고 느낄 때 그 해결 방법이 달라지는 것이다.

조금만 각도를 달리해서 생각하면 문제의 해법이 쉽게 발견되는 경우가 많다. 브레인스토밍(brainstorming)이라는 것도 대상을 다양한 관점에서 바라봄으로써 새로운 아이디어를 얻기 위한 것이다. 필자의 친구 중 한 명도 조용히 있다가 느닷없이 "아무 얘기든 해 봐."라는 말을 잘 하곤 한다. 어떤 주제에 대해 곰곰이 생각을 하다가 생각이 정체되면 옆에 있는 사람에게 갑작스럽게 말을 붙이고, 상대방이 하는 말과 반응을 통해서 뭔가 새로운 아이디어를 얻는 것이다.

우리 회사가 초기에 개발했던 여러 교육 프로그램 중 하나는 바에서 만들어졌다. 책상 앞에서는 아이디어가 떠오르지 않아 고민했는데, 동료와 맥주를 마시며 웃고 떠들다가 좋은 생각들이 떠오른 것이다. 처음부터 뭘 꼭 해야 한다는 생각은 없었다. 그저 테이블 위에 펜과 노트를 올려 놓고 맥주를 마시며 즐겁게 이야기를 나누었다. 그러다가 좋은 아이디어가 나오면 기록을 했는데, 결과적으로 매우 논리적인 스토리 라인이 구성되었다.

이처럼 다양한 측면에서 문제를 관찰해도 해결이 쉬워지지만, 위에서 문제를 내려다보면 훨씬 더 쉬워진다. 건물 설계도를 볼 때에도 입면도를 보는 경우는 없다. 물론 완성된 건물의 외관을 그린 조감도는 보지만, 그 건물의 구조를 알려면 그것을 위에서 내려다본 평면도를 봐야 한다. 전체를 정확하게 한눈에 파악하려면 위에서 내려다봐야 하기 때문이다.

놀이 공원의 놀이 시설 중에 미로 찾기가 있다. 미로의 입구로 들어가 길을 찾아서 반대편으로 나가야 하는데, 일단 미로 안으로 들어가면 나오는 길을 찾기가 무척 어렵다. 막다른 길에서 한두 번만 돌아서면 방향 감각을 잃어버리기 때문에 방향을 바꿀수록 길은 더 찾기 어려워진다. 미로 밖에서 똑바로 걸어간다면 불과 몇 분 안 걸리는 거리지만 미로 안에서는 길을 못 찾아 한참을 헤매는 것이다.

그러나 출구가 바로 앞에 있는데도 보지 못하고 이렇게 미로에서 헤매고 있는 모습을 위에서 내려다본다면 얼마나 우스꽝스럽겠는가? 복잡한 생각과 감정이 밀려올 때, 우리가 그것을 위에서 내려다보는 '높은 의식'의 상태에 있지 않다면 미로 안에서 헤매는 것처럼 수많은 시행착오가 불가피한 것이다.

원하는 것만 생각하라

'난 여러 사람 앞에서 노래를 하려면 긴장이 되어서 잘 못 부르겠어.'라고 생각하는 사람이 있다. 이 사람에게는 아마도 '여러 사람들 앞에서 노래를 한 번 해 봤는데 긴장해서 잘 안 되더라. 그 다음에 한 번 더 했는데 역시 잘 안 되더라. 나는 노래를 잘 못하는 사람이다.'라는 식으로 자신만의 이유가 있을 것이다.

그런데 정말 그런가? 그것이 합리적인 생각인가? 어쩌면 '나는 노래를 못하는 사람이다.'라고 스스로 규정해 버린 것은 아닌가? 그 이상의 능력이 있어도 부정적인 결과만을 자신의 모습으로 인정하면 그 상태에서 벗어나지 못한다.

알레르기의 경우도 마찬가지다. 복숭아 알레르기가 있는 사람들은 복숭아만 먹으면 피부가 가렵거나 붓고, 심지어는 구토나 경련을 일으키는 경우도 있다. 그런데 거제도의 어느 회사에서 교육을 할 때 참여했던 한 직원이 복숭아 알레르기를 극복한 이야기를 들려주었다. 이 사람은 복숭아만 먹으면 구급차에 실려 갈 정도로 알레르기가 심했는데 결혼하고 나서 그것을 치료했다는 것이다.

신혼여행을 다녀와서 처가에 인사를 하러 갔더니, 아내가 자리를 비운 사이에 장모님이 복숭아를 깎아서 가지고 나오셨단다. 어머니께 미리 알려드리지 않은 아내가 야속했지만, 첫 인사를 드리러 간 마당에 장모님 성의를 무시할 수도 없었다. '그래, 쓰러져 죽더라도 먹자! 하는 수 없잖아.' 하면서 복숭아를 먹었다. 그는 예상했던 대로 복숭아를 먹고는 바로 쓰러졌는데, 처갓집이 섬이라 배를 타고 육지로 나와서 큰 병원으로 이송되었다고 한다.

이후 그 사람은 처갓집에서의 사건을 두고두고 잊을 수 없었다. 인간 구실을 제대로 하려면 복숭아 알레르기를 어떻게든 해결해야겠다는 생각이 들었다. '좋아, 내가 이기나 복숭아가 이기나 보자! 죽기 아니면 까무러치기지. 한 번 더 해 보자!' 다시 복숭아를 먹어 보기로 한 그는 주변 사람들에게도 미리 당부를 했다. "나 복숭아 먹는다. 쓰러지면 어떻게 해야 하는지 알지?" 또다시 같은 일이 벌어졌다. 그렇게 복숭아를 먹고 쓰러져서 앰뷸런스에 실려 가기를 두 번, 세 번 반복했다. 그러다가 언제부터인가 두려움이 옅어지면서 껍질을 벗긴 복숭아를 먹을 수 있었고, 나중에는 복숭아를 껍질째 먹을 정도까지 되었다고 한다. 그 사람은 내게 이렇게 말했다.

"내가 그렇게 하기는 했지만, 그걸 겪어 보지 않은 사람은 모를 겁니다. 정말 죽기를 각오하지 않으면 그렇게 하기 힘들지요."

복숭아에 대해서 무의식에 각인된 부정적인 정서, 복숭아만 먹으면 어떻게 된다고 하는 습관화된 생각과 느낌을 떨쳐내기가 그렇게 힘들었던 것이다. 하지만 그는 복숭아 알레르기를 이겨 내는 것을 목표로 그 모습만을 생각하면서 계속 시도하여 알레르기에서 벗어났다. 어떤 약물이나 식이 요법, 혹은 의학적 치료를 통해서가 아니라, 복숭아에 대한 생각과 느낌이 바뀌면서 알레르기가 사라진 것이다. 이처럼 과거에 실패했던 경험이나 지금 잘 못하는 모습을 떠올리지 않고, 멋지게 잘하는 모습만 상상하면 문제가 해결된다.

앞서 말했던 최홍만 선수의 예를 다시 떠올려 보자. 그 선수가 KO패 당한 것을 계속 생각하면 제 실력을 발휘하기 힘들다. KO패의 기억은 그림자와 같은 생각일 뿐이다. 그 선수가 매번 KO패만 당하는가? 오히려 그가 KO패를 시킨 선수들이 얼마나 많은가? 상대방을 일격에 쓰러뜨리는 통쾌한 승리의 장면을 상상하고 그 느낌을 반복해서 생생하게 느끼면 최홍만 선수는 앞으로도 최고의 실력을 발휘할 것이다.

요지는 내가 잘 못하는 것, 부족한 것이 아니라 '내가 원하는 것'에 초점을 맞추자는 것이다. 성공하는 사람은 정말 자기가 원하는 것에 집중하는 반면, 실패하는 사람은 자기가 원하지 않는 것만 생각한다. 성공하는 사람과 실패하는 사람의 차이가 바로 이것이다.

많은 돈을 투자해서 어떤 사업을 시작한다고 하자. 성공하는 사람은 사업에 성공한 모습을 그리고 성공한 느낌을 가진다. 직원들을 가족처럼 생각하고 직원들이 즐겁게 일하는 모습, 수익을 많이 내서 직원들에게도 넉넉하게 월급을 주고 가족들과 풍요롭게 생활하는 모습을 상상한다. 자기가 원하는 것만을 생각하는 것이다. 그러나 실패하는 사람은 성공을 바라면서도 실패를 생각하고 두려워한다. 투자를 하면서도 손해를 보지 않을까 염려하고, 직원들을 믿지 못하며, 경쟁 업체들을 의식하고 긴장한다. 자기가 원하지 않는 것만 생각하며 원하지 않는 감정에 시달린다. 그리고 원하지 않는 현실을 만들어 낸다.

그렇다면 우리가 떠올릴 수 있는 가장 바람직한 생각은 무엇일까? 앞에서 살펴보았듯이 그것은 건강하고 활기차게 생활하는 모습, 다른 사람들을 사랑하고 즐겁게 생활하는 모습, 목표한 일을 멋지게 성취해 낸 모습 등 그야말로 '내가 간절히 바라는 모습'을 생각하는 것이다. 이것을 보다 '높은 의식'으로 바라보는 것은 싱싱한 생명이며 무한 능력의 존재인 본질적인 나를 생각하는 것과 같다. 조건 없는 사랑과 즐거움 자체로서의 나를 깊은 정서로 느끼게 되면, 삶에서 지속적인 행복을 누릴 수 있다.

생각에서 힘을 빼라

'고정관념'은 그야말로 '고정된 관념', 다시 말해서 '바
뀌지 않는 생각'이다. 생각이 유동적이고 자유로운 것이
아니라 뻣뻣하게 굳어 있는 것이다. 그러나 어떤 경우든 발전과 성장
을 이루려면 생각이 유연해야 한다. 운동을 하더라도 뻣뻣한 몸으로는
아무것도 할 수 없다. 초등학교 때 체육 시간에 유도를 배웠는데, 기본
동작을 배우고 나서는 두 사람씩 짝을 지어 연습을 했다. 운동에 서툴
렀던 나는 안 넘어지려고 잔뜩 힘을 주고 버텼지만 상대가 발을 톡 걸
어서 넘기면 금방 쓰러졌다. 그런데 운동을 잘하는 친구들은 달랐다.
그 친구들은 유연하게 움직이면서 상대방의 힘을 이용해 가볍게 상대
방을 넘어뜨렸던 것이다.

어려서부터 국악을 전공하고 국악 연구소를 운영하고 있는 가야금

연주자가 있다. 그분은 국악의 대중화에 관심을 갖고 일반인들에게도 가야금을 가르치는데, 초보자들이 흔히 저지르는 실수에 대해 이야기를 한 적이 있다. 기본적인 이론과 연주법을 가르치고 나서 실습을 시켜 보면, 힘을 잔뜩 주고 연주를 해서 소리가 제대로 나지 않는다는 것이다. "손에 힘을 빼세요. 음악의 선율에 편안히 마음을 맡기고 부드럽게 연주하시면 됩니다." 하고 알려 주어도 그분들은 손에 힘이 들어간다고 한다. 배우는 입장에서는 잘해 보려고 하는 것이지만, 그럴수록 오히려 더 안 되는 것이다.

우리가 변함없이 당연하다고 생각하는 것, 즉 '그게 옳은 거야.', '그건 어쩔 수 없는 거야.', '원래 그런 거야.'라고 여기는 모든 것이 고정관념이다. 고정관념이 무조건 다 나쁘다고 할 수는 없다. '나는 무한 능력의 존재다.', '나는 조건 없는 사랑이다.'라는 생각을 한 치의 의심 없는 확신으로 가지고 있다면 누가 그것을 부정적인 생각이라고 하겠는가? 하지만 여기에서 말하는 고정관념은 일반적인 의미로, 잘 바뀌지 않는 부정적인 생각을 가리킨다.

저마다 내용은 달라도 모든 사람에게는 자신만의 변함없는 생각들이 있다. 중요한 것은 '나는 언제나 건강해.'라고 늘 생각하는 사람은 건강한 상태를 유지하는 반면, '난 감기에 잘 걸려.'라고 생각하는 사람은 자주 감기에 걸린다는 것이다.

공부도 마찬가지다. '나는 수학을 잘 못해.'라고 생각하는 학생이 있다고 하자. 어느 날 다른 친구들이 못 푸는 수학 문제를 제일 먼저 풀었다면 어떻게 생각할까? 친구들이 "야, 너 대단하다." 하고 칭찬을 해도 "어쩌다 한 번 맞춘 거지 뭐."라고 대답한다. 그러다가 수학 성적이 한 번 안 좋게 나오면 '거봐. 나는 수학을 못한다니까. 내가 그렇지 뭐.'라고 생각한다. 이것이 자기를 제한하는 고정관념이다.

'난 머리가 나빠서 공부를 잘 못해.'라고 생각하는 학생도 자기가 좋아하는 가수나 영화 배우의 이름들은 척척 외워서 이야기한다. 심지어는 가수의 앨범과 출시 연도, 노래 제목들을 정확하게 알고 있을 뿐만 아니라 노래 가사도 토씨 하나 틀리지 않게 다 외워서 부른다. 좋아하는 배우들이 등장한 영화의 제목, 그 영화의 명대사들까지 다 기억한다. 야구를 좋아하는 사람은 자기가 응원하는 팀의 선수 명단을 줄줄이 꿰고, 타자의 타율, 투수의 방어율은 물론 그 팀의 세부적인 성적까지 다 알고 있다. 이 사람이 과연 머리가 나쁜 사람인가?

아주 좁은 영역으로 한정해서 자기를 판단하면 부족한 면이 두드러지게 보일 수도 있다. 그러나 자신이 잘하는 것을 기준으로 보면 다른 일들도 잘 해낼 수 있는 역량을 갖추고 있다는 사실을 발견하게 된다. 다만 그 사람의 주요한 관심사가 무엇이냐에 따라 자신에 대한 규정이 달라지고, 그것이 자신의 존재감과 자기 역량을 결정해 버리는 것이다. 따라서 고정관념을 깨뜨리려면 자신의 탁월성을 느끼고 새로운 가능성에 마음을 여는 것이 필요하다. 이제까지 유지해 온 생각만을 기준으로 새로운 것을 판단하면 고정관념이 깨질 수 없을 뿐만 아니라 더 나은 삶이 펼쳐질 수도 없다.

유연하게
생각하라

나는 직업상 강의를 하면서 1년에 수천 명의 새로운 사람들을 만나는데, 만나면 만날수록 사람들은 자기가 생각하는 대로 현실을 산다는 생각이 분명해진다. 비록 내가 경제적인 도움을 드리지는 못해도, 어려움에 처한 분들에게 보다 나은 삶의 방법을 알려 주고 싶은 경우가 많다. 하지만 정작 그분들은 귀를 잘 기울이지 않는다.

힘든 현실에 직면해 있는 사람들이 오히려 다른 사람이 해 주는 조언을 들으려고 하지 않는 경우가 많다. 막연히 힘든 상황을 벗어나고 싶은 생각은 있지만 부정적인 감정에 휘말려 새로운 가능성에 마음을 닫아 버리기 때문에, 자기 생각을 바꾸지 못하고 현실 또한 개선하지 못하는 것이다.

반면에 이미 사회적으로도 성공을 이루었다 싶은 분들이 오히려 새로운 정보에 적극적인 관심을 갖는다. 더 이상의 설명이 필요 없어 보이는데도 그분들은 "제가 이해한 게 맞습니까?", "어떻게 하면 그렇게 될 수 있죠?"라고 질문하며 새로운 정보를 완전히 자기 것으로 만들려고 노력한다. 생각이 고정되어 있지 않고 유연하기 때문에 그분들은 그만큼의 성공을 성취할 수 있었던 것이다.

때로는 60대나 70대 이상 되시는 분들도 교육에 참여하여 진지하게 강의를 경청하신다. 인생 경험이 더 풍부하고 연세가 있는 분들이 자기보다 한참 어린, 아들뻘 되는 사람의 이야기에 귀를 기울이기는 쉽지 않다. 질문을 하는 것은 더욱 부끄럽게 여겨질 수도 있다. 그러나 마음이 열려 있고 생각이 유연한 분들은 그렇지 않다. 편안한 마음으로 듣고, 공감하고, 박수를 쳐 주신다. 그런 분들은 고정관념을 가지고 있더라도 그것을 깨고 자기를 무한히 확장시켜 가는 분들이다.

성공하는 사람과 실패하는 사람의 또 다른 차이가 바로 이런 '생각의 유연성'이다. 다른 사람들과 대화를 하면서 내 생각과 다른 의견을 배척하고 있는 것은 아닌지 돌아볼 필요가 있다. 내가 판단하기에 상대방이 전혀 얼토당토않은 이야기를 하더라도 '저것이 사실일까?', '저렇게 말하는 근거와 의도는 무엇일까?' 하는 관심을 갖고 듣는 것이다. 지금 필자의 이야기부터 '뭔가 쓸모 있는 것을 발견할 수 있지 않을까?' 하는 호기심을 갖고 듣는다면 당신은 고정관념으로부터 무척 자유로운 사람이다. 그런데 '말도 안 되는 소리야.' 하고 배척한다면, 당신은 고정관념에 사로잡힌 사람일 가능성이 높다.

한계를 돌파하라

우리 회사에서 하는 교육 중에 '클릭 무한 능력'이라는 프로그램이 있는데, 여기에는 뜨거운 숯불을 맨발로 걷는 '숯불 걷기'라는 한계 돌파 실습도 포함되어 있다. 이것이 바로 고정관념을 깨기 위한 프로그램이다.

'숯불'은 뜨거운 것이고, 그 위를 맨발로 걸으면 당연히 발을 델 것이라고 생각한다. 하지만 이것도 우리의 고정관념이다. 겁을 먹은 채 숯불을 바라보는 것이 아니라, 숯불 건너편에 그려 놓은 비전에만 몰입하여 가볍게 걸어가면 발을 전혀 데지 않고 숯불 위를 지나갈 수 있다. "할 수 있다! 할 수 있다!"라고 외치며 몇 발자국만 걸으면 숯불 걷기는 끝난다. 비전에만 몰입하고 걸으면 거짓말처럼 뜨거운 느낌이 들지 않는다.

물론 숯불 걷기를 하기 위해 불을 피워 놓은 장소에 도착하면, 나무들이 시뻘겋게 타고 있는 것이 보이고 뜨거운 열기도 느껴져서 처음부터 겁을 먹는 사람들이 많다. 하지만 숯불은 이제까지 나를 제한해 오던 생각, 고정관념과 두려움을 상징하는 것이다. 때문에 그 숯불이 아닌, 비전을 성취한 자신의 모습만을 바라보며 자신 있게 걸으면 아무렇지도 않다. "고정관념을 깨라."라는 말을 하지 않아도, 자신을 제한해 온 생각과 느낌들이 동시에 사라지는 것을 경험할 수 있는 것이다.

2007년 초에 온 가족이 참여하는 프로그램을 진행했다. 그때도 숯불 걷기를 했는데, 초등학생부터 70대 할아버지까지 모두 숯불 위를 걸었다. 그런데 마지막 한 사람은 숯불을 쳐다보고만 있었다. 초등학교 5학년 학생이었던 것으로 기억하는데, 그렇게 끝까지 못하겠다고 하는 친구는 처음이었다. 초등학생들은 처음에는 겁을 내도 옆에서 조금만 격려해 주면 오히려 어른들보다 더 씩씩하게 잘 걷는다. 마음이 열려 있기 때문이다. 그런데 이 녀석은 끝까지 못하겠다고 버티는 것이었다.

나중에 알고 보니 이 학생은 아주 어렸을 때 큰 화재를 겪었던 적이 있었다. 집에 불이 나서 심한 화상을 입은 이후로는 불에 대한 두려움 때문에 가스레인지의 불도 켜지 못했다고 한다. 그런 친구가 숯불 앞에 섰으니 얼마나 겁이 났겠는가? 그때 어떤 아주머니가 나와서 이 아이의 눈을 다정하게 바라보며 이야기를 했다. "나도 겁이 나고 무서웠는데, 직접 해 보니까 괜찮아. 너도 할 수 있어. 한번 해 봐."

진심 어린 말에는 다른 사람의 마음을 움직이는 힘이 있다. 처음에는 망설이던 친구가 "그럼 해 볼게요."라며 고개를 끄덕였다. 시선을 위로 향하고 숯불 위를 뚜벅뚜벅 걸어 지나간 그 친구는 아빠에게 의기양양하게 달려가 품에 안기며 "아빠, 하나도 안 뜨겁던데?"라고 자랑스럽게 말했다. 그 순간, 그 아이의 인생은 바뀌었다. '숯불은 뜨거운 거야.', '나는 불이 무서워.'라는 고정관념이 깨지면서, 두려움에서 해방된 자유와 무엇이든 해낼 수 있다는 자신감을 만끽하게 된 것이다.

스스로를 제한하는 고정관념은 나의 탁월성을 발견하고 느낄 때 깨지고 사라진다. 이제까지 생각해 온 것보다 더 훌륭한 자신을 발견하거나 자신의 능력을 인정할 때 고정관념은 타파되는 것이다. 자, 이제 상상해 보라. 자신이 '무한 능력의 존재'라는 사실을 인식하고 체험하면 어떤 삶을 살게 되겠는가?

제한된 생각을 걷어 내라

**나를 제한하는
고정관념**

인간의 의식은 일반적으로 의식과 무의식으로 나뉜다. 어떤 심리학자는 "의식이 1이라면 무의식이 9에 해당된다."라고 하고 또 어떤 학자는 "의식이 1이라면 무의식이 24에 해당된다."라고도 한다.

물론 의식으로 파악되지 않는 무의식의 크기를 정확한 수치로 표현할 수는 없을 것이다. 그러나 의식보다 무의식의 영역이 훨씬 더 크다는 것에는 다들 공감한다. 우리가 고정관념을 바꾸기가 어려운 것도 그것이 무의식의 영역이기 때문이다. 의식으로 쉽게 파악되지 않는 탓에 자기도 모르게 스스로를 제한하고 있는 고정관념을 바꾸기 힘든 것이다.

똑같이 위염을 앓고 있는 30명의 사람들이 있고, 명의로 소문난 최고 실력의 의사가 그들을 치료해 준다고 가정하자. 의사는 "매 식사 후에 이 약을 꼭 드십시오."라며 약을 조제해 주고, 환자들에게 가장 적절한 식단을 짜서 식사를 제공한다. 그러면 30명 모두 위염이 나을까?

그렇지 않다. 첫 번째 이유는 질병에 대한 환자들이 생각이 모두 다르기 때문이다. '위염은 낫기 힘든 거야.'라고 생각하는 사람은 치료가 힘들다. 반면 '다부지게 맘먹으면 치료하지 못할 병은 없어.'라고 생각하는 환자는 수월하게 위염을 극복할 수 있다.

두 번째 이유는 의사선생님에 대한 생각이 다르기 때문이다. 어떤 사람들은 '아무리 훌륭한 의사라도 못 고치는 병이 있고, 못 고치는 환자도 있는 거야. 어떻게 모든 환자를 다 치료한다고 보장하겠어?'라고 생각한다. 반면 '이 의사 선생님은 최고의 명의로 소문난 분이지. 내가 이분을 만난 건 정말 행운이야. 이분이 시키는 대로 치료를 받으면 나도 금방 위염이 나을 거야.'라고 생각하는 사람들이 있다. 어떤 사람들이 금방 나을지는 더 이상 설명할 필요가 없을 것이다.

성공도 마찬가지다. 주변을 둘러보면 '성공 클럽'이나 'VIP 그룹'이라는 이름의 모임들이 많이 있다. 이 모임에는 성공을 하고 싶은 사람들이 참여하는데, 참여하는 이들이 모두 성공하는 것은 아니다. 바라는 사람들은 많은데 정작 성공하는 사람은 적다. 왜 그럴까? 성공하고는 싶지만 자기가 성공할 것이라는 확신이 없기 때문이다. '성공하는 것은 어려운 일이야.'라는 생각, 혹은 '내가 성공하기는 힘들 것 같아.'라는 제한된 생각이 고정관념으로 자리 잡고 있는 것이다.

성공의 방법을 알려 주는 훌륭한 강연자가 있다고 하더라도 그것을 받아들이는 사람의 태도에 따라 결과는 달라진다. '내가 그렇게 할 수 있을지 모르겠어.'라고 생각한다면 성공할 가능성이 없다. 실제로 탁월한 성공 법칙에 관한 강의를 들었다 해도 바로 실천에 옮기는 사람은 극히 드물다. 흔히들 '실천을 해야지."라는 말을 많이 하는데, 그것은 실천 이전에 강연자의 이야기를 진정으로 받아들이느냐의 문제다.

"좋은 얘기야. 저렇게 하면 성공해."라고 말하는 것이 곧 그 이야기를 받아들이는 것은 아니다. 지식으로만 이해하는 것은 진정으로 받아들이는 것이 아니기 때문이다. 물론 일단은 지식으로 이해하는 것이 먼저겠지만, 행동으로 옮겨지는 것은 그 내용을 이해하고 적극적으로 인정하는 것과 더불어 정서적으로 정말 그렇다고 느낄 때만 가능하다. 이처럼 느낌이 일어나는 무의식까지 일치하게 인정해야 그 내용을 정말 받아들인 것이라고 할 수 있다. 의식의 보다 깊은 차원인 무의식이 변해야 그 사람의 현실이 바뀌는 것이다.

업그레이드된 생각을 하라

자기를 제한하는 생각들 중에서도 특히 자기 신체와 질병에 대한 생각은 바꾸기 힘들다. 그러나 질병에 대한 무의식적인 생각조차도 탁월한 생각을 습관화함으로써 개선이 가능하다. 밀턴 에릭슨(Milton H. Erickson)은 '에릭슨 최면'이라는 심리 치료 프로그램의 개발자임과 동시에 신체와 질병에 대한 고정관념을 완벽하게 극복한 사람으로 유명하다. 에릭슨은 선천적으로 색맹이었고 음치였으며 난독증까지 있었는데, 17세 되던 해에는 눈과 귀를 제외한 전신이 마비되었다.

전신이 마비된 어느 날, 그는 담당 의사가 그의 어머니에게 '오늘밤을 넘기기 힘들 것'이라고 말하는 것을 우연히 들었다. 하지만 이렇게 끔찍한 선언에 대한 그의 분노는 오히려 삶에 대한 투지와 열정으로 뜨겁게 되살아났다. '내가 오늘 밤을 넘기지 못하고 죽는다고? 아니야, 그럴 순 없어!' 아무것도 할 수 없는 상태였지만 무엇인가 해야 한다는 의욕이 솟구쳐 올랐다. 그래서 그는 석양의 노을을 하루만 더 바라보겠다는 목표를 세웠다.

어머니가 의사와 이야기를 마치고 에릭슨의 방에 들어왔을 때 그는 어머니에게 창을 바라볼 수 있도록 가구 배치를 바꾸어 달라고 부탁했다. 그는 서쪽 창을 통해 밖을 바라보며, 한 번 더 해가 지는 것을 보지 않고서는 결코 죽지 않을 것이라고 다짐했다. 저녁노을이 진 풍경을 상상하면서 그는 마음속에서 나무들, 울타리, 돌 등의 윤곽을 그려 나갔다. 그리고 다음 날 다시 지는 해를 꼭 보리라고 다짐하면서 움직이기를 간절히 열망했다. 그리고 그의 강한 소망이 자신도 모르는 사이에 아주 미세한 근육의 움직임을 만들어 냈다는 것을 느낄 수 있었다.

회복의 과정에서 요구되는 것은 삶에 대한 강렬한 의지와 더불어 자신이 바라는 건강한 상태의 느낌이 무의식에 녹아들도록 거듭 반복하는 것이었다. 그는 마비되었던 몸이 단지 간절한 소망과 느낌을 동반한 상상의 힘만으로도 움직일 수 있다는 것을 깨달았다. 에릭슨은 그날은 물론 여러 날 뒤의 저녁노을도 볼 수 있었고, 1년 뒤에는 지팡이를 짚고 걸을 수 있게 되었다. 그리고 79세까지 살았다. 놀랍지 않은가? 하지만 하나도 놀라운 것이 아니다. 에릭슨이 활용했던 마음의 힘은 우리 모두가 가지고 있는 것이기 때문이다.

무의식을 바꾼다는 것이 처음에는 불가능해 보일지도 모른다. 그러나 에릭슨이 그랬던 것처럼 내가 간절히 바라는 모습을 집중해서 생각하고 생생하게 느끼면, 생각하는 그대로를 경험할 수 있다. 자신이 영어를 잘 못한다고 생각하는 사람이라면 유창하게 영어로 대화하는 모습을, 몸이 허약하다고 생각하는 사람이라면 건강하고 활기찬 느낌을 불러 일으켜 반복적으로 느끼면 되는 것이다. 무의식은 의식으로 통제되지 않는 영역이지만, 의식에서 거듭거듭 반복해서 생각하고 느끼는 내용이 무의식에 녹아들어 현실을 그대로 창조해 내기 때문이다.

그렇다면 우리가 무의식에 새겨야 할 가장 탁월한 내용은 무엇일까? 그것은 어떤 조건에도 제한받지 않는, 가장 훌륭한 나의 모습이다. '나는 무한 능력의 존재다.', '나는 한없는 사랑이다.', '나는 감사함 자체다.' 등과 같은 내용을 무의식에 끊임없이 각인시켜 보자.

자신이 무한 능력의 존재라는 것을 분명히 알게 되면, 자기의 한계를 짓는 고정관념을 없앨 수 있고 자신이 간절히 바라는 성공의 모습을 먼 미래의 것으로 느끼지 않게 된다. 지금, 바로 이곳에서 늘 성공의 체험을 하게 되는 것이다. 그때 느껴지는 감사와 행복, 그것이 진정한 자신의 모습이다.

아직 다른 사람들의 눈에는 그 성공의 모습이 보이지 않는다. 하지만 자신을 육체적·환경적으로 제한된 존재로 여기지 않는 사람에게는 자신의 꿈이 실현된 상태에서 느끼는 사랑과 감사, 기쁨과 행복만이 현실이 된다. 그는 이미 진정한 성공을 누리며 살아가고 있는 것이다.

Reset Point

- '높은 의식'은 행복한 느낌, 여유로운 마음이다. 문제를 해결하는 최선의 방법은 문제라고 생각하는 상황을 '높은 의식'으로 내려다 보는 것이다.

- 바람직한 모습에 초점을 맞추어 좋은 느낌을 일으키고 그것을 반복 해서 느끼면 '높은 의식'을 유지하게 된다.

- 고정관념은 자기의 능력을 제한할 뿐 아니라 새로운 가능성을 차단하는 부정적인 생각이다. 고정관념은 새로운 상황에서 두려움과 자포자기의 심정을 일으킨다.

- 자기를 탁월한 존재로 인정하는 생각이 무의식에 녹아들어 자연스 러워지면 고정관념은 극복되고 무한한 능력이 발휘된다.

Reset Guide

1. 하루 동안 느끼는 정서를 관찰한다.

잠자리에 들기 전에 그날 하루에 있었던 일들을 영화처럼 돌려 보는 시간을 가져 보자. 아침에 일어날 때부터 하루 일과를 마치기까지 내가 한 말과 행동을 관찰하고 그때의 느낌을 떠올리면 된다. 아쉽고 부족한 점이 느껴지는 순간이 있다면 그것을 가장 멋진 모습으로 수정해서 다시 영화처럼 돌려 보자.

2. 나의 고정관념을 찾아본다.

자신의 능력을 제한하고 있는 생각을 두 가지만 찾아보고, 그 생각을 그대로 유지할 때 어떤 결과를 가져올지 생각해 보자. 또한 자신에게 무한한 능력이 있다면 어떻게 될지 상상하고 그 느낌을 떠올려 보자.

3. 내가 안 해본 일을 한다.

내가 늘 해 보고 싶다고 생각하면서도 한 번도 하지 않은 일, 좋아하면서도 최근에 하지 않았던 일들이 있다면 그중에서 한 가지를 당장 실행해 보자.

04
—
말로 세상을 창조하라

RESET

⏻

내가 쓰는 언어의 한계는
내 세계의 한계를 의미한다.

– 루드비히비트겐슈타인(Ludwig J. J. Wittgenstein)

말이 열매가 된다

'말 한마디에 천 냥 빚을 갚는다.'는 속담이 있다. 한마디의 말이 천 냥이라는 큰 빚을 갚을 만큼 위력이 있다는 것이다. 말은 단순히 자기 생각이나 의사를 표현하는 도구에 그치는 것이 아니다. 그것은 사람을 날아갈 듯이 기쁘고 즐겁게 하거나 깊은 상처와 고통을 주기도 하며, 심지어는 분노와 원한을 품게도 한다. 말 한마디가 그 사람의 인격을 달리 보이게 하고 비즈니스에서의 성공을 좌우하기도 한다.

지인과 쇼핑을 하러 나갔다가 가끔 놀랄 때가 있다. 나는 흥정을 할 줄 몰라서 제값을 다 주고 사 오는 경우가 대부분인데, 그녀는 다르다. 말을 어찌나 잘하는지 혀를 내두를 정도다. 말을 재미있고 기분 좋게 하면서도 물건을 파는 사람이 값을 깎아 주지 않을 수 없는 상황을 만든다. 나는 기껏해야 보너스로 물건 하나 얻어 오는 정도인데, 그녀는 믿을 수 없을 정도로 싼 가격에 물건을 사고 덤도 푸짐하게 얻어 온다. 그래서 친구들도 쇼핑을 갈 때는 그녀와 같이 가려고 한다. 이것도 말의 힘 덕분이다. 사람의 마음을 열게 하는 말을 사용해서 자신이 원하는 것을 이끌어 내는 것이다.

말에 대한 또 다른 속담 중 '말이 씨가 된다.'도 있다. 보통은 '말을 하면 그에 해당되는 일이 벌어지기 쉬우니 주의해서 말하라'는 의미로 쓰인다. 그러나 말의 힘을 제대로 이해하면 말이 씨가 되는 정도가 아니라, 바로 열매가 된다는 사실을 알게 된다. '씨가 된다'는 것은 그 가능성이 잠재해 있다가 씨앗에서 싹이 트고 자라나서 열매를 맺기까지의 시간의 흐름을 염두에 두는 표현이다. 그러나 실제로 말이 가지고 있는 창조력은 즉각 발휘된다.

아직까지 많은 논란이 있지만 말의 힘을 단적으로 보여 주는 책이 에모토 마사루[江本勝]라는 일본 과학자의 저서『물은 답을 알고 있다』다. 이 책에는 물에 관한 여러 가지 실험 사례들이 나오는데, 조건에 따라 물 입자의 결정 형태가 다르게 나타난 전자 현미경 사진들도 수록되어 있다. 모든 물 입자가 그렇게 변하는 것은 아니지만, 대부분 어떤 음악을 틀어 주느냐에 따라 입자의 형태가 달라진다. 클래식이나 감미로운 팝 음악을 들려주면 물 입자가 눈의 결정체와 같이 아름다운 육각형의 형태를 이루지만, 헤비메탈 음악처럼 일반인이 듣기에 시끄러운 음악을 들려주면 물 입자는 정돈된 형태가 아닌 흐트러진 모습으로 나타난다.

음악만이 아니라 글자로도 실험을 했다. 물을 넣은 유리병 앞에 '고맙습니다' 또는 '망할 놈'이라는 글을 적은 종이를 마주 붙였다. 물이 글자를 읽고 그 의미를 이해하여 결정의 형태를 바꾼다는 것은 상식으로 이해가 되지 않는 일이다. 그러나 여기서도 놀라운 결과가 나타났다. '고맙습니다'라는 글자를 보여 준 물은 깨끗한 육각형 결정을 만든 반면 '망할 놈'이라는 글자를 보여 준 물의 입자는 시끄러운 음악을 들려주었을 때와 마찬가지로 찌그러진 모양이었다. 이 실험을 일본어로 하든, 한국어나 영어로 하든 결과는 같다.

이 책에 제시된 실험 결과를 놓고 보면, 물이 음악이나 언어가 담고 있는 좋은 느낌과 나쁜 느낌을 분별하여 반응한다는 것을 알 수 있다. 우리가 사용하는 말에는 그 말이 담고 있는 정서에 해당하는 고유의 파동이 있는데, 이 파동이 물의 입자에 영향을 미쳐 눈에 보이는 결정을 나타내는 것이다. 앞에서 '중요한 것은 눈에 보이지 않는 것'이라고 말한 것처럼, 보이지 않는 마음이 눈에 보이는 현상을 만들어 낸다는 사실을 이런 예에서도 발견할 수 있는 것이다.

에모토 마사루의 주장에 대하여 근거도 빈약하고 논리적인 비약이 심하다고 비판하면서 그의 연구를 '의사과학(擬似科學)' 혹은 '사이비과학'이라고 비난하는 사람들도 있다. 하지만 실제로 그의 실험 결과와 같은 현상이 반복적으로 일어난다면 그의 주장을 '비과학적인 것'으로 폄하할 수만은 없을 것이다.

어느 회사에서 이와 비슷한 실험을 했다. 먼저 같은 밥을 퍼서 두 개의 플라스틱 통에 각각 집어넣었다. 한쪽에는 '사랑, 감사'라고 써서

붙이고, 다른 쪽에는 '두려움, 증오'라고 써 붙여서 같은 선반 위에 올려놓았다. 1주일이 지나 뚜껑을 열어 보니 전자의 밥은 많이 부패하지 않았는데, 다른 하나는 새까맣게 썩어 버렸다.

우리 회사에서도 몇 가지 재료를 사용해서 유사한 실험을 해 보았는데, 사과로 실험을 하면서는 나도 깜짝 놀랐다. 비슷한 두 개의 사과를 깎아서 각각의 비닐 팩에 넣고 한쪽에는 '사랑합니다', 다른 한쪽에는 '죽어 버려'라는 말을 타이핑해서 집어넣었다. 그리고 그 두 개의 비닐 팩을 한 책상 위에 올려놓고 1주일 후에 살펴보았다. 결과는 너무나 달랐다. '사랑합니다'라고 써 넣은 사과는 조금 상하기는 했지만 그 부분을 벗겨 내면 먹을 수 있겠다 싶은 상태였던 반면에 '죽어 버려'라고 써 놓은 사과는 완전히 썩어서 진물이 흘러내리고 섬유질이 다 파괴되어 흐물흐물하고 시커멓게 변해 있었다.

교육 중에 그 실험 결과를 보여 줘도 "진짜 저렇게 됩니까? 조작한 것 아닙니까?" 하며 믿지 못하는 사람들이 있다. 그럴 때면 "직접 한 번 실험해 보십시오. 똑같은 결과가 나옵니다. 그러면 실감이 나시겠죠." 하고 웃을 수밖에 없다. 사람들이 가장 궁금해하는 것이 음악이나 음성은 파동이니까 그럴 수 있지만, 글자는 파동을 일으키지 않는데 어떻게 그런 결과가 나올 수 있느냐는 것이다. 하지만 그런 궁금증은 양자물리학을 조금만 이해해도 쉽게 해결된다.

**온 우주는
홀로그램이다**

양자물리학은 분자나 원자, 전자처럼 작은 크기를 갖는 물질 영역을 연구하는 학문 분야다. 19세기 중반까지는 모든 것을 뉴턴의 고전물리학으로 해결할 수 있었지만, 그 이론만으로는 19세기 후반에 발견된 아주 작은 입자들에 관한 실험 결과를 설명할 수 없었다.

이를 해결하기 위해 등장한 것이 양자물리학이다. 양자물리학은 고전물리학으로 설명되지 않는 현상에 대한 정확한 설명을 제공한다. 양자물리학의 효과는 우리가 일상적으로 경험하는 거시적 물질계에서는 관측이 어렵지만, 원자 또는 그보다 작은 영역에서는 분명하게 나타난다.

우리는 일반적으로 뉴턴의 중력 법칙과 같은 물리 법칙이 작용하는 세계를 경험한다. 하지만 조금만 더 미세한 세계로 들어가면 전혀 다른 차원의 법칙이 적용된다. 우리 손을 한번 살펴보자. 손도 물질로 구성된 것이고 분자 구조를 가지고 있다. 분자를 보다 작은 입자로 나누면 원자가 되는데, 이때 분자 상태에서 지니고 있던 물질적인 속성은 사라진다. 예를 들어 물 분자(H_2O)는 수소 원자 두 개와 산소 원자 하나로 구성되어 있다. 그런데 분자가 원자로 분리되면 수소와 산소로 나뉘면서 물이라는 물질의 속성은 사라진다.

조금만 더 나아가 보자. 원자는 원자핵과 전자로 구성되는데, 원자핵은 양성자와 중성자, 중간자 등으로 이루어져 있다. 그리고 이 소립자들은 보다 작은 미립자들로 나눌 수 있는데, 이 미립자가 현재 발견된 가장 작은 물질 구성 요소다. 이것을 쿼크(quark)라고 하는데, 이 마지막 입자마저 소멸되고 나면 에너지의 파동만 남는다. 이렇게 보면 모든 물질은 에너지의 파동이라고 볼 수 있는 것이다. 지금 바라보기에는 손의 형태와 경계가 분명하고 촉감도 느껴지지만, 양자물리학의 관점에서 보면 모두 에너지의 파동일 뿐이다.

손이나 신체만이 아니라 지금 들고 있는 책, 책상, 컴퓨터 등 모든 것이 마찬가지다. 텅 빈 것처럼 보이는 방이나 사무실의 공간 역시 질소, 산소, 수소, 이산화탄소와 같은 기체들로 가득 차 있다. 내가 지금 지각하고 있는 모든 물체뿐만 아니라 공간까지도 에너지의 파동으로 구성된 것이다. 이걸 좀 더 확대해서 생각해 보면 지구, 태양계, 우주 전체가 모두 에너지의 파동으로 꽉 차 있다고 생각할 수 있다.

진공(眞空) 상태인 우주 역시 텅 빈 공간이 아니다. 1930년경에 영국의 폴 디랙(Paul Adrian Maurice Dirac)이라는 물리학자는 진공을 '마이너스(一) 에너지를 가진 전자들로 가득 찬 상태'라고 정의했다. 그의 이론은 널리 인정되었고, 그는 1933년에 노벨 물리학상을 받았다. 오늘날 진공은 '물질이 전혀 없는 공간이지만 중력과 전기·자기력이 전달되는 물리적 성질을 가지고 있는 상태'로 정의된다. 특히 '장 이론(場理論)'에서는 에너지가 최저인 상태를 진공이라고 정의하고, 소립자가 전혀 존재하지 않는 상태는 있을 수 없다고 본다. 다시 말해 온 우주는 에너지로 가득 차 있는 것이다.

양자물리학자들은 이 세상의 모든 물질이 홀로그램과 같다고 한다. 지금 내 책상에 놓여 있는 커피잔도 에너지의 파동이 결합하여 물질적인 형태로 나타난 홀로그램인 것이다. 그러면 우리 눈에 보이는 물체들이 지금과 같은 모습을 띠고 있는 것은 무엇 때문인가? 물질의 모양과 성질은 정신, 혹은 마음에 의해 결정되는 것이라고 한다. 내가 들고 있는 커피잔의 재질, 디자인과 색상은 모두 이것을 만든 사람의 마음에 떠올랐던 것이다. 마음에 새겨진 이미지가 그에 해당하는 에너지의 파동을 일으켜 물질적 형태의 홀로그램으로 나타나게 한 것이다.

그러면 '어떻게 글자를 써 붙이는 것만으로 물질을 변화시킬 수 있는가?'에 대한 대답도 간단해진다. 우리가 사용하는 말에는 그 말로 표현되는 정서가 파동으로 실려 있다. 그리고 그것은 음성인 아닌 문자의 형태로 표현될 때도 마찬가지다. 그래서 '사랑합니다'라는 글을 적어 놓으면 '사랑'의 파동이 주변의 에너지 장(場)에 영향을 미치고, 그것이 사과에 적용될 때에는 사과의 신선도가 오래 유지되고 보존되는 현상으로 홀로그램화되는 것이다.

따라서 '말이 현실을 창조한다.'라는 말은 지극히 과학적인 것이다. 어떤 말을 사용하느냐에 따라서 온 우주의 에너지 파동이 달라지고 내가 경험하는 현실이 달라지기 때문이다.

말에 느낌을 실어라

**말의 힘은
느낌이다**

같은 말을 사용해도 경우에 따라 말이 전해지는 느낌이 다르다. 예를 들어 "사랑해."라는 말도 퉁명스러운 목소리로 말하면 사랑의 느낌이 전달되지 않는다. 진심으로 사랑한다고 말하는 느낌과는 다른 것이다. 마찬가지로 성의 없이 "고마워, 고맙다니까.", "고맙다고 얘기했잖아."라고 하는 것과 진심으로 고맙다고 말할 때의 느낌은 다르다. 말은 그 자체로 그것의 의미를 느끼게 하지만, 말의 내용과 느낌이 일치하지 않을 때 실제적인 영향력을 갖는 것은 느낌이다.

아기를 앉혀 놓고 부드럽고 다정하게 "아이, 미워라."라고 말해도 아기는 생글생글 웃는다. 반면에 강하고 위협적인 어투로 "예쁘다! 예뻐!"라고 말하면 으앙 하고 울어 버린다. 분명히 앞에서는 '밉다'고 했고 뒤에서는 '예쁘다'고 했지만, 전달되는 느낌은 반대다. '밉다'는 말을 사용하면서 사랑하는 느낌을 주고, '예쁘다'는 말을 하면서 겁을 줄 때, 아기는 말보다는 느낌에 따라 반응을 하는 것이다. 이처럼 듣는 이의 실제 반응을 불러일으키는 것은 말의 내용이 아니라 그 말과 함께 전달되는 느낌이다. 그렇기에 아무리 훌륭한 말을 사용하더라도 실제적인 정감이 담겨 있지 않으면 현실에서 말의 힘이 발휘되지 않는다.

가수의 운명은 가수의 노래와 같다

가수가 부르는 노래에 따라 그 가수의 운명도 달라진다. 슬프고 애절한 노래를 많이 부른 가수들을 살펴보면 젊은 나이에 유명을 달리한 사람들이 많다. 교통사고와 같은 사고사도 있지만 스스로 목숨을 끊은 경우가 많다. 그들은 왜 그랬을까?

어떤 노래가 인기를 끌면 가수는 그 노래를 수천 번은 부를 것이다. 그런데 노래를 부른다는 것은 단순히 가사를 읊조리는 것이 아니라, 그 노래의 가사와 멜로디에 담긴 정서를 마음으로 느끼며 표현하는 것이다. 다시 말해, 말로 표현된 가사와 그 느낌을 표현한 멜로디에 깊게 몰입하는 것이다. 이처럼 슬프고 우울한 정서에 공감하며 노래를 거듭해서 부르다 보면 슬프고 애잔한 느낌이 일상생활에도 스며들게 된다. 그리고 슬픈 느낌이 깊은 무의식에까지 뿌리를 내려 지속적인 정서로 자리 잡으면, 그 느낌에 해당하는 슬픈 현실이 나타나는 것이다.

반면에 신나는 노래를 부르면 유쾌하고 즐거운 정서를 불러일으킨다. 그리고 그 느낌이 주도적인 정서가 되면 조금 버겁게 여겨지는 현실도 잘 극복하고 활기찬 삶을 살게 된다. 그러면 우리는 어떤 노래를 불러야 하겠는가? 두말할 필요가 없다. 즐겁고 신나는 노래, 유쾌하고 활기찬 노래를 많이 불러서 나의 정서가 밝은 느낌으로 가득 차게 해야 할 것이다.

이처럼 우리가 사용하는 말은 그것을 진짜처럼 생생하게 느끼는 정서와 하나가 되면 어마어마한 창조력을 갖는다. 나의 삶을 영화라고 한다면 그 영화의 시나리오를 쓰는 사람은 나 자신이다. 그 영화의 감독도나고, 주연배우도 나다. 그렇다면 당신은 어떤 시나리오를 써서 어떤 연기를 하겠는가? 자신이 가장 원하는 시나리오와 역할을 선택하자. 그리고 그 역할에 즐겁게 몰입하여 멋진 영화를 현실로 펼치며 살아가자.

말의 힘을 활용하라

예전 회사에서 같이 일하던 후배 중에 늘 뭔가 불만스런 표정을 갖는 친구가 있었다. 알고 보면 참 착하고 성실한 사람인데, 왠지 시무룩해 보이는 사람이었다. 사람의 표정을 결정하는 가장 중요한 요소가 입 모양이라고 한다. 얼굴의 다른 부분과 상관없이 입꼬리가 올라가 있으면 밝은 표정이 되고 입꼬리가 내려가면 어두운 표정이 된다. 그런데 그 친구는 늘 입꼬리가 내려간 표정을 짓고 있었던 것이다.

'저 친구가 왜 그럴까?' 싶었는데, 그 원인을 정확하게 알고 계셨던 스승님께서는 "가서 저 녀석이 부르는 노래를 좀 바꿔 줘라."라고 하셨다. 그러고 보니 그 후배가 즐겨 부르거나 듣는 노래는 대부분 슬프고 애잔한 느낌을 일으키는 노래들이었다. 그 친구가 우울한 정서를 많이 느끼고, 여자 친구도 생기지 않는 것은 어찌 보면 당연한 일이었다.

스승님께서 시키신 대로 사람들은 그 친구를 노래방에 자주 데려가 신나는 노래만 부르게 했다. 그런데 정말 거짓말처럼 그 후배의 성격이 바뀌었다. 신나는 노래를 부르면서 정서가 점차 달라진 것이다. 아래로 내려갔던 입꼬리는 올라가면서 표정이 밝아졌고, 회사 업무를 처리하는 태도도 적극적으로 바뀌었다. 정말 놀라운 것은, 헤어진 지 오래 된 여자 친구에게서 먼저 연락이 와 다시 만났고, 몇 달 뒤에는 결혼 약속까지 하게 되었다는 것이다.

이것을 우연이라고 생각할 수도 있다. 하지만 마음의 법칙을 이해하고 경험한 사람들에게는 이 이야기가 너무나 당연하다. 자신이 하는 말과 그 말로 일으키는 느낌이 현실을 창조한다는 것을 알기 때문이다. 당신은 평소에 어떤 말들을 주로 사용하는가? 당신이 습관적으로 사용하는 말들과 당신이 경험하는 현실이 밀접하게 관련되어 있다고 느끼지 않는가? 지금 경험하는 현실이 완전히 만족스럽지 않다면 업그레이드된 말을 사용하라. 가장 바람직한 말에 가장 탁월한 느낌을 담아 지속적으로 표현할 때, 현실도 업그레이드되어 펼쳐질 것이다.

숨겨진 전제를 파악하라

긍정적인 표현으로 전환하라

자신의 생각을 어떤 말로 표현하더라도 그 안에는 숨겨진 전제가 있다. 여기서 말하는 '숨겨진 전제'라는 것은 어떤 의도나 계산이 아니라 그 말의 내용을 뒷받침하는 생각, 당연한 것으로 인정하고 있는 사실을 뜻한다. 즉, 어떤 말의 실제적인 의미는 그 뒤에 숨겨진 전제가 무엇인가에 따라 달라진다.

사람들이 말을 할 때에는 그것에 분명한 의식이 수반되는 것 같아도 실은 그렇지 않다. 우리가 하는 말은 모두 무의식적으로 인정하고 있는 사실에 바탕을 두고 있기 때문이다. 그리고 대개의 사람들은 부정적인 것을 더 쉽게 인정하고 그것에 반응한다. 매일 접하는 뉴스 중 대부분이 좋지 않은 소식인 이유는 그것을 보고 듣는 사람들이 그런 내용에 더 많은 관심을 보이기 때문이다. 그렇게 대중매체를 통해 전달되는 부정적인 메시지에 무의식적으로 반응하면서 우리는 자신도 모르게 부정적인 생각과 감정에 더 익숙해진다.

상가나 백화점에 쇼핑하러 나가면 엄마들이 어린 자녀에게 하는 말들이 많이 들린다. "야! 그러면 안 돼!", "너 왜 이러니?" 하는 말들은 아이를 둔 엄마들이 흔히 하는 말이다. 그러나 설문 조사 결과 어린아이들은 엄마의 "안 돼!"라는 말에 가장 큰 스트레스를 받는다고 한다. 무엇을 하지 말라는 것 자체가 부정적인 표현이니 그 말을 하는 엄마나 듣는 아이 모두 부정적인 감정을 느끼게 된다.

그런데 그에 그치지 않고 '또', '자꾸', '계속'이라는 말을 붙여 "**또** 그러네!", "너 **자꾸** 이럴 거야?", "왜 **계속** 찡찡대는데?"라고도 한다. 안 그래도 불쾌하고 언짢은 감정인데 부정적인 감정을 한 번 더 느끼게 하는 것이다. 이처럼 과거의 나쁜 기억들까지 되살려 덧붙이고, 앞으로도 그럴 것이라는 생각을 기정사실화하면 그것은 현실이 된다. "또 거짓말할래?"라는 말을 자주 들은 아이는 거짓말하는 습관을 고칠 수 없는 것과 마찬가지인 것이다.

이런 언어 습관은 엄마들만의 문제가 아니다. 자신이 습관적으로 사용하는 말들을 주의 깊게 살펴보면 비슷한 경우가 많다는 것을 발견할 것이다. "나 오늘 아침에 **또** 지각했어." "왜 **자꾸** 불길한 생각이 들지?" "요즘 **계속** 피곤하네." "그 사람**만 보면** 짜증이 나." 이처럼 부정적인 감정이 실린 말들과 반복의 의미를 더해서 표현하는 것은 스스로를 그 상태에 묶어 두는 족쇄가 된다. 자신이 느끼는 부정적인 감정을 무의식에 반복적으로 각인시킴으로써 그 정서가 일어나는 현실을 고착시키는 것이다.

따라서 가장 바람직한 언어 표현은 긍정적인 느낌을 일으키는 말에 '정말'이나 '진짜'라는 표현을 덧붙이는 것이다. 흔히들 "너무 고마워!" 혹은 "야, 이거 너무 맛있다."라며 긍정적인 표현과 함께 '너무'라는 표현을 많이 쓴다. 그러나 '너무'라는 말은 원래 '필요 이상으로' 혹은 '지나치게'의 뜻을 가진다. 이제는 이 말이 '너무' 많이 쓰여 긍정을 강화하는 표현으로도 인정되고 있지만, 이 말보다는 좋은 감정을 더욱 실감나게 하는 '정말'이나 '진짜'를 사용하는 것이 더 좋다. "**진짜** 좋아!", "**정말** 행복해."라는 말을 늘 하는 삶이 어떻게 훌륭해지지 않을 수 있겠는가?

긍정적인 전제로 전환하라

잘 살펴보면 우리가 긍정적인 표현이라고 생각하는 말에도 부정적인 전제가 숨어 있는 경우가 많다. 나이 많은 여성에게 "젊었을 때 참 예쁘셨겠어요."라고 말하는 것이 한 예다. 마음씨 좋은 사람은 그 말을 '지금도 미인이다.'라는 의미로 받아들일 수도 있다. 그러나 이 말은 '당신은 지금 늙었고, 흔적이 좀 남아 있긴 해도 지금은 예쁘지 않다'는 뜻이니, 어떤 이에게는 기분 좋은 말이 아닐 수도 있다.

우리가 평소에 사용하는 인사말에도 그런 표현들이 많이 있다. "건강하세요."나 "복 많이 받으세요."라는 인사에는 어떤 전제가 숨겨져 있을까? 전자는 '지금 건강하지 않다.' 혹은 '건강이 안 좋아질 수도 있다'는 부정적인 상황을 전제로 한다. 후자도 좋은 느낌으로 주고받는 인사지만, 좀 더 철저하게 따져 보면 그렇지만은 않다. 상대방이 언제나 복으로 가득한 만족스러운 상태에 있다고 생각한다면 그렇게 인사하지 않을 것이다. 그 사람은 더 이상 바랄 것도 없고, 받을 복도 없으니 적절한 표현이 아닌 것이다.

이런 인사들이 부정적인 감정을 불러일으키는 나쁜 말이라는 뜻은 아니다. 다만 우리가 사용하는 말에 숨겨진 전제들을 파악하기 위해 치밀하게 생각을 해 보자는 것이다. "복 많이 받으세요."라는 인사는 좋은 의도를 가지고 건네는 말, 서로에게 좋은 느낌을 불러일으키는 말이다. 그러나 보다 깊은 무의식적 전제를 살펴보면, 우리는 그 사람에게 복을 받아야 충족되는 결핍된 요소들이 '많이' 있다고 생각하는 것이다.

'지금까지는 부모님을 잘 모시지 못했지만, 앞으로는 정말 좋은 아들이 되어야겠다.'라고 생각한다면 훌륭한 일이다. 하지만 이것은 생각으로만 그치기 쉽기에 실제적인 변화를 기대하기 어렵다. 숨겨진 전제가 부정적이기 때문이다. 앞으로 훌륭한 아들이 되어야겠다는 것은 '지금은 훌륭한 아들이 아니다.'라고 인정하는 것이다. '아내에게 좋은 남편이 되어야겠다. 아이들과도 잘 놀아 주는 좋은 아빠가 돼야지.'라는 생각도 마찬가지다. 지금은 내가 좋은 남편도 아니고 좋은 아빠도 아니라는 것을 인정한다. 이런 전제를 유지한 상태로는 변화가 일어나기 힘들다.

예전에 어느 회사에서 신입사원 교육을 한 적이 있다. 널찍한 강당에 들어가니 강단 옆에 '1등을 향하여!'라는 슬로건이 적힌 플랜카드가 크게 붙어 있었다. 상식적으로 생각하면 1등을 하겠다는 강한 의지를 표현한 좋은 문구지만, 그 전제는 역시 부정적이다. '1등을 향하여'가는 회사는 아직 1등이 아니다. 정말 1등은 "우리가 1등이다!"라고도 말하지 않는다. 너무 당연한 것이기 때문이다. 등수에 집착하지 않고 보다 높은 목표만을 추구하는 1등의 생각으로 1등의 정서를 느껴야 1등이 될 수 있다.

한 가지 실험을 해 보자. 먼저 원숭이 한 마리를 떠올리되, 구체적으로 실감나게 그 모습을 그려 보자. 바나나를 먹고 있는 귀여운 원숭이의 모습을 생생하게 떠올린다. 오직 원숭이의 모습에만 집중한다. 그 원숭이의 모습이 분명하게 그려졌는가? 그렇다면 이제는 그 원숭이의 모습을 잊어 보라. 아까 그 원숭이를 생각하면 안 된다. 바나나를 먹고 있는 귀여운 원숭이가 떠오르면 안 된다. 그 원숭이를 생각하지 않기로 강하게 마음을 먹어 보라. 어떤가? 원숭이가 생각나지 않는가? 아마도 원숭이의 모습이 오히려 더 선명하게 떠오를 것이다.

떨쳐 버리려 할수록 생각은 더 난다. 왜 그럴까? 의식은 문장에 포함된 단어와 문장을 논리적으로 파악하는 반면, 무의식은 감각으로 지각되는 내용만 받아들이기 때문이다. 따라서 '~이/가 아니다', '~하지 마라'는 말은 말한 사람의 의도와는 반대로 감각으로 지각되는 내용을 강조할 뿐이다.

그러면 어떻게 해야 원숭이를 떠올리지 않을 수 있을까? 매우 간단하다. 코끼리를 떠올리면 된다. 원숭이만 아니라면 강아지든 호랑이든 무엇을 떠올려도 좋다. 이와 마찬가지로 무의식에 남아 있는 부정적인 전제들을 없애려고 하면 사라지지 않는다. 방법은 그것을 긍정적인 전제로 바꾸는 것이다. 내가 사용하는 말들을 잘 관찰해서 무의식적으로 표현되는 부정적인 전제들을 긍정적인 전제들로 바꾸자. 그리고 언어적인 표현과 숨겨진 전제들을 긍정적인 내용으로 일치시켜 긍정적인 정서만을 느껴 보자.

좋은 전제를 선택하라

우리가 의식적으로 생각해서 이야기를 한다고 해도 그것에는 은연중에 말하는 이의 정서가 고스란히 반영되어 있다. 말은 생각의 표현이고, 그 생각은 정서에서 비롯되는 것이기 때문에 말과 생각과 정서를 분리하는 것은 불가능하다. 그리고 앞에서 살펴본 '숨겨진 전제'라는 것은 무의식적으로 인정하고 있는 근본적인 생각과 정서에 다름 아니다. 표면적인 현상만 관찰해서는 우리가 하는 말과 행동의 깊은 동기를 파악할 수 없다. 그러나 '높은 의식'으로 바라보는 노력을 지속하면 숨겨진 전제들을 파악하여 개선하는 것이 가능해진다.

기업에서 교육 프로그램을 마치고 회사원들의 지속적인 변화를 이끌어 내기 위한 후속 프로그램으로 실천 모임을 운영했다. 그런데 이 실천 모임에 일반인들의 참여가 늘어나면서 '참나실현회'라는 모임으로 발전하게 되었다. 이 모임의 목적은 정신적인 존재이며 무한 능력의 존재로서의 본래적인 자기를 발견하고 실현하는 것이다.

그래서 '참나실현회'의 회원들은 육체에 집착하지 않고, 진정한 자기를 발견하여 지속적인 행복을 누리려고 노력한다. 회원들 중에는 상당한 수준의 의식 전환이 이루어져 늘 즐겁고 활기차게 생활하는 분들이 많다. 그러나 아직 무의식적 전제들이 긍정적으로 전환되지 않은 분들은 자기도 모르게 엉뚱한 말이나 행동을 하는 경우가 있다. "감각으로 지각되는 현실은 모두 내 마음이다. 자기가 즐거움 자체라는 것을 알면 온 세상에 즐거움만 가득하다."라는 요지의 강의를 듣고 고개를 끄덕인다. 그러나 모임이 끝나고 식사 시간이 되면, "배고파 죽겠는데, 왜 이렇게 밥이 빨리 안 나와?"라고 투덜거린다. 강의의 내용이 의식에서는 이해가 되었어도 무의식으로 전환되지는 않았기 때문이다.

우리 회사는 정신 역량을 강화하는 교육을 하기 때문에 강사와 직원들의 자기 계발이 무엇보다 선행되어야 한다. 때문에 누구든 예외 없이 적어도 1주일에 한 번은 코칭이나 교육에 참여하고 있다. 이렇게 지속적으로 교육을 받으면서 제일 먼저 언어 습관이, 이어서 생활의 면면들이 훌륭하게 바뀐다. 그런데도 술만 마시면 그냥 뻗어 버리고 다음날 제시간에 못 일어나는 직원이 있었다. "정말 괜찮다고 생각하면 괜찮아져."라고 얘기를 해 주어도 소용이 없었다. 철저하게 긍정적인 전제를 선택하고 내면화하지 않으면 실제적인 삶의 변화는 일어나지 않기 때문이다.

언어의 논리보다 정서가 중요하다

숨겨진 전제에 대한 오해는 다른 사람의 말을 비판하는 도구로 왜곡될 수 있다. 타인의 말에 대해 '이 사람은 부정적인 전제가 담긴 말을 사용하는군.'이라고 판단하고 마는 것이다. 이것은 '숨겨진 전제'에서 정서를 무시한 채 그것을 관념적인 생각으로만 받아들인 결과다. 예를 들어, 누군가가 "새해 복 많이 받으세요."라고 인사를 하는데 "뭐라고? 내가 지금 복을 많이 받아야 할 만큼 어려워 보인단 말이야?"라고 대꾸한다면 정말 어처구니가 없을 것이다. 앞에서 "복 많이 받으세요."라는 말에 부정적인 전제가 있다고 한 것은 그 말 자체만을 치밀하게 논리적으로 따져서 내린 결론이다. 그러나 언어적 표현이 반드시 그 말을 하는 사람의 정서까지 결정하는 것은 아니다. 아무려면 새해 인사를 하는 사람이 상대방을 업신여기는 느낌으로 말하겠는가?

하지만 표현을 바꿔 줄 수는 있을 것이다. 이미 살펴본 대로 "새해 복 많이 받으세요."라는 말은 은연중에 결핍된 상황을 전제로 하고 있다. 그러면 "복 많이 지으세요."라고 말해 보자. 주어진 환경이나 상황에 상관없이 이미 만족한 상태에 있다면, 그 만족스런 느낌이 눈에 보이는 행복한 현실을 펼쳐 낼 것이다. 그것을 '복을 짓는다'고 표현하면, 이미 복이 가득한 마음으로 그 모습을 구체적으로 떠올려 현실에서도 복된 일들이 벌어지게 하라는 것이 된다. 아니면 "복을 마음껏 누리세요."라고 해도 좋다. 이미 자신에게 충만한 복을 마음껏 누리는 즐거운 생활을 하라는 뜻이니 말이다.

중요한 것은 언어 표현이나 그 말에 숨겨진 논리적 전제 자체가 아니라 그 말에서 유발되는 정서. 앞에서는 숨겨진 전제들을 분석적으로 다루어 보았지만, 어떤 말의 숨겨진 전제를 판단하는 보다 명확한 기준은 이성이나 논리가 아닌, 그 말을 통해 유발되는 정서와 느낌이다. 논리적으로 따져서 부정적인 전제를 담고 있는 말이라도, 그 말에서 긍정적인 느낌이 일어난다면 그것은 언어의 차원을 뛰어넘어 긍정적인 전제를 갖고 있는 것이다. 그러면 부정적인 전제를 긍정적인 전제로 바꾸는 방법은 무엇일까?

긍정적인 전제를 선택하라

　'욕구 5단계설'로 유명한 심리학자 매슬로(Abraham Maslow)는 자기가 귀신이라고 믿고 있는 환자를 상담하게 되었다. 그는 환자에게 질문을 했다. "귀신과 사람의 차이점이 뭐죠?" 환자는 "귀신은 피가 나오지 않지만 사람은 피가 나오죠."라고 대답했다. 매슬로는 즉시 주사기를 가져와 그의 팔에서 피를 조금 뽑아서 보여 주었다. "보세요. 당신의 팔에서 피가 나오잖아요. 당신은 귀신이 아니고 사람이에요." 그 결과를 보고서도 환자의 대답은 그의 예상과 너무나 달랐다. "아니, 내 팔에서 피가 나오다니……. 아, 아마도 저는 저주받은 귀신인가 봐요."

　이 일화는 사람들 각자가 가지고 있는 무의식적인 생각, 내면에 전제된 생각을 바꾸기가 얼마나 힘든가를 단적으로 보여 준다. 타인의 생각을 자기 기준으로 판단하는 것은 쉬운 일이지만, 정작 자기가 어떤 생각을 갖고 있는지를 정확하게 판단하는 것, 그리고 그것을 바꾸는 것은 매우 어렵다. 그래서 포드 자동차 회사의 설립자인 헨리 포드(Henry Ford)는 "당신이 어떤 것을 할 수 있다고 생각하든, 아니면 당신이 그것을 할 수 없다고 생각하든, 당신의 생각은 언제나 옳다."라고 말한 바 있다.

당신은 불완전한 생각을 얼마나 고집스럽게 붙들고 있는가? 우리는 그것이 얼마나 자신을 불편하고 불행하게 만드는가를 잘 알고 있으면서도 그 생각들에서 쉽게 벗어나지 못한다. 하지만 가장 바람직한 상황을 떠올리고 긍정적인 느낌이 일어나는 말들을 거듭하면서 부정적인 전제와 감정에서 벗어날 수 있다. 혹자는 "당장 기분이 나쁜데 어떻게 좋은 말만 할 수 있어요?"라고 질문한다. 지금 그럴 기분이 아니라면 하지 않아도 좋다. 하지만 긍정적인 말을 할 수 있는 기분이 되면 다시 시도해 보자.

일상생활에서 습관적으로 했던 부정적인 생각이나 말이 있다면, 전부 뒤집어서 생각하고 말해 보자. 중요한 것은 한두 번에 그치지 말고 지속적으로 해야 한다는 것이다. 같은 사무실에 있는 동료가 밉살스럽게 보여도 사랑하는 사람의 입장에서 다시 생각하고 다시 말해 보자. 내 일이 재미가 없고 회사가 지긋지긋하게 느껴지더라도, 그 일이 즐겁고 회사가 고맙다고 다시 생각하고 다시 말해 보자. 처음에는 어려워도 긍정적인 말을 거듭하다 보면 그 말에 해당하는 정서가 일어난다. 그래서 무의식이 완전히 변화될 정도가 되면 의식적으로 노력하지 않아도 사랑과 감사의 느낌을 느끼게 된다. 긍정적인 생각을 선택하고 몰입하여 그것을 무의식적 전제로 바꾸는 것이다.

다음 페이지에 소개하는 '긍정적 자기 암시문'은 일상생활에 바로 적용할 수 있는 긍정적인 내용으로만 구성된 글이다. 숨겨진 전제가 따로 없는 긍정적인 말들이기 때문에 두 번 생각할 필요 없이 편안하게 읽을 수 있다. 글의 내용에 있는 것처럼, 매일 하루를 시작할 때와 매일 하루를 마감할 때 이 글을 읽어 보라. 글의 내용이 나도 모르게 내 마음 깊은 곳에 스며들어 나의 현실이 될 것이다.

세계적으로 성공한 많은 사람들과 위대한 성인들은 '누구에게나 한 없는 능력과 지혜가 내재해 있다'고 말해 왔다. 그러나 자신에 대해 부정적인 전제를 유지하는 한, 그 훌륭한 가르침은 삶을 행복하게 만들어 주는 도구가 될 수 없다. 이제까지 자신을 제한해 온 무의식적 전제를 좋은 전제로 바꿔 보자. 자신이 무한 능력의 존재이며 사랑과 행복 자체라는 사실을 받아들이는 만큼, 마음의 평화와 더불어 인생의 성공을 얻게 될 것이다.

긍정적 자기 암시문

나는 늘 건강하고 활기차며, 언제나 감사하는 마음으로 식사를 한다.

나의 가족은 언제나 건강하고 활력이 넘치며, 서로 믿고, 서로 사랑한다.

나는 직장에서 즐겁게 일하며 내가 하는 일에 감사를 느낀다.

나는 나의 일에 자부심을 느끼고, 동료들을 신뢰하고 사랑한다.

나는 늘 풍요롭고, 부(富)는 필요한 만큼 생긴다.

나는 언제나 기쁘고 평화롭다.

지금 어렵다고 느끼는 일도 결국은 좋은 결과가 될 것임을 안다.

나는 매일 편안하게 잠들며 상쾌한 기분으로 일어난다.

나는 모든 이를 사랑하고 모든 것에 감사한다.

아, 감사하다.

내가 바라는 모든 것이 이미 이루어져 있는 것이 감사하다.

※ 이 글은 『It Works』(RHJ 지음, 서재경 옮김, 매일경제신문사, 2005) 47~51쪽에 실린
'자기암시 처방전'을 참고하여 새로운 명상의 글로 재구성한 것이다.

Reset Point

● 말은 사람의 마음을 움직이고 물질을 변화시킨다. 말이 현실을 창조하는 것이다.

● 말의 내용과 일치하는 느낌이 동반될 때 그 말은 창조력을 갖는다. 말의 힘이 온 우주에 가득한 에너지의 파동을 물질적인 형태로 홀로그램하는 것이다.

● 우리가 사용하는 말에는 무의식적으로 인정하는 숨은 전제가 있다. 그러므로 외적인 언어 표현뿐만 아니라 숨겨진 전제들까지 긍정적인 것으로 바꾸어야 한다.

● 우리가 사용하는 말은 우리의 정서를 반영하다. 긍정적인 전제로 긍정적인 정서를 일으키는 것이 무의식적인 습관이 될 때, 마음의 평화와 인생의 성공을 성취하게 된다.

Reset Guide

1. 나의 말을 관찰한다.

평소에 내가 습관적으로 사용하는 말들을 관찰하자. 자주 쓰는 부정적인 말이 있다면 긍정적인 말로 바꿔서 소리 내어 읽어보자. 3번 반복해서 읽어보자.

2. 신나는 노래를 부른다.

내가 좋아하는 노래들 중 가장 밝고 신나는 노래를 느낌을 담아서 신바람 나게 부르자. 최신 가요들 중 긍정적인 내용과 밝은 느낌을 주는 노래를 골라 가사를 외워서 불러 보자.

3. 활기차게 인사하고 칭찬한다.

가족과 직장 동료들을 만나자마자 활기차고 큰 목소리로, 즐거움을 담아서 먼저 인사를 건네 보자. 동작을 크게, 오버해서 표현해 보자. 또한 누구를 만나든, 만나는 즉시 한 가지 이상 칭찬의 말을 하자.

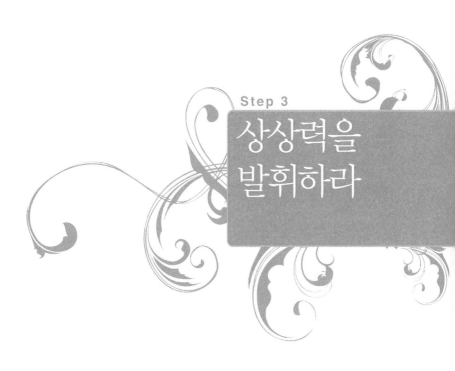

Step 3

상상력을
발휘하라

05

알라딘의 요술램프

믿고 첫 걸음을 내디뎌라.
계단의 처음과 끝을 다 보려고 하지 마라.
그냥 발을 내디뎌라.

– 마틴 루터 킹 주니어(Martin Luther King Jr.)

설계도를 완성하라

막연한 꿈은
비전이 아니다

학생들에게 "꿈이 뭐예요?" 하고 물어보면,
분명하게 대답하지 못하는 학생들이 많다. 성
인들도 마찬가지다. "어떤 비전을 갖고 계십니까?"라고 질문하면 상당
수가 부담을 느끼고 대답을 못 한다.

일반적으로 '꿈'이라고 하면 현실과는 거리가 먼 것, 너무 이상적
이라 현실에서는 이루어지기 어려운 것을 가리킨다. 그에 반해 '비전
(vision)'은 보다 구체적이고 실현 가능한 것을 가리키는 말이다. 앞에
서 청소년들에게 질문한 '꿈'은 '비전'과 같은 의미로 사용한 것인데,
그것을 좀 더 분명히 정의하면 '실현 가능한 꿈'이라고 하겠다. 그러나
그것을 '꿈'이라고 하든 '비전'이라고 하든, 중요한 것은 그것을 성취하
려는 노력이 실제 행동으로 뒷받침되느냐의 여부다.

많은 사람들이 '비전'에 대해 막연한 생각을 가지고 있는 이유는 비전을 현실과 동떨어진 것으로 생각하기 때문이다. 그러나 사실은 그렇지 않다. 비전은 지극히 현실적인 것을 가리키는 말이다. 비전을 보다 구체적으로 나누어서 생각해 보자.

첫째, 비전은 '내가 갖고 싶은 것'이다. 작게는 신형 휴대폰에서부터 아름다운 전원주택이나, 고급 자동차, 또는 세계적인 네트워크를 구축한 기업체일 수도 있다.

둘째, 비전은 '내가 하고 싶은 일'이다. 오늘 저녁에 친구들과 맥주 한잔 하는 것에서부터, 가족들과 외식하는 것, 주말에 골프를 치는 것, 세계 여행을 하는 것, 이웃을 돕기 위한 복지 사업이나 교육 사업까지도 모두 비전에 해당한다.

마지막으로, 비전은 아침에 일찍 일어나는 사람, 약속을 정확히 지키는 사람, 유머가 있는 사람, 좀 더 너그러운 사람 등 '내가 되고 싶은 사람'이다. 늘 건강하고 활기찬 사람, 다른 사람에게 용기와 희망을 주는 사람, 자기 일에 즐겁게 몰입하여 최고의 결과를 내는 사람, 주변 사람들에게 사랑을 베풀고 사랑과 인정을 받는 사람 등 무엇이든 자신을 탁월한 존재로 느끼게 해 주는 것들은 비전이다. 그러면 자신에게 질문해 보자. 내가 정말 원하는 것은 무엇인가? 내가 정말 갖고 싶은 것, 하고 싶은 일, 되고 싶은 사람은 어떤 것인가?

어느 대학에서 3~4학년 학생들을 대상으로 강의를 한 적이 있었다. "정말 꼭 이루고 싶은 일이 있다면 그게 뭡니까?" 하고 그들에게 질문했더니, "돈을 아주 많이 벌고 싶어요."라는 대답이 즉각 나온다.

다시 물었다. "얼마나 벌고 싶어요?" "가능한 한 많이요." "그러니까 그 '가능한 한 많이'가 얼마냐고요?"라고 했더니 "최대한 많이요."라고 대답한다. 답답한 일이다. 내가 질문한 의도를 이해하지 못하는 것이다. 나는 주머니에서 100원짜리 동전 하나를 꺼내서 그 학생에게 주었다. "받으세요. 제가 드리는 겁니다. 이제 소원이 성취됐네요? 내가 드릴 수 있는 '최대한 많은 돈'이니까요." 그제야 질문의 의미를 이해했는지, 그 학생은 피식 웃고 말았다.

많은 사람들이 꿈이나 비전을 이렇게 막연하게 생각한다. 구체적이고 선명한 비전을 가지고 있어야 실현될 가능성이 있는 것인데, 막연한 생각만으로 그것을 이루어 낼 수 있겠는가? 막연한 꿈은 비전이 아니다.

비전을 상세하게 설계하라

돈을 많이 버는 것을 죄악시하고 부자들을 경멸하는 사람들이 있다. "부자들 중에 정직하게 돈 번 사람이 누가 있겠어? 다 남을 속이거나 착취해서 번 거지. 우리나라에서는 못된 짓 안 하면 돈 못 벌어." 이렇게 부정적으로 이야기하는 사람들은 대부분 가난한 사람들이다. "너도 돈 많이 벌고 싶잖아?"라고 물으면 "나는 돈 필요 없어. 먹고살 정도면 되지. 돈이 인생의 전부는 아니잖아?"라고 대답은 하지만, 실상 그는 늘 돈에 쪼들리고 돈 때문에 고민하며 생활한다.

물론 자신의 철학에 따라 청렴하게 생활하는 사람들도 있다. '호텔레스토랑에서 비싼 식사를 하는 것과 집에서 라면을 끓여 먹는 것이 무슨 차이가 있어? 맛있게 먹으면 되는 거지.'라고 생각하고 정말 그렇게 생활할 수도 있다. 그러나 돈을 많이 벌고 싶으면서도 돈을 멸시하고 부자를 비난한다면 자기모순이다. 자기가 배척하는 돈이 자기에게 올 리 없고, 자기가 멸시하는 부자처럼 될 리 없기 때문이다. 그보다는 차라리 부자들을 부러워하는 사람이 훨씬 나을 것이다. 적어도 부정적인 감정은 덜 느낄 테니 말이다.

하지만 부자들을 배척하든 부러워하든, 그 사람이 부자가 될 가능성이 없다는 점에서는 마찬가지다. 그냥 부러워하는 것만으로 부자가 될 수는 없다. 실제로 돈을 많이 버는 사람과 같은 정서를 느껴야 그만큼의 돈을 버는 현실이 나타난다. 따라서 먼저 구체적으로 얼마만큼의 돈을 벌 것인지를 분명히 정하고, 그 돈을 벌었을 때의 자기 모습을 선명하게 그릴 수 있어야 하며, 그 느낌을 생생하게 느낄 수 있어야 한다.

자, 이제 벌고 싶은 돈의 액수를 분명히 정해 보자. 3억 원의 돈을 버는 경우와 10억 원을 버는 경우, 본인이 느끼는 풍요로움의 정도가 다를 것이다. 그리고 100억 원을 갖게 된다면 라이프스타일 자체가 달라질 것이다. 물론 "그런 큰돈은 벌어 보지 않았는데 어떻게 그 느낌을 알 수 있습니까?"라고 반문할 수도 있다. 그러나 일단 내가 벌려고 하는 돈의 액수를 분명히 정하고 나면, 이미 그만큼의 돈을 번 부자들에 대해 진지한 관심이 생긴다. 그들이 부를 성취한 동기와 방법, 그들의 생각과 행동의 패턴을 내 것으로 소화하면서 그 돈의 규모에 대한 느낌이 일어나고 확실해진다. 그렇게 분명한 확신과 생생한 느낌으로 자리 잡을 때 그것이 내 앞에 현실로 드러나는 것이다. 이것을 '비전'이라고 한다.

만일 당신이 큰 집을 갖고 싶다면, 그 집의 설계자가 설계도를 그리듯이 구체적이고 분명한 집의 이미지를 갖고 있어야 한다. 자동차를 갖고 싶다면 '멋진 자동차'라고 해서는 안 되고, 'BMW 528i 풀 옵션'처럼 대상을 구체적이고 분명히 해야 한다. 그렇게 구체화된 비전만이 실현될 준비가 된 것이다. 그렇게 하지 않으면 남들이 가지고 있는 것을 부러워하며 '나도 저렇게 되면 좋을 텐데……'라고 생각하는 것에 그치고 만다. 내가 정말 갖고 싶은 것을 이미 가지고 있는 사람이라면 그것에 대해 어떤 느낌을 갖고 있겠는가? 그것이 중요한 것이다.

지니의 능력에는 한계가 없다

램프의 요정인 지니의 능력에는 한계가 없다. 그러니까 자신이 바라는 것, 자신이 이루고자 하는 일에 어떤 제한도 둘 필요가 없다. 이 점을 몇 번이나 강조한 후 사람들에게 질문해도 그들이 대답하는 소원의 내용은 지극히 제한된 경우가 많다.

구미에 있는 어느 전자 회사의 여직원에게 어떤 소원을 빌겠느냐고 물었다. "엄마가 많이 편찮으시니 병원비를 대 달라고 하겠어요." 감동적이긴 하지만 어리석은 대답이다. 지니가 어떤 소원이든 들어줄 수 있다고 하는데 겨우 병원비를 달라고 하다니 말이다. 그보다 훨씬 더 많은 돈을 요구할 수도 있고, 무엇보다 "어머니가 건강하게 해 주세요."라고 하면 병원비 자체가 불필요해지지 않는가?

물론 그 대답을 한 여직원은 진실한 사람이다. 자기에게 '현실적'으로 가능하다고 느끼는 것을 소원으로 빌었기 때문이다. 하지만 그녀가 생각하는 '현실'은 지극히 제한된 세상이다. 지니가 병원비만 주고 사라지면, 어머니는 계속 치료를 받으며 질병의 고통을 겪어야 한다. 그리고 그렇게 치료해서 낫는다는 보장도 없다. 그러나 그 여직원은 지니가 무슨 소원이든 들어줄 수 있다는 사실 자체를 받아들이지 않았다. '무한 능력'이라는 것은 그야말로 동화에 등장하는 요술램프처럼 '환상'에 불과한 것이기 때문이다. 그래서 그녀는 어머니의 병이 완전히 치료되어 건강하게 해 달라는 '비현실적인' 소원 따위는 빌지 않는 것이다.

그러나 그 여직원은 지니가 '정말' 무엇이든 해낼 능력이 있다는 사실, 그리고 그 지니가 자기 안에 있다는 사실은 더더욱 모르고 있다. 여기서 '지니'는 우리 자신의 내면에 있는 '무한 능력'이다. 그것은 그 여직원과 그녀의 어머니뿐만 아니라 누구에게나 있다. 그러나 자기의 무한 능력을 인식하지 못하면 제한된 생각과 보잘것없는 비전으로 불행한 삶을 살아가기 쉽다. 자기 능력을 제한하지 않고, 자신이 정말 간절히 원하는 것을 탁월한 비전으로 구체화하는 사람들만이 풍요롭고 행복한 삶을 누리는 것이다.

앞서 예로 들었던, 전신마비를 극복한 밀턴 에릭슨을 다시 생각해 보자. 마음먹기에 따라 건강을 회복하는 일은 의외로 쉬운 일이다. 그건 어려서부터 많은 질병을 겪었던 나 자신이 직접 체험한 것이기도

하다. 그러므로 딸이 정말 어머니를 사랑한다면 어머니가 아픈 것을 염려하고 병원비를 걱정하며 앉아 있을 일이 아니다. 어머니를 즐겁게 해 드리고, 건강하고 활기찬 느낌을 반복적으로 느끼시게 함으로써 어머니의 무한 능력이 발휘되도록 도와드려야 한다. 이렇게 하면 어머니의 건강은 분명히 회복될 수 있다.

여기서 우리는 비전 설정의 중요한 원칙들을 확인할 수 있다. 첫째, 비전은 설계도처럼 세밀하고 구체적이어야 한다. 둘째, 내가 생각하는 비전이 결국 무엇을 추구하는 것인지를 생각하여 보다 본질적이고 직접적인 비전을 목표로 해야 한다. 그리고 마지막으로 가장 중요한 것은, 내 안의 무한 능력과 비전의 성취에 대한 확신이다. 지니가 어떤 소원이라도 들어줄 수 있는 것은 그에게 제한되지 않는 능력이 있기 때문이다.

비전을 열망하라

**그것을 생각하면
가슴이 뛰는가?**

자기가 비전이라고 생각하는 것이 실감
나게 느껴지지 않는다면 그것은 진정한 비
전이라고 할 수 없다. '나는 10억 원을 벌 거야.', '교육 사업을 해 보고
싶어.', '그림을 배워서 전시회를 열 거야.', '지중해 크루즈 여행을 하고
싶어.' 또는 '우리 회사의 이사가 될 거야.'와 같은 비전들이 모두 각자
의 목표가 될 수 있다. 그러나 이것이 분명한 실재감으로 느껴지지 않
는다면 그림의 떡에 불과하다. 그것은 막연한 동경의 대상일 뿐 내가
실현하여 누리게 되는 비전이 아니기 때문이다.

그러면 내가 비전으로 생각하는 것이 진짜인지 아닌지를 어떻게
알 수 있을까? '그 비전을 떠올릴 때 정말 가슴이 뛰고 신바람이 나는
가?'라는 질문이 그 판단의 시금석이 될 것이다.

영어 강사를 하던 시절에 온라인 학습사이트에서 동영상으로 영어 강의를 한 적이 있었다. 그때 강사마다 학생들과 의견을 주고받는 게시판이 따로 있었는데, 하루는 미대를 지망하는 제자가 글을 올렸다. "선생님 강의 참 재밌어요. 문법도 이해가 잘 되고요. 그런데 미술학원에서 그림 연습을 하고 돌아오면 지치고 피곤해서 인터넷 강의를 잘 못 듣겠어요. 강의를 듣다가 졸려서 잠이 들고…… 그러다 보니까 진도가 자꾸 밀려요. 어떻게 하면 좋을까요?"

이 학생에게 어떻게 대답을 해야 좋을까? "많이 힘든가 보구나. 지금은 힘들어도 몇 달 뒤면 네가 원하는 대학에 합격해서 멋진 대학생이 될 거야. 그때는 지금 힘들다고 느끼는 것들이 다 지나간 추억이 되어 버리겠지. 자, 힘내서 한번 열심히 해 보자. 파이팅!" 이렇게 답장을 할 수도 있었을 것이다. 하지만 나약한 생각에 동조하는 것은 그 사람을 나약하게 살아가도록 방치하는 것이나 마찬가지다. 나는 그 학생의 생각이 근본적으로 바뀌어서 그의 꿈이 보다 선명하게 살아나기를 바랐다.

"밤늦게까지 그림 그리는 것이 힘들게 느껴진다면 인문계나 자연계로 전환을 하는 게 좋겠다. 미술이 힘들고 피곤하다고 느낀다면 너는 진로를 잘못 선택한 거야. 화가가 되면 평생 그림을 그릴 텐데, 그것이 가슴 벅찬 기쁨이 되지 못한다면 너는 불행한 삶을 살게 되는 거란다. 미술만 생각하면 신바람이 나고 힘이 펄펄 넘치는 사람들, 자다가도 좋은 아이디어가 떠오르면 벌떡 일어나서 그림을 그리는 사람들이 있어. 너에게 그런 마음이 없다면 미술은 네가 갈 길이 아니야. 내일 학교에 가서 상담하고 다시 글을 올리렴."

냉정하다고 생각할 수도 있었을 텐데, 고맙게도 그 학생은 내가 한 말의 의미를 정확하게 이해하고 진심으로 받아들였다. "선생님, 고맙습니다! 제가 이제까지 생각하지 못했던 것을 일깨워 주셨군요. 앞으로는 그림 때문에 힘들다거나 피곤하고 졸려서 강의를 못 듣겠다는 말은 하지 않을게요. 저는 정말 그림이 좋아요. 목표한 대학에 꼭 들어가서 훌륭한 화가가 되겠습니다." 그 마음이 흔들리지 않고 지속된다면 그 학생은 분명히 멋진 화가가 될 것이다.

끊임없이 열망하는 비전이 진짜다

내가 재수를 했던 입시 학원에는 종교 동아리들이 있었는데, 그 모임에서 알게 된 후배들 중에 꼭 국문과에 가겠다는 여학생이 있었다. 그 친구는 두 번의 입시에서 국문과를 지원했지만 계속 낙방했다. 비장한 각오로 삼수를 했고, 역시 국문과를 지원했는데 이번에는 드디어 합격했다. 모두들 축하해 주었고 그 후배도 몹시 기뻐했다.

그리고 다음 해 5월, 동아리 모임에서 오랜만에 그 후배를 다시 만나게 되었다. "야, 너 그렇게 가고 싶던 국문과에 다니는데, 소원 성취한 기분이 어때?"하고 물어봤더니 의외의 대답이 날아온다. "오빠, 내가 왜 국문과 간다고 그랬지?"

구체적인 비전을 수립하는 것은 정말 중요한 일이다. 그런데 '그것이 나에게 어떤 의미가 있는가?'는 스스로에게 분명히 되던져야 할 보다 근본적인 질문이다. 그것이 내가 정말 원하는 것인가? 나는 왜 그것을 이루려고 하는가? 그것을 생각하면 정말 신바람이 나는가? 그리고 그것을 이루어 가는 과정 하나하나까지도 고맙게 느껴지고, 그 일을 할 때 즐겁고 활기찬 느낌이 일어나는가? 그렇지 않다면 허탈한 심정으로 끝나고 말 의미 없는 비전을 좇고 있는 것인지도 모른다. 그러므로 정서적으로 깊이 공감할 수 있는 것만이 진정한 비전이라 할 수 있다.

세계적인 골퍼 타이거 우즈가 한 이야기 가운데 잊혀지지 않는 말이 있다. "최고에 대한 열망은 최고를 낳는다."라는 말이 그것이다. 우리는 흔히 "최고야."라는 표현을 사용한다. '최고'는 객관적인 수치로 측정되는 것을 가리키기도 하지만, 매우 긍정적인 심리 상태, 기분 좋은 느낌을 표현하는 것이기도 하다. 그러나 타이거 우즈가 말하는 '최고'는 주관과 객관의 모든 면에서 인정되는 것을 의미한다.

그는 어떻게 자타가 공인하는 '최고'가 되었을까? 그가 한 말에서 답을 발견할 수 있다. 그는 최고를 '열망'했다. '열망'은 부러움이나 두려움이 아닌 '열정'이다. 최고를 목표로 두고, 최고만을 생각하고 느끼며, 최고가 되기 위해 필요하다고 생각되는 모든 일들에 즐겁게 몰입하는 것이다. 다른 사람들에게는 지루한 반복으로 여겨지는 일들을 즐거운 것으로 느끼지 않고서는 최고가 될 수 없다. 그렇게 끊임없는 노력을 지속하게 해 주는 것이 열정이고, 진정한 비전만이 그 열정을 불러일으킬 수 있다.

많은 사람들이 성공하기를 바라지만, 그 열매를 따는 사람의 수가 아주 적은 이유는 간단하다. 성공을 '열망'하는 사람만이 성공하기 때문이다. 그러면 우리가 간절히 원하는 비전을 현실로 만들기 위해 우리가 할 수 있는, 그리고 해야 할 일은 무엇인가? 중국 건국 과정에서 모택동이 자주 인용하여 유명해진 말로 '우공이산(愚公移山)'이라는 고사성어가 있다. 이것은 원래 『열자(列子)』의 「탕문편(湯問篇)」에 나오는 말인데, 그 내용은 다음과 같다.

중국 하양(河陽)의 북쪽에 사방 700리에 높이가 만 길이나 되는 두 산이 있었다. 큰 산들로 둘러싸인 탓에 그 지역에 사는 사람들은 왕래를 하기 위해 먼 길을 돌아가는 고생을 해야만 했다.

어느 날, 그곳에 살고 있던 우공(愚公)이라는 90세 노인이 가족들을 모아 놓고 이렇게 물었다. "나는 너희들과 저 두 산을 깎아 없애서 곧장 길을 내고 싶은데, 너희들 생각은 어떠냐?" 모두들 우공의 제안에 찬성을 했다.

이튿날 아침부터 우공은 세 아들과 손자들을 데리고 돌을 깨고 흙을 파서 삼태기로 발해까지 갖다 버리기 시작했다. 한 번 갔다 돌아오는 데 꼬박 1년이 걸렸다. 지수(智叟)라는 영리한 노인이 이 광경을 보고 우공을 비웃었다. "죽을 날이 멀지 않은 노인이 그렇게 애쓴다고 저 큰 산들을 어떻게 하겠는가?" 그러나 우공은 태연히 말했다. "내가 죽으면 아들이 하고, 아들이 또 손자를 낳고 손자가 또 자식을 낳아서 계속하면 되지. 자자손손은 끝이 없으나 산은 더 커지지 않으니 어찌 평평해지지 않을 수가 있겠는가?"

이 말을 듣고 깜짝 놀란 것은 두 산을 지키는 산신령이었다. 산이 없어지면 큰일이라고 생각한 산신령은 옥황상제에게 찾아가 우공을 말려 달라고 간청했다. 그러나 우공의 끈기에 감동한 옥황상제는 두 산을 각각 다른 곳으로 옮겨 주었다. 그래서 그 산들이 있었던 곳은 평평해지고 작은 언덕조차 남지 않았다.

'지성(至誠)이면 감천(感天)'이라는 말이 있다. '내가 이것을 이룰 수 있을까?'라고 생각할 것이 아니라 이것을 정말 이루고 싶은가를 생각할 일이다. 내가 진심으로 그것을 '열망'하고 확신하기만 하면 된다. 그리고 우공처럼 필요한 일들을 우직하게 계속해 나간다면, 내가 상상하지도 못했던 엄청난 능력이 그것을 이루어 준다.

'우공(愚公)'이라는 이름은 '어리석은 늙은이'라는 뜻이다. 현실적인 계산에 빠른 사람은 자신의 제한된 생각으로 제한된 현실을 살아간다. 그러나 포기할 줄 모르고 꾸준히 노력하는 '어리석은' 사람은 '무한 능력'을 발휘하게 된다. 그러니 이 '어리석음'은 얼마나 탁월한 '지혜'인가?

램프의 요정을 불러내라

무엇이 더
중요한가?   알라딘의 요술램프를 가지고 있다고 해도 그것을
비벼서 요정을 불러낼 줄 모르면, 램프는 겨우 어두
운 방을 밝히는 등불밖에 되지 않는다. 지금 나에게 가장 중요한 것은
무엇인가? 내가 간절히 원하는 비전들을 현실로 바꾸어 사는 것 아닌
가? 그럼에도 불구하고 우리는 우리의 비전에 그만큼 집중하지 못한
다. 당장 눈앞에 벌어진 일들을 처리하느라 바쁘기 때문이다.

　시내에서 교통사고가 많이 일어나는 계절이 여름이란다. 왜 그럴
까? 여러 가지 이유가 있겠지만, 노출의 계절인 탓이 가장 크다고 한
다. 도심에서는 자동차들이 속도를 내기가 어려운데, 서울처럼 교통
정체가 심한 곳에서는 운전자들이 방심하기 쉽다. 그리고 창밖을 보면
늘씬한 아가씨들이 어깨를 드러내고 짧은 미니스커트를 입은 채 거리

를 활보한다. 그러니 '와우, 저 아가씨 멋진걸!'하고 한눈을 팔다가 다른 자동차와 꽝 하고 부딪치고 만다. 목적지도 분명하고 가는 길도 잘 알고 있지만, 이처럼 집중하지 않고 잠깐만 방심해도 사고는 발생할 수 있는 것이다.

『소유냐 존재냐(To Have or To Be)』의 저자인 에리히 프롬(Erich Fromm)은 현대인들의 특징을 '소유적인 삶의 방식'으로 규정하고 있다. 무엇을 소유하는 것에 집착하느라 실제로 그것을 누리지 못한다는 것이다.

독서의 경우를 생각해 보자. 예를 들어 소설책을 읽을 때는 등장인물들의 면면을 흥미롭게 관찰하고 공감하며 그 내용에 몰입되어야 한다. 그러나 많은 사람들이 스토리의 전개와 결론만을 빨리 알고 싶어한다. 소설의 내용을 '소유'하고 싶은 것이다. 단지 그 책이 베스트셀러라는 이유로, 혹은 자신이 그 책을 읽을 정도로 지적인 사람이라는 것을 과시하기 위해서 독서를 한다면 그것은 극단적인 소유 양식의 예라 할 수 있다. 에리히 프롬은 이러한 '소유 양식'이 진정한 삶을 누리지 못하게 하는 비극이라고 한다.

그가 '소유 양식'의 예로 담배를 피우는 행위에 대해 비판적으로 분석한 내용도 인상 깊다. 담배를 피우는 것은 여러 감각을 동시에 소유하려는 '소유 양식'의 대표적인 행위다. 손가락으로 담배를 쥐고 그것을 입으로 가져가 연기를 들이마시는 행위는 손가락과 입술, 목구멍과 폐에 이르기까지 다양한 촉감을 불러일으킨다. 또한 담배에 불을 붙이고 연기를 빨아들였다가 뿜어낼 때 보이는 불꽃과 연기의 형태는 시각적인 것이고, 담배와 연기의 향은 후각적인 것이다. 이처럼 다양한 감각들을 몽땅 소유하고 싶어 하는 것이 현대인들의 경향이라는 것이다.

정작 담배를 피우는 사람들 중에는 그의 주장을 받아들이는 사람들이 많지 않을 수도 있지만, '소유 양식'에 대한 에리히 프롬의 주장은 상당한 설득력이 있다. 우리는 너무나 많은 것들을 한꺼번에 소유하려고 하는 경향이 있기 때문이다. 이것도 갖고 싶고, 저것도 놓고 싶지 않은 것이 보통 사람들의 마음이다. 그리고 이렇게 산만한 욕심과 집착이 우리에게 정말 중요하고 의미 있는 것을 누리지 못하게 한다는 점에서 그의 주장은 옳다.

더 중요한 것에 집중하라

우리 회사에는 당구를 즐기는 분들이 많다. 나도 대학 졸업 이후로는 당구를 거의 안 치다가 회사에 들어오면서 당구를 자주 치게 되었다. 그런데 실력이 비슷해도 게임을 할 때의 마음가짐에 따라 결과가 많이 달라지는 것을 본다.

이기는 사람과 지는 사람의 차이는 매우 분명하다. 이기는 사람은 당구공이 부딪히는 폭과 회전, 진행 방향의 변화에만 집중하여 정확하게 공을 친다. 그런데 지는 사람은 당구를 치면서도 다른 생각이 많다. 공을 어떻게 쳐야 할지 계산을 하면서도 '내일까지 처리할 일을 다 끝낼 수 있을까?', '고객을 만나야 하는데, 지금 당구나 치고 있어도 되나?'라는 생각들을 하는 것이다. 처리할 일이 있으면 당구를 접고 들어가서 일을 하거나, 당구를 칠 것 같으면 일을 잊어버리든가 해야 하는데, 어느 것도 버리지 못하고 두 가지를 동시에 생각한다. 그 결과 어느 것 하나도 제대로 하지 못하고 마음만 불편한 시간을 보내는 것이다.

흔히 '염력(念力)'이라고 하면 정신을 집중하여 손을 대지 않고 물체를 움직이거나 변화시키는 마술적인 힘을 생각한다. 하지만 문자 그대로의 뜻을 풀어 보면 '생각 염(念)'과 '힘 력(力)'이 합쳐진 것으로, '생각의 힘'이라는 의미다. 이 '생각의 힘'이 목표에 집중되는가의 여부가 내가 목표한 것을 성취하는가의 여부를 결정하는 것이다.

내가 감당하기에 너무 덩치가 크고 강한 적을 상대로 싸운다 치자. 무기로는 단단한 돌멩이와 총알이 장전되어 있는 권총이 있다. 둘 중 어느 것을 선택하겠는가? 바보가 아닌 다음에는 누구라도 권총을 선택할 것이다. 그러나 돌멩이를 쥔 채 또 권총을 집을 수는 없다. 그 돌멩이는 내려놓아야 한다. 그것은 오히려 권총을 정확하게 겨누고 사용하는 데 방해가 될 뿐이기 때문이다. 사소한 집착과 분산된 생각들이 돌멩이라면, 비전에 집중하는 것은 권총을 집어 상대를 정확하게 겨누는 것이다.

원숭이를 잡는 방법을 알고 있는가? 총과 그물, 덫을 사용할 수도 있겠지만 보다 쉽고 간단한 방법이 있다. 원숭이의 주먹 하나가 간신히 들어갈 정도로 입구가 좁고 단단한 항아리를 준비하고, 그 안을 고구마나 사과, 바나나 등 원숭이가 좋아하는 먹이로 절반 정도 채운 다음, 나무에 묶어 움직이지 않게 고정시킨다. 항아리를 발견한 원숭이는 자기가 좋아하는 과일을 꺼내려다가 좁은 항아리 입구에 걸려 손을 빼지 못하게 된다. 과일을 놓으면 손을 빼낼 수 있는데, 쥐고 있는 먹이를 끝까지 놓지 않아 결국 사냥꾼에게 붙들리고 마는 것이다. 한 주먹의 먹이와 자유의 가치를 어떻게 비교할 수 있겠는가? 그러나 원숭이는 몇 개의 과일을 먹으려는 욕심 때문에 사로잡히는 신세가 된다. 원숭이의 진짜 사냥꾼은 사소한 것에 대한 욕심과 집착인 것이다.

지금 직면한 상황에서 욕심이나 집착, 혹은 근심이나 걱정에 사로잡힌 사람은 원숭이와 다를 바 없다. 당장 해결해야 할 일들을 처리하지 말라는 것이 아니다. 오늘 주어진 일들은 합리적인 방법으로 오늘 처리하면 된다. 그러나 우리의 관심은 언제나 궁극적인 비전, 즉 내가 정말 갖고 싶은 것, 내가 정말 하고 싶은 일, 내가 정말 되고 싶은 사람에 집중되어 있어야 한다.

비전에 집중하고 시각화하라

비전에 집중하면 그것을 섬세하고 정확하게 그려서 시각화하게 된다. 그래야 비전을 보다 더 실감나게 느끼고 성취할 수 있기 때문이다. 63빌딩이 세워지기 전에는 모든 사람들이 여의도 강변을 무심코 지나쳤다. 그러나 그 빌딩의 설계자는 강변에 서 있는 63빌딩의 위용을 마음의 눈으로 볼 수 있었다. 그것을 어떻게 아느냐고 반문할 수도 있겠다. 대답은 간단하다. 그것은 그 설계자가 건물의 세세한 부분까지 철저하게 설계를 했기 때문이다.

설계자는 지하 주차장의 층수, 입구와 출구의 방향, 각 출입구의 크기를 정했다. 63층까지 지탱할 수 있는 철골 구조를 설계하고, 각 층별로 방과 복도의 배치, 엘리베이터의 대수와 위치를 정했다. 전기 배선과 상하수도 시설을 설계하고, 내외장재의 종류와 유리창의 크기, 두께까지 정확하게 정했다.

설계도가 완성되면 실제로 땅을 파서 지하 주차장을 만들고, 철골 구조를 세워 올린다. 전기 배선과 상하수도 시설을 설치하고 벽에 시멘트를 바른다. 엘리베이터를 설치하고 바닥을 깔고 인테리어와 외부 장식을 한다. 그래서 건물이 완성되고 나면, 사람들은 그제야 "아, 저게 63빌딩이구나!" 한다. 그러나 건물을 설계한 사람은 공사가 시작되기도 한참 전부터 이미 완성된 빌딩의 이미지를 봐 왔던 것이다.

이와 마찬가지로 자신의 비전에 집중하여 그것을 상세하게 설계하는 사람은 미래의 비전을 현재로 누리며 산다. 그리고 그것은 곧 눈에 보이는 현실로도 나타나게 된다. 이처럼 비전에 집중하여 그것을 구체적으로 시각화하는 것이 램프의 요정을 불러내는 방법인 것이다.

지금 경험하라

무한 성취의 법칙

비전을 성취하기 위해서는 무엇보다 비전에 집중해야 한다. 그러기 위해서는 이것저것 모두에 욕심 부리는 산만한 생각들로 가득 찬 마음을 깨끗하게 정리해야 한다. 이것이 '마인드 리셋(mind reset)'이다. 그러나 '잡다한 생각들을 다 버려야지.'라고 생각해서는 마음이 정리되지 않는다. 복잡한 생각들을 버려야겠다는 생각이 또 하나 추가될 뿐이다. 마인드 리셋을 하려면 정말 중요한 비전에만 집중해야 한다.

목표에 집중된 생각은 자신이 원하는 결과를 구체화시켜 준다. 잡다한 생각 없이 당구 게임에만 집중하고 있다면, 내 공이 어떤 경로를 거쳐 목표한 공을 맞추게 될지를 선명하게 볼 수 있다. 이렇게 비전에 집중하고 가장 바람직한 결과를 구체적으로 그려 보는 것을 '시각화

(visualization)'라고 한다. 그리고 마지막으로 가장 중요한 것이, 그 비전이 성취된 결과를 생생하게 느끼는 '성취의 느낌(feeling realization)'이다.

사실 앞선 단계로 제시한 '마인드 리셋'이나 '시각화'는 비전이 성취된 느낌을 일으키기 위한 수단에 불과하다. 비전이 실제로 이루어진 것을 진짜로 느끼면 그 비전은 우리 앞에 현실로 모습을 드러내기 때문이다. 63빌딩을 설계한 사람이 설계도면을 보며 어떤 느낌을 가졌겠는가? 조금 억지라고 생각해도 좋다. 하지만 그에게 확실한 믿음과 분명한 느낌이 있었기 때문에 그것은 현실이 된 것이다.

생생하게
느껴보라

그리스 신화에 키프로스의 왕이면서 뛰어난 조각가였던 피그말리온에 관한 이야기가 나온다. 그는 현실에서 접하는 여자들이 모두 결점투성이라고 생각하여 평생을 독신으로 살기로 작정했다. 그러나 한편 그는 자신이 꿈꾸는 이상적인 여성에 대한 열망으로 완벽한 아름다움을 지닌 여인상을 조각했다. 놀랄 만큼 정교하고 아름답게 완성된 조각상을 넋 놓고 바라보던 피그말리온은 그만 이 여인상과 깊은 사랑에 빠지고 말았다. 조각상에게 다정한 말을 속삭이고 딱딱한 입술에 키스를 하며 마치 살아 있는 사람을 대하듯 진심으로 보살피던 어느 날, 그의 지극한 사랑에 감동한 아프로디테 여신이 조각상에 생명을 불어넣어 살아 있는 여인으로 만들어 주었다.

피그말리온의 이야기에는 알라딘의 요술램프가 작동되는 원리가 상징적으로 표현되어 있다. 내가 간절히 원한다 해도 아직 실현되지 않은 비전은, 마치 형체는 있으나 온기는 느껴지지 않는 조각상처럼 실재감이 들지 않는다. 그러나 자신의 작품을 보며 실제로 사랑을 느꼈던 피그말리온처럼 자신의 비전을 생생한 느낌으로 불러일으키면 신적인 힘이 그것을 이루어 준다. 차가운 조각상이 따스한 온기를 지닌 여인으로 살아난 것처럼, 나의 비전을 실재감으로 느끼면 나의 비전은 현실이 되는 것이다.

내가 살고 싶은 아파트가 있다면 그 아파트의 모델하우스에 가서 내가 원하는 평수를 확인하고 평면도와 실제 구조를 둘러보라. 전원주택에서 살고 싶다면 전원주택 단지에 가 보라. 전세를 놓으려고 하거나 팔려고 내놓은 집이 있으면, 실제로 그 집에 살 것처럼 둘러보고 오라. 바깥에서 본 건물의 모습과 내부 인테리어, 안에서 밖으로 내다보이는 광경들까지 마음에 뚜렷하게 입력시키는 것이다. BMW나 벤츠 자동차를 타고 싶다면 자동차 매장에 직접 가서 자동차를 보고, 시승용 차량이 있으면 키를 달라고 해서 직접 운전을 해 보라. '나는 아직 이 차를 살 만큼 돈이 많지 않은데…….'라는 생각으로 위축되지 말고 '나는 충분히 이런 차를 살 수 있는 사람이야.'라는 느낌을 갖는 것이 중요하다. 자동차 운전석에서 보이는 모든 장면들과 승차감을 생생한 느낌으로 입력하라. 그 느낌을 반복적으로 떠올려 익숙해지고 자연스러워지면 그것이 현실이 된다.

'그게 되겠어?'라고 자기도 모르게 부정적인 생각이 들거나 막연하게 느껴질 수도 있다. 하지만 이 모든 것은 나의 비전이 곧 내가 경험하는 현실은 아니기 때문에, 그것을 현실로 만들기 위한 것이다. 이것이 내가 정말 원하는 것 아닌가?

의심이 생긴다면 자신에게 다시 물어보라. '나는 정말 이 비전을 간절히 원하는가?' 이 질문에 대해 분명히 '그렇다.'라고 대답한다면 당신은 진심으로 그 비전을 열망하고 있는 것이다. 그리고 일견 우스꽝스럽게 느껴질 수도 있는 이 방법이 가장 분명한 방법이다.

생생한 느낌은 현실이 된다

나는 어려서부터 이 마음의 법칙을 실제로 경험해 왔고, 지금은 그것이 일상이 되었다. 아주 어린 시절부터 초등학교를 졸업할 때까지 살았던 강원도 영월군 연당리는 그야말로 산골 마을이었다. 그나마도 우리 집은 산 중턱에 있는 초가집이었다. 초등학교에 들어갈 무렵에는 기와집으로 바뀌었지만, 장마철에는 비가 새는 경우도 있었다.

그런데 그 시골집 안방에는 세계 지도가 붙어 있었다. 그리고 내가 가장 관심을 많이 가졌던 지역이 유럽이었다. 아마도 선진국들 중에 TV로 자주 접하는 미국 쪽보다는 유럽에 대한 호기심이 많았던 것 같다. '아, 프랑스란 나라가 여기 있구나!', '영국이라는 나라는 이렇게 생겼구나!' 하면서 유럽 지도를 손가락으로 짚어 가며 보았다. 그러는 동안에 그 지도는 내 마음에 선명하게 새겨졌다.

그리고 대학교 2학년이 되던 해, 해외 여행 자유화가 되자마자 배낭을 짊어지고 유럽으로 날아간 나는 90일 동안 영국, 프랑스 등 서유럽은 물론 동유럽의 체코, 헝가리까지 두루 돌아다녔다. 여행을 시작한 지 열흘쯤 되었을까? 영국을 돌아보고 프랑스 파리에 도착하여 거리를 걷다가 문득 어린 시절의 그 세계 지도가 떠올랐다. '아, 어린 시절 안방에 붙어 있던 세계 지도! 그중에서도 제일 많이 봤던 곳이 유럽이었는데, 내가 지금 그 지도 위에 있구나!'

일곱 살 때 마비되었던 하반신이 치유된 것도 같은 경우다. 그때 부모님께서는 내 병을 고칠 수 있다고 하면 방법을 가리지 않으셨다. 우선 서울로 올라와 큰 병원에 입원했지만, 일곱 살 꼬마가 감당하기에는 치료 과정이 너무 힘들었다. 제일 먼저 검사에 필요한 혈액을 채취하기 위해 팔에서 뽑은 피의 양만 해도 엄청났다. 커다란 물리치료기 속에서 땀을 얼마나 많이 흘렸는지 모른다. 다리에 깁스를 하고 발목에 추를 달아 놓은 채로 몇 달을 지내기도 했다. 깁스를 풀고 나서는 보조 기구들을 붙들고 걷는 연습도 했다.

그래도 차도가 없자 부모님께서는 한방 치료로 방법을 바꾸셨다. 구역질이 날 만큼 쓴 한약은 기본이고, 머리끝부터 발끝까지 고슴도치 모양으로 수백 대의 침을 몇 개월 동안 맞았다. 하지만 소용이 없었다. 그 외에도 별의별 방법을 다 써 보았지만 병은 낫지 않았다.

그러면 어떻게 병이 나았을까? 내가 언제부터 어떻게 걸을 수 있게 되었는지 기억이 나지 않았다. 더구나 몸 약한 아들이라고 애지중지 돌보고 길러 주신 어머니조차 기억을 못하셨다. 한참을 의아하게 생각하다가, 밀턴 에릭슨의 이야기를 들으며 불현듯 어린 시절의 기억이 되살아났다. 정말 밀턴 에릭슨과 비슷한 경우였다. 아버지와 어머니께서 일하러 나가신 뒤 나는 텅 빈 방에 혼자 누워, 코스모스가 좌우로 가득 피어 있는 산길을 뽕나무 가지를 휘두르며 신나게 달리는 상상을 했다. 귓전을 스치고 지나가는 바람과 땀에 젖어 등이 축축해진 느낌까지 생생하게 느꼈다. 눈을 감고, 씽씽 달리는 느낌에 온 마음을 맡겼다. 그리고 얼마가 지났는지 모른다. 중요한 것은 눈을 감고 상상 속에서 달렸던 그 느낌 그대로 눈을 뜨고도 달릴 수 있게 됐다는 것이다!

비전을 성취하는 데 걸리는 시간이 얼마인가는 중요하지 않다. 그 기간을 계산할 시간이면 지금 해야 할 일을 하나라도 더 하는 것이 낫다. 그리고 내가 이루려고 하는 비전이 성취된 벅찬 느낌을 한 번 더 느낄 수 있다. 나의 비전을 막연한 생각으로 방치하는 것이 아니라, 그 비전에 숨을 불어넣어 생생한 느낌으로 살아나게 하는 것이다.

당신의 비전은 무엇인가? 그것이 진짜 비전인가? 그렇다면 그 비전은 이미 이루어진 것이나 마찬가지다. 목표와, 목표를 성취하는 방법이 모두 분명해졌으니 말이다. 요술램프를 사용하는 방법은 이제 당신도 다 알고 있다. 이제 남은 것은 자기 안에 있는 요술램프를 꺼내어 사용하는 일이다. 마인드 리셋, 시각화, 성취의 느낌이라는 방법을 활용하여 자신이 진정으로 원하는 비전을 성취하는 행복한 삶을 누리기 바란다.

Reset Point

● 램프의 요정에게는 무한한 능력이 있다. 그러므로 자기 소원을 미리 제한하지 말고 가장 크고 가치 있는 비전을 목표로 삼아야 한다.

● 막연한 생각이나 바람은 비전이라고 할 수 없다. 현실로 나타날 준비가 된 것은 구체적이고 분명한 비전뿐이다.

● 진정한 비전은 생각만 해도 가슴이 뛰는 것, 언제나 나를 신바람나게 만들어 주는 것이다. 내가 성취할 수 있다고 확신하고 끊임없이 열망하는 비전만이 성취된다.

● 사소한 것들에 대한 욕심과 집착은 생각을 분산시킨다. 가장 중요한 비전에 집중하고 그것을 구체적이고 분명하게 시각화해야 한다.

● 분명한 느낌이 현실을 창조한다. 이미 이루어진 것처럼 생생하게 느낄 때 비전은 현실이 되는 것이다.

Reset Guide

1. 어린 시절의 꿈을 돌아본다.

어린 시절의 꿈들을 떠올리고, 그중에서 지금이라도 이루고 싶은 일들은 없는지 생각해 보자. 지금도 변함없이 이루고 싶은 꿈이 있다면 가능성에 제한을 두지 말고 방법을 찾아보고, 그것이 이루어진 모습을 구체적으로 떠올려 보자.

2. 간절한 소원을 적어 본다.

주변에 부러운 사람이 있다면 내가 그를 부러워하는 이유가 무엇인지 적어 보자. 요술램프의 요정이 무슨 소원이든 들어준다고 하면 어떤 소원을 빌 것인지 가장 간절한 것 한 가지만 구체적으로 적어 보자.

3. 비전 게시판을 만든다.

눈에 잘 띄는 곳에 게시판을 만들고 '정말 갖고 싶은 것'과 '하고 싶은 것', '되고 싶은 사람'을 적을 수 있는 칸들로 나눈다. 각각에 해당하는 생생한 이미지나 사진들을 게시판에 붙이고 성취 날짜를 적는다. 또 모델하우스나 자동차 전시장 등 비전을 실제로 체험할 수 있는 곳에 가서 성취된 느낌을 느껴 보자.

06
—
현실을 주고
꿈을 사라

RESET

⏻

상상은 짧은 현실이고
현실은 긴 상상이다.

상상을 현실로 만드는 방법은
상상을 길게 하는 것이다.

－『행복을 부르는 마술피리』 중에서

상상과 현실은 하나다

상상은 '의식을 꽉 채우는 생각'이다. 무엇을 상상할 때, 우리 의식은 그것에 대한 생각으로 가득 찬다. 우리가 '현실'이라고 생각하고 경험하는 것이 우리 의식을 빈틈없이 채우고 있다고 한다면, 상상은 시간적으로 짧게 경험된다는 특징이 있을 뿐 본질은 현실과 같다. 다만 우리는 지속적으로 나타나는 익숙한 장면과 소리, 동일하게 주어지는 상황과 반복적으로 경험되는 사건들이 '현실'이고, 연속성 없이 잠깐 동안 떠오르는 마음의 경험들을 '상상'이라고 구별할 뿐이다.

학창 시절, 수업 시간에 딴생각을 하다가 선생님께 혼난 경험이 한 번쯤은 있을 것이다. 고등학교 2학년 학기 초였던 것 같다. 국어 시간에 시(詩)에 관한 수업을 하고 있었는데, 나는 같은 교회에 다니는 여학생을 생각하고 있었다. '오늘 수업 끝나고 만나 볼까? 미리 약속을 안 했는데, 그 학교로 갈까?' 수업은 한창 진행 중인데 나는 그 여학생이 교문을 나오는 모습만 상상하고 있었다. 그러니 내 차례가 되어 선생님께서 "자, 다음……." 하고 말씀하시는 것을 들었을 리가 없다.

"야, 너 뭐 해?" 그때까지도 나는 상황이 파악되지 않았다. 선생님께서 막대기로 머리를 딱 때리시면서 "이 녀석이, 생각이 딴 데 가 있어." 하실 때에야 비로소 수업 중이라는 사실이 인식되었다. 그때 내 생각이 다른 곳에 가 있었는가? 아니다. 생각이 다른 곳에 갈 수는 없다. 달라지는 것은 생각의 '위치'가 아니라 '내용'이다. 의식이 하나의 스크린이라면, 나는 내 의식의 스크린에 그 여학생의 모습을 꽉 채워 상상하고 있었다. 그러다가 막대기로 한 대 맞아 "앗!" 하는 순간 내 의식을 채우고 있던 생각의 내용들이 달라졌다. 의식의 스크린에 비춰진 영상이, 수업 중에 선생님이 내 앞에 서 계시는 장면으로 바뀐 것이다.

4세기 중국의 철학자인 장자(莊子)도 꿈에 대해 유명한 말을 남겼다. 어느 날 장자는 나비가 되어 아름다운 꽃들 위로 날아다니는 꿈을 꾸었다. 나비가 되어 날아다니는 느낌이 어찌나 황홀하고 행복한지 자기가 누구라는 생각조차 잊어버렸다. 문득 꿈을 깨고 보니 자신이 장자라는 사람의 모습으로 있는데, 꿈에서의 느낌이 너무나도 생생하게 남아 있었다. 그래서 그는 "장자가 나비의 꿈을 꾼 것인가, 아니면 나비가 장자의 꿈을 꾸고 있는 것인가?"라는 유명한 질문을 남겼다. 이에 대한 답도 간단하다. 전자는 그의 의식의 스크린에 나비가 하늘을 날면서 보게 되는 영상과 느낌이 펼쳐진 것이고 후자는 인간으로서 지각하는 내용들이 비추어진 것이다.

**실감나는 상상은
현실이 된다**　　　앞의 이야기를 보다 현실적인 이야기로
바꾸어 생각해 보자. 요즘 우리가 사용하고
있는 기기들 중 대부분은 과거에 상상조차 못했던 것들이다. 자동차를
예로 들어 보자. 경제적인 수준이나 필요 여부에 따라 자동차를 사지
않는 사람들도 있지만 현재 우리나라는 가구당 평균 1대 이상의 자동
차가 있다. 내가 초등학교를 다닐 때만 하더라도 어느 선생님께서 "너
희들이 어른이 될 때면 집집마다 자동차가 하나씩 다 있을 거야."라고
하신 말씀이 믿기지가 않았는데 말이다.

그 당시 내 주변에는 자동차를 갖고 있는 사람이 한 명도 없었다.
내가 볼 수 있는 자동차라고는 매연을 심하게 내뿜으며 털털거리는
트럭과, 뿌연 먼지를 일으키며 달리다가 갑자기 서 버리기도 하는 버
스밖에 없었다. 그래서 가끔씩 군용 지프차라도 지나가면 신기한 눈으
로 쳐다보았고, 승용차는 한 동네에 한 대 있을까 말까 한 텔레비전에
나 나오는 것이었다. 어쩌다 서울에 올라와서야 자동차다운 자동차들
을 볼 수 있었으니, 그것을 누구나 가질 것이라고 상상하기는 어려운
일이었다.

내비게이션도 그렇다. 대학교 2학년 때 처음 비행기를 탔을 때 비
행기의 위치가 지도 화면에 나타나는 것이 놀랍다고 생각했는데, 지금
은 자동차 안에서 그보다 더 놀라운 경험을 한다. "300미터 앞에서 우

회전하세요." "700미터 앞, 제한속도 60킬로입니다." "1킬로미터 앞에서 지하 차도로 들어가세요." "목적지에 도착했습니다." 그 말을 듣고 자동차에서 내리면 정말 목적지에 도착해 있다. 영화 '〈007〉 시리즈'에서나 볼 수 있었던 기계나 시설들이 지금 우리들에게는 너무나 당연한 현실이 되어 있는 것이다.

이 모든 것들이 어디서 비롯되었는가? 모두 상상으로 이루어진 것이다. 초등학교 때 즐겨 보았던 「어깨동무」라는 만화 잡지가 있었다. 한번은 '미래의 생활'이라는 주제로 그야말로 '만화다운' 그림들을 실었는데 그중에 화상 전화기와 우주 왕복선이 있었던 것을 기억한다. 그 소박한 흑백만화 한 페이지가 지금은 현실이 되어 있다. 공상과학 소설의 선구자로 불리는 쥘 베른(Jules Verne)은 1865년에 『지구에서 달까지』라는 소설에서 이미 로켓의 발사에서 귀환에 이르기까지 오늘날 실제로 이루어지는 달 여행의 단계를 묘사하고 있다. 이것은 1969년 아폴로 우주선이 최초로 달에 착륙하기 110년 전의 일이다.

이런 만화나 소설, SF 영화와 같은 것들은 단지 미래를 예측했을 뿐이고, 그것이 우연히 과학의 발전과 일치한 것이라고 생각할 수도 있다. 그러나 미래를 예견하는 가장 좋은 방법은 미래를 직접 창조하는 것이다. 그러한 창조는 상상을 통해 이루어진다. 최근에 우주 엘리베이터에 관한 신문 기사를 보고 '이것이 정말 실현 가능한 것인가?' 하는 의문이 들었다. 길이 10만 킬로미터에 이르는 탄소 나노 튜브로 엘리베이터를 만든다는 것을 쉽게 상상할 수 없었기 때문이다. 그러나 더욱 놀라지 않을 수 없었던 것은, 이것을 이미 1895년에 러시아의 물리학자 콘스탄틴 치올코프스키가 고안했다는 사실이었다!

지금 생각하는 것이
현실이다

초등학교 시절 선생님께서 "너희들이 어른이 될 때면, 집집마다 자동차가 하나씩 다 있을 거야."라고 말씀하셨던 것이 약 30년 전의 일이다. 그런데 한번 생각해 보자. 30년 전 그 이야기를 들었던 순간이 나에게는 어떤 시점이었는가? 지금을 기준으로 생각하면 '오래전'이지만 그 말씀을 듣는 순간 내가 경험하는 시간은 '현재'였다. 그리고 집집마다 누구나 다 자동차를 갖고 있는 현실이 펼쳐져 있는 지금, 내가 경험하는 시점도 '현재'다.

어떤 사람이 살 물건이 있어 슈퍼마켓에 갔다. 그런데 상점 입구에 '오늘은 현찰, 내일은 외상'이라는 안내문이 붙어 있다. '오늘은 현찰로 사야 되고, 내일은 외상이 된다고? 지금 당장 필요한 것도 아니고 요즘 현금도 부족한데 잘 됐다. 내일 오지 뭐.'라고 생각하고 돌아갔다. 그리고 다음 날, '오늘은 가서 외상으로 가져와야지.' 하고 상점으로 갔는데 어제 그 안내문이 그대로 붙어 있다. '오늘은 현찰, 내일은 외상'! 이 가게에서는 외상을 할 수 없다. 현찰만 받는 것이다. 이것을 영어로는 "Tomorrow never comes(내일은 결코 오지 않는다)."라고 한다.

우리가 경험하는 시간은 언제나 '현재'다. 내가 목표한 어떤 것을 성취했다고 할 때, 우리는 흔히 '과거'에 상상한 것을 '지금' 성취한 것으로 생각한다. 즉, 그 안에는 '과거'에서부터 '지금'까지라는 시간의 간격이 있다. 상식적으로 생각하면 맞다. 그러나 '과거'의 일을 떠올리더라도 그것은 내가 '지금' 생각하고 있는 것이다. 마찬가지로 미래의 일을 상상하더라도 그것 역시 내가 '지금' 생각하고 있는 것이다. 그래서 폴 틸리히(Paul Tillich)라는 신학자는 『영원한 지금 (The Eternal Now)』이라는 제목의 설교집을 내기까지 했다.

그러나 조금 더 깊게 생각해 보면 '현재'의 실체는 따로 있는 것이 아니다. 군이 객관적으로 생각하자면 '현재' 모든 생각을 하는 것처럼 보이지만, 실은 내 의식에 꽉 채워진 생각만을 경험하는 것이다. 내가 '과거'의 즐거웠던 일을 떠올리면 그때의 정서를 느끼고, 다가올 '미래'에 비전이 이루어진 모습을 상상하면 그 느낌이 일어난다. 마찬가지로 '지금' 눈앞에 펼쳐진 상황을 나의 생각과 기준으로 판단하면 그에 걸맞은 감정을 느끼게 된다. 과거, 현재, 미래는 모두 내 생각일 뿐이고 그 생각의 내용이 곧 내가 경험하는 현실인 것이다.

그러면 어떻게 하겠는가? 내가 상상하는 것이 곧 내 현실이라면 당신은 무엇을 상상하겠는가? 이제까지 나의 현실로 펼쳐지고 경험된 것들에 만족한다면 그대로 좋다. 그러나 그렇지 않다면, 내 의식의 스크린에 가장 이상적이라고 생각하는 삶의 모습을 비전으로 새겨 넣어야 하지 않겠는가? 상상과 현실은 하나다. 다만 '현실'이란 '저절로 지속되는 상상'을 가리키는 말이므로, 나의 비전을 분명하고 생생하게 반복하여 상상해야 한다. 그러면 그 상상은 곧 저절로 펼쳐지는 현실이 된다.

인생은 연극이다

'인생은 연극'이라는 말에서의 '연극'을
'가식적인 행동'의 뜻으로 오해하는 사람들
이 있다. 그러나 여기에서 '연극'이라고 하는 것은 그런 의미가 아니다.
"인생은 연극이다."는 셰익스피어가 한 말로, 사람은 모두 인생이라는
무대에 올라 각각의 역할을 맡고 있는 배우와 같다는 뜻이다. 집에서
는 부모나 자녀, 학교에서는 선생이나 학생, 회사에서는 상사나 부하
직원, 사회에서는 선후배 혹은 친구로서의 자기 배역이 있다. 나 역시
회사에서는 대표와 마스터 코치, 교육 현장에서는 강사, 이 책에 대해
서는 필자로서의 역할을 하고 있다.

하지만 인생이라는 연극은 일반적인 연극과 다른 점이 있다. 예술
로서의 연극에는 극작가와 감독과 배우가 각각 따로 있지만, 삶이라는

연극에서는 한 사람이 모든 것을 다 한다. 대본을 쓰는 것, 연극을 총 지휘하는 것, 무대 위에서 실제로 연기를 하는 것은 모두 '나' 자신이다. 어떤 신(神)적인 존재가 미리 써 놓은 각본에 따라 우리가 꼼짝없이 연기를 해야 하는 것은 아닌 것이다. 나의 연기는 나의 상상을 통해 이루어진다. 따라서 지금 경험하는 현실이 만족스럽지 않다면, 상상력을 활용하여 내가 원하는 스토리로 바꾸고 그 대본에 따라 연기를 하면 된다.

고등학교 때까지 얌전하고 소심한 성격으로 지냈던 여학생이 있었다. 그러다 보니 주변 사람들로부터 소극적이거나 부끄러움을 많이 타는 아이라는 말을 많이 들었다. 그러나 대학에 입학하자 이 여학생은 소심한 자신의 성격을 바꾸고 싶어서 동아리 활동을 하기로 마음먹고 풍물패에 지원했다. 풍물패에 들어가 신나게 북과 장구를 치면서 소심한 이미지를 걷어 버리고 활기찬 모습으로 변하리라 생각했던 것이다.

처음부터 활발한 인상을 심어 주겠노라고 단단히 마음을 먹고 이 학생은 동아리 방으로 갔다. 당당하게 문을 활짝 열고 들어가 큰 소리로 "안녕하세요! 이번에 영문과에 들어온 새내기입니다!" 하고 밝고 씩씩하게 인사를 했다. 그런데 하필이면 그때 눈이 딱 마주친 것이 제일 앞에 앉아 있는 고등학교 선배였다. 선배는 너무 놀라 입을 다물지 못하고 있었다. 황당해하는 선배의 표정을 보는 순간, 생각지도 못했던 상황에 깜짝 놀라 여학생의 목소리는 자신도 모르게 기어 들어가고 말았다. "잘 부탁드려요……."라고 말하는 모습은 영락없이 수줍음을 잘 타던 예전의 그것이었다.

그 여학생의 소심한 태도는 누군가 그녀에게 강요한 것이 아니라 자신이 선택한 것이다. 물론 성장 배경이 영향을 주었을 수 있다. 그러나 보다 근본적인 차원에서 이야기하자면, 무엇이 영향을 준 것이 아니라 자신이 그 영향을 인정하고 받아들인 것이다. 같은 성장 배경을 가졌다고 해서 누구나 그녀와 똑같은 태도를 취하지는 않는다. 그녀는 다른 사람들이 나를 어떻게 보고 있다는 생각에 맞추어서 살아가기로 자신이 선택한 것일 뿐이다. 자기도 모르게 선택한 그 삶이 못마땅하다면 대본의 내용을 바꾸고 다른 연기를 시작하면 된다.

완전히 미치면 세상이 즐겁다

언젠가 신문 광고에 났던 책의 제목이 잊혀지지 않는다. 『살짝 미치면 세상이 즐겁다』라는 그 책을 읽어 보지는 않았지만 제목만으로도 공감이 간다. 그렇다. 살짝 미쳐 보는 것이다.

지금까지는 다른 사람들을 밝은 표정으로 대하지 않았을 수 있다. 즐겁고 유쾌한 얘기보다는 언짢은 이야기를 많이 했거나, 심지어는 매번 짜증과 신경질로 누군가를 불편하게 했을 수도 있다. 그런데 이 책을 읽으면서 느낀 바가 있다고 갑자기 행동이 바뀌게 될까? 대개의 경우는 '이제부터는 정말 활기차고 즐겁게 생활해야지.', '사람들에게 친절하게 대하고 기분 좋게 인사해야지.'라고 생각해도 실제 행동으로는 잘 옮겨지지 않는다. 살짝 미쳐야 가능한 일이기 때문이다.

생각대로 행동이 잘 바뀌지 않는 것은 '다른 사람들이 나를 어떻게 볼까' 하는 마음 때문이다. 여태까지 해 왔던 게 있는데 갑자기 행동이 바뀌면 사람들이 이상하게 볼 것 같기도 하다. 그래서 세상을 즐겁게 살고 싶다면 살짝 미쳐야 하는 것이다.

하지만 부정적인 정도가 심한 경우는 살짝 미쳐서 될 일이 아니다. 앞에서 예를 들었던 여학생의 경우처럼 살짝 미쳤다가도 이전의 상황이 재현되면 예전의 정신 상태로 돌아온다. 그래서 내가 권하는 것은 '완전히' 미치라는 것이다. 완전히 미치면 세상은 천국이다!

아침에 출근할 때는 가족들을 꼭 끌어안고 뽀뽀를 해 주자. 회사에 도착해서는 "우와, 좋은 아침이에요! 커피 한 잔 뽑아 드릴까요?"라고 인사하면서 하루를 시작해 보자. 갑작스럽게 행동이 바뀌면 주변 사람들이 놀라거나 어색해할지도 모른다. 그러나 완전히 미친 사람은 그런 반응 따위에 마음을 쓰지 않는다. "쟤 왜 저러니? 어제 뭔 일 있었니?"라고 이야기를 해도 상관없다. 정말 심각하게 반응하는 사람이 있어도 괜찮다. 그 사람은 뭘 몰라서 그런 것이니 말이다. 다음 날, 그 다음 날, 그 다음다음 날도 그렇게 계속하다 보면 "쟤 원래 저래."하고 인정하며 당신을 좋아하게 될 것이다.

과거의 고정관념에서 벗어나 내가 정말 원하는 삶으로 진입하기 위해서는 습관의 중력을 이겨 내야 한다. 달을 향해 출발한 우주선은 지구의 중력장을 벗어나는 데 엄청난 양의 연료와 에너지를 필요로 한다. 지구의 중력에 끌려 추락하지 않으려면 속도가 떨어지지 않아야 한다. 그러므로 이륙 초기에 모든 에너지를 다 쏟아 붓는 기분으로 올라가야 하는 것이다. 하지만 지구의 인력을 벗어나 달의 인력권으로 들어간 다음부터는 더 이상 연료를 쓰지 않아도 저절로 달을 향해 날아간다. 지구를 박차고 올라갔던 탄력과 관성도 작용하지만, 달의 중력이 우주선을 끌어 주기 때문이다.

마찬가지로 내가 이제까지 유지해 온 생각과 행동들, 나의 생활 습관을 바꾸는 것이 처음부터 쉽지는 않다. 늘 소심하고 자신 없게 살아 온 사람이 '나는 무한 능력의 존재야. 나는 뭐든지 할 수 있어. 나에게는 비전이 있고, 그것이 이미 이루어져 있는 것을 느껴.'라고 생각하고, 그것을 행동으로 표현한다는 것은 어려운 일일 수 있다. 그러나 지구의 중력장을 벗어나면 달의 중력이 이끌어 주는 것처럼, 내가 지속적으로 나 자신을 인정하고 행동한다면 다른 사람들도 인정하게 된다. 또한 나의 비전이 성취된 느낌을 지속적으로 유지하는 방법도 그것이 이미 이루어진 것처럼 연기하는 것이다.

훌륭한 배우가 돼라

다음은 『시크릿(The Secret)』이라는 책에 나오는 이야기다. 멋진 남자를 만나서 결혼하고 싶은 젊은 여자가 있었다. 그런데 주변에는 자기가 생각하는 이상형의 남자가 없었다. 그녀는 '정말 멋진 남자를 만나고 싶은데, 왜 그런 사람은 나타나질 않는 걸까?'라는 생각을 자주 했다. 그러던 어느 날, 집에 돌아와 자동차를 주차하다가 문득 자신이 차고 한가운데에 차를 세우고 내리는 것을 발견했다. 자동차 두 대가 충분히 들어가고도 남는 공간인데 다른 차가 더 들어올 수 없도록 차를 가운데에 세워 놓은 것이다.

그녀는 만일 자신이 이상형의 남자와 결혼을 해서 행복한 가정을 꾸리고 있다면 당연히 남편이 주차할 공간을 비워 두고 주차했을 것이라는 생각이 들었다. 그녀는 즉시 자동차에 올라, 옆에 한 대가 더 주차할 수 있을 만큼 충분한 공간이 남도록 자신의 차를 옮겼다. 그리고 차에서 내려 그 빈 공간을 보면서 생각했다. '그래, 사랑하는 남편이 여기에 차를 대고 들어올 거야.'

그녀는 잠시 뒤에 사랑하는 남편이 들어올 것 같은 행복한 느낌을 가지고 집으로 들어갔다. 그리고 방에 들어가 편한 옷으로 갈아입으려고 옷장 문을 여는 순간 멈칫했다. 남는 공간 하나도 없이 옷장이 온통 자기 옷으로 꼭 차 있었기 때문이다. '이런, 우리 신랑 옷을 걸 자리가 없잖아?' 그래서 이번에는 옷장 속의 자기 옷들을 정리해서 절반을 비웠다. 이어 침대 위에도 두 개의 베개를 놓은 그녀는 옆에 사랑하는 사람이 누울 자리를 남겨 놓고, 그의 품에 안겨 있는 느낌으로 잠자리에 들었다. 그리고 얼마 지나지 않아 그녀는 자신의 이상형인 남자와 결혼했다. 몰입된 연기를 통해 상상을 현실로 만들어 낸 훌륭한 실화다.

인생은 연극이다. 중요한 것은 내가 원하는 스토리를 정확하게 구성해서 그 대본에 따라 자기 역할을 실감나게 연기하는 것이다. 나에게 주어진 역할을 제대로 하면 다른 사람들도 내가 쓴 각본에 따라 자기 역할을 멋지게 해 준다. 알고 보면 다른 모든 사람들의 대사와 행동들도 다 내가 쓴 각본 안에 들어 있는 것이다. 따라서 내가 상상한 스토리 라인에 따라 다른 배역들도 같이 움직이게 된다. 나는 그저 다른 사람들이 내 상상에 따라 움직이도록 내가 맡은 역할의 연기에 진지하게 몰입하기만 하면 된다.

그러면 이제 남은 것은 눈에 보이는 것을 현실로 인정하지 않고 가장 바람직한 상상을 현실처럼 연기하는 것이다. 다시 말해 일상 속에서 간절히 원하는 비전이 이루어진 것처럼 행동하는 것이다.

고급 아파트에 살고 싶지만 지금은 월셋방에 살고 있다고 해도 좋다. 반지하나 옥탑방이라도 좋다. 집에 도착하면 50평 아파트에 들어가는 느낌으로 문을 열고 들어가라. 부엌이 좁아도 괜찮다. 모델하우스에서 보고 온 넓은 부엌을 상상하면서, 풍요롭고 즐거운 느낌으로 설거지를 하라. 지금 타고 다니는 자동차가 낡고 볼품이 없는가? 그러면 차를 탈 때마다 벤츠를 타는 감사하고 편안한 느낌으로 운전하라. 회사에서 인정을 받지 못한다고 생각하는가? 회사에서 가장 많은 월급을 받는 느낌으로 일하라. 그러면 그 상상과 느낌대로 현실이 펼쳐진다. 당신은 인생이라는 연극의 작가이자 감독이고, 주인공이다. 당신이 원하는 스토리와 배역을 선택하면 즐거움 가득한 삶이 된다.

목표만 바라보라

눈앞에 장애물이 보이는가?

내가 정말 바라는 것들만 상상하려고 노력해도 그걸 방해하는 요인들이 있다. "사업을 하려고 해도 돈이 없어." "몸이 약해서 너무 쉽게 지쳐 버려." "이 나이에 뭘 할 수 있겠어?" 이런 생각들이 바로 당신의 비전을 가로막는 대표적인 장애물이다.

사람들의 신세 한탄을 들어주다 보면 가끔씩 '도대체 이 사람은 왜 사는 걸까?'라는 생각이 드는 경우가 있다. 그의 이야기가 모두 사실이라면 그의 주변에는 문제가 아닌 것이 없다. 물론 어떤 사람은 정말 딱하다 싶을 정도로 불우한 환경에서 어려움을 겪는 경우도 있다. 하지만 겉보기에 객관적인 문제로 보일지라도 어느 것 하나 마음 아닌 것이 없다. 그래서 문제를 보지 않고 목표만 바라보는 것이 중요한 것이다.

"너의 눈앞에 장애물이 보인다면, 그것은 네가 목표에서 눈을 뗐다는 증거다!" 강의를 할 때 자주 인용하는 문구다. 장애물이 보인다는 것은 곧 목표에만 집중하지 않고 있다는 뜻이다. 짓궂은 사람들은 "목표와 장애물이 같은 방향에 있으면 둘 다 보이잖아요?"라고 질문한다. 농담으로 하는 이야기지만 짚고 넘어갈 필요가 있다. 이 문구가 담고 있는 상징적인 의미는, 목표와 장애물이 같은 방향에 있을 수 없다는 말이다. 해가 떠 있는 방향으로 그림자가 질 수 없듯이 목표에 집중되어 있는 마음에는 장애물이 있을 수 없다. 단지 그 목표를 성취하기 위해 해야 할 일들이 있을 뿐이다.

장애를 생각하면 아무것도 성취할 수 없다. 문제를 먼저 떠올리는 마음이 바뀌지 않으면 비전에 집중할 수 없고, 심한 경우에는 자기를 변명하기 위해 실패의 이유를 스스로 만들어 내기까지 한다.

1984년 올림픽에 출전한 육상 선수 가운데 가장 기대를 모았던 선수는 미국 대표였던 메리 데커(Mary Decker)였다. 세계에서 가장 좋은 기록을 가지고 있었던 그녀는 분명히 금메달을 따리라고 예상되는 후보였다. 그러나 결과는 참담했다. 경기 도중 바로 앞에서 달리던 선수와 부딪쳐 넘어지며 부상을 당하는 바람에 경기를 중단해야 했기 때문이다. 겉보기에는 메리 데커 선수가 참으로 불운한 사건을 당한 것으로 보인다. 그러나 근본적인 원인은 다른 데 있었다.

올림픽이 열리기 직전, 그녀는 한 TV 토크쇼에 출연하여 부정적인 말들을 쏟아냈다. "저는 징크스가 있어요. 저는 운이 따라 주질 않아요." 맞는 말이었다. 그녀는 운이 없었다. 특히 올림픽에 대한 징크스가 있었다. 그녀는 이미 1974년에 세계 신기록을 세웠지만 스트레스성 골절로 1976년 올림픽에 참여하지 못했고, 1980년에는 미국이 모스크바 올림픽을 보이콧하는 바람에 참여할 수 없었다. 1982년에는 여섯 개의 세계 신기록을 세웠고, 1983년 핀란드 헬싱키에서 열린 세계 선수권 대회에서도 우승을 했다. 그러나 1984년 미국 LA올림픽이 다가오자 그녀는 사람들의 기대가 큰 만큼 심한 압박감에 시달렸고, 자기도 모르게 내뱉은 말들은 현실이 되었다. 1988년 서울올림픽에서도 형편없는 경기로 메달을 따지 못했고 1992년에는 올림픽 출전 자격조차 얻지 못했다.

세계 최고의 실력을 갖춘 선수임에도 불구하고 그녀는 올림픽 경기가 두려웠다. 자기는 운이 없고 올림픽에는 징크스가 있다고 분명히 믿었기 때문이다. 하지만 그렇다고 올림픽 경기에 출전하지 않을 수는 없었고, 방법은 그럴듯한 핑계거리를 만드는 것이었다. 그것이 경기 중 충돌 사고라는 현실로 나타났다. 자신의 두려움을 감추고, 세계 최고의 선수라는 자존심을 구기지 않으면서도 사람들의 관심과 동정을 이끌어 내는 명분으로는 그만한 것이 없었던 것이다.

그녀가 이 모든 것을 의도적으로 계획했다는 말이 아니다. 앞에서 보았듯 우리는 우리의 무의식을 자각하지 못한다. 그녀는 운이 없었던 것이 아니라, 자기도 모르게 근거 없는 징크스를 인정하고 선택함으로써 목표를 보지 못하고 장애물에만 집중한 것이다.

다들 한 번쯤은 이와 비슷한 경험이 있을 것이다. 자동차를 몰고 출근을 하는데 아침에 차가 엄청나게 밀린다. 아침에 중요한 미팅이 있으니 다들 일찍 나오라고 어제 팀장님이 신신당부했는데, 오늘은 교통 체증이 평소보다 심하다. 마음은 급한데 차는 움직일 줄 모른다. 이럴 때 문득 엉뚱한 생각이 든다. '큰 사고는 곤란하고, 쌍방 과실로 비용을 물면 안 되니까, 내 차가 조금 부서질 정도로만 뒤에서 누가 살짝 받아 주면 안 될까?' 사고가 나면 늦어도 뭐랄 사람이 없고, 지루한 미팅 빠져도 되고, 동료들의 위로까지 받게 되니 얼마나 좋은 핑계거리인가? 하지만 그런 생각을 하는 동안 우리는 시간에 맞춰 회사에 도착할 방법을 적극적으로 찾지 않는다. 그것이 지금 내가 정말 원하는 것인데도 말이다.

장애는 없다, 목표에만 집중하라

윌마 루돌프(Wilma Rudolph)라는 유명한 흑인 육상 선수가 있다. 그녀는 가난한 집안의 22형제 중 20번째로 태어나 어린 시절의 대부분을 병상에서 보냈다. 네 살 때는 성홍열을 심하게 앓았고 양쪽 폐는 모두 폐렴에 걸렸다. 그리고 병이 중대한 고비를 넘긴 듯 보였을 때 이상한 증상이 나타나기 시작했다. 그녀의 왼쪽 다리가 한쪽으로 휘기 시작한 것이다. 왕진 왔던 의사가 잠깐 살펴보더니 소아마비를 선고했다. 의사는 윌마가 살아남더라도 걷지 못할 것이라고 말했다. 그녀는 의사의 선고를 들은 후 절망의 수렁에 빠지고 말았다.

그녀를 구한 것은 가족이었다. 그들이 지치지 않고 격려하고 보살핀 덕분에 윌마는 절망을 극복하고 힘과 용기를 낼 수 있었다. 그녀는 자서전에 다음과 같이 기록했다.

"의사들은 다시 걸을 수 없을 거라고 말했다. 그러나 어머니는 할 수 있다고 말씀하셨고, 나는 어머니를 믿었다."

그녀가 오랜 시간 재활을 위해 애쓰는 동안, 다른 사람들은 그것이 쓸데없는 짓이라고 생각했다. 그러나 그녀는 자신을 믿었고, 열두 살이 되어서는 걷기 위해 필요했던 보조 기구들을 영원히 벗어 버렸다. 그리고 달리기 선수가 되는 것에 자신의 온 힘을 쏟아붓기로 결심했다.

1956년, 열여섯 살의 윌마는 호주 멜버른올림픽에 미국 육상팀 대표로 출전하여 400미터 계주에서 동메달을 땄다. 4년 후 그녀는 대학 팀 동료들과 함께 로마로 떠났다. 육상 선수로서 윌마의 명성은 점점 높아졌지만, 그녀가 개인별 경기에서 메달을 거머쥘 것이라고 예상하는 사람은 별로 없었다. 그러나 그녀는 로마올림픽에서 여성으로는 최초로 올림픽 3관왕이 되었다. 장애인이라고 놀림을 받던 흑인 소녀가 소아마비와 가난, 인종 차별을 극복하고 당대의 가장 위대한 여성 운동 선수는 물론, 세계에서 가장 사랑받는 사람들 중 하나가 된 것이다. 이처럼 목표만 바라볼 때 장애는 사라진다.

국내의 한식 프랜차이즈 업체 중 하나인 '놀부보쌈'은 1987년 5월 서울 관악구 신림동의 한 재래 시장에서 5평 규모의 음식점으로 시작했다. 자본금 500만 원으로 시작한 이 업체는 2006년 현재 국내외 600여 개의 가맹점을 가진 프랜차이즈 기업으로 성장했고 연간 매출액은 6,000억 원에 이른다. "돈이 없어서 사업을 못 하겠다."라는 말이 이 업체의 경우에는 적용되지 않는다. KFC의 창업자인 커넬 할랜드

샌더스(Colonel Harland Sanders)는 세계 최초로 프랜차이즈를 시작해서 지금은 전 세계에 1만 5,000개에 가까운 KFC 매장을 가지고 있다. 그가 사업을 처음 시작할 때 가지고 있던 자본금은 사회 보장 연금으로 받는 월 105달러, 우리 돈으로 10만 원이 좀 넘는 금액이 전부였다. 그가 그렇게 빈털터리로 사업을 시작한 나이는 65세였다.

내가 뭔가 이루고 싶은 목표가 있는데 건강이나 나이, 혹은 돈이 문제라고 여겨지는가? 그것이 나의 비전을 이루는 데 장애가 된다고 생각하는가? 지금 눈앞에 장애물이 보인다면 그것은 목표에서 눈을 뗐다는 증거다. 동시에, 잠시라도 눈을 뗄 수 있는 그 목표는 진짜 목표가 아니다. 장애는 무엇이 장애라고 생각하는 사람들에게만 나타나는 환상일 뿐이다.

미리 하는 감사

가장 훌륭한 기도

나는 어린 시절부터 어머니를 따라 교회를 다니면서 성경을 많이 읽고 성경의 가르침을 많이 전해 들었다. '무엇이든지 믿고 구하는 것은 다 받을 것'이라는 예수님의 말씀을 들으면 왠지 힘이 솟고 신바람이 났다. 하지만 바라는 것을 이루어 달라고 기도를 해도 이루어지지 않을 경우에는 실망감이 컸다. 그리고 왜 그 기도에 대한 응답이 없는지 그 이유에 대해서는 감히 생각할 수 없었다. 기도를 들어주고 말고는 '하나님의 뜻'이라고 생각했기 때문이다.

그러나 나중에 "기도란 '미리 하는 감사'다."라는 스승님의 말씀을 들으면서 나는 무릎을 탁 쳤다. 내 기도가 이루어지지 않았던 이유는 미리 감사하는 분명한 믿음 없이 결핍된 현실만을 보았기 때문이다.

과거, 현재, 미래라는 직선적인 흐름으로 여겨지는 시간도 실은 모두 내 생각으로 존재하는 것이다. 아인슈타인도 시간에 대해 '참으로 떨쳐 버리기 힘든 환상'이라고 했다. 자신의 상대성 이론을 통해 '시간은 없다'는 사실을 확인했음에도 불구하고 감각적으로 경험되는 세계에서는 시간이 있는 것처럼 느껴졌기 때문이다. MIT대학의 교수이며 물리학자인 앨런 라이트맨(Alan Lightman)은 시간에 관한 아인슈타인의 이론을 바탕으로 『아인슈타인의 꿈(Einstein's Dreams)』이라는 소설을 썼다. 여기에 나오는 사람들은 과거로 돌아가거나 미래를 보고 오는 등 다양한 시간을 경험하며 산다. 어떤 사람들은 이것을 판타지 소설이라고 분류할 수도 있겠지만, 우리가 '현실'이라고 생각하는 것도 근본적으로는 이 소설과 다를 바 없다.

상상과 현실은 하나다. 시간만이 아니라 공간이나 물질도 모두 나의 생각으로 존재하는 것이고, 나의 의식에 장면과 장면, 상황과 상황이 바뀌어 펼쳐지는 것이다. 그것은 1초에 24프레임의 이미지를 빠르게 비추어 낸 영화가 실제처럼 자연스럽게 느껴지는 것과 마찬가지다.

그러므로 내가 원하는 이미지들을 마음에 생생하게 그려서 1초에 24프레임 이상으로 계속 돌아가게 만든다면 그것은 자연스럽게 현실이 된다. 나의 비전을 분명하게 보고 느끼는 것이 지속된다면, 그것은 비전을 이미 현실로 경험하며 사는 것이다. 시간의 흐름을 놓고 보면 미래에 벌어질 일이라고 하더라도 그것을 결정하는 것은 지금의 내 생각이다. 그렇기에 자기 비전에 대해 언제나 분명한 확신과 느낌을 갖고 있는 사람에게는 그 비전이 '이미 이루어진' 것이다.

완성된 조각상을 본다

세계적인 조각가 미켈란젤로의 작품은 경이롭다고 할 만큼 정교하고 아름답다. 예전에 유럽 여행을 할 때 이탈리아의 피렌체에서 다비드 상을 비롯한 여러 작품들을 둘러보았는데, 특히 바티칸에서 성 베드로 성당의 피에타 상을 보았을 때에는 감탄을 금할 수 없었다. 예수의 시체를 끌어안고 슬픔에 젖어 있는 마리아의 모습은 도무지 대리석으로 조각한 작품이라고 믿어지지 않을 정도였다.

그의 작품에 매료된 사람들이 미켈란젤로에게 질문을 했다.

"선생님, 어떻게 하면 저렇게 훌륭한 작품을 조각할 수 있습니까?"

미켈란젤로가 대답했다.

"나는 대리석 안에 이미 완성되어 있는 조각상을 보고, 불필요한 부분을 떼어 냈을 뿐입니다."

그렇다. 위대한 조각가와 그렇지 않은 사람들의 차이는 평범한 대리석에서 완성되어 있는 조각상을 보느냐 못 보느냐의 차이인 것이다.

삶에 있어서도 마찬가지다. 똑같은 목표를 가지고 있어도 그것이 이미 완성되어 있는 모습을 보고 느끼는 사람은 성취하지만, 그렇지 못한 사람은 실패한다. 실패하는 사람은 목표의 성취에 대해 끊임없이 의심하면서 자신이 현실적인 문제라고 생각하는 것들에 대해 불안하고 불편해한다. 그러나 성공하는 사람은 목표가 성취되었을 때의 모습을 구체적이고 분명하게 보고 느끼는 것은 물론, 이미 성취된 만족감을 누리며 그것에 대해 미리 감사한다.

취업을 준비하는 어떤 젊은이가 있었다. 여러 회사에 이력서와 원서를 넣고 시험을 봐도 번번이 탈락을 했다. 허탈한 마음으로 '나를 제대로 알아봐 주는 회사는 없을까?' 하고 생각하던 중에 자기의 적성과 딱 맞는 회사를 발견했다. 전공도 잘 맞았지만, CEO의 경영 철학이나 기업 이념까지도 평소 자신이 가지고 있던 소신과 놀라울 정도로 일치했다. 그 회사에 강한 매력을 느낀 그는 당돌하게도, 이런 회사라면 사장이 되어서 경영까지 해 보고 싶다는 생각까지 들었다. 그의 간절한 마음과 확신 때문인지 이번에는 서류 전형에서부터 시험 전형까지 척척 합격을 했다.

마지막으로 면접을 보는 날이었다. 자기 차례가 아직 많이 남아 복도에서 기다리다가 소변을 보러 화장실에 갔는데, 다른 지원자들이 담배를 피우며 꽁초를 여기저기 함부로 버리고 있었다. 저절로 눈살이 찌푸려졌다.

"금연 구역에서 담배를 피우시면 어떻게 합니까? 게다가 꽁초까지 아무 데나 버리시면 안 되죠. 여기는 우리가 들어오려고 하는 회사 아닙니까?"

그 이야기를 들은 사람들이 가만히 있을 리 없다.

"당신이 뭔데 훈계를 하고 난리야? 이 회사 사장이라도 되나?"

면접 때문에 다들 예민해져 있는 터라 자칫 험한 분위기가 될 뻔도 했지만, 때마침 들어온 청소부가 "젊은 친구들이 공중도덕도 모르나? 어서들 나가!" 하고 야단을 친 덕분에 상황은 쉽게 정리됐다.

사람들이 나간 후 젊은이는 "아저씨, 죄송합니다. 제가 도와드릴게요."라며 집게를 집어 변기에 떨어진 꽁초들을 주워서 쓰레기통에 버렸다. 청소부 아저씨가 만류해도 그는 끝까지 청소를 마무리했다.

"아직 제 차례는 한참 남았는걸요. 저 이 회사에 꼭 들어올 거예요. 그때는 더 많이 도와 드릴 테니까 잘 부탁드려요."

젊은이는 청소부에게 인사한 후 면접 장소로 갔다. 자신의 차례가 되어 긴장을 가라앉히며 시험장에 들어갔는데, 면접관들 중에 낯익은 사람이 있었다. 자세히 보니 아까 화장실에서 만났던 그 청소부가 아닌가! 그 사람이 바로 그 회사의 사장이었던 것이다. 그다음은 미루어 짐작할 수 있을 것이다. 그 젊은이는 사장의 든든한 지원을 받으며 회사의 핵심 인재로 성장했고, 마침내는 사장의 자리까지 올랐다.

이 이야기가 동화처럼 들리는가? 그렇다면 당신은 아직 자신의 무한 능력을 완전히 인정하지 않고 있는 것이다. '무한 능력'이라는 말은 그야말로 제한이 없는 능력을 가리키는 말이다. 어떤 비전의 가능성에 제한을 두고서는 결코 그것을 성취할 수 없다. 얼핏 무모해 보이는 것일지라도, 그 비전을 생각하며 가슴 떨리는 즐거움과 감사를 느끼면 그것은 현실이 된다. 앞의 이야기처럼 신입 사원으로 시작해서 사장이 된 예는 얼마든지 있다.

그 젊은이의 생각과 행동을 다시 한 번 살펴보자. 아직 입사 시험에 합격한 것도 아닌데, 자신이 사장이 된 모습까지 상상하며 즐거운 느낌에 몰입했다. 그를 인정해 주는 사람은 아무도 없었다. 하지만 다른 사람들 눈에는 보이지 않아도 이 젊은이의 마음에는 이미 이루어진 미래의 비전이 있었다. 그리고 그것이 활기찬 모습으로 생동감 있게 느껴졌다. 화장실 변기에 떨어진 꽁초를 줍고 쓰레기를 갖다 버리는 일을 즐기는 사람이 얼마나 있겠는가? 그러나 그에게 있어서 그 회사는 이미 자기가 일하는 곳이고, 자기가 경영하는 회사였다. 그러니 청소부 아저씨에 대해서도 고마운 마음이 들고, 화장실을 청소하는 것도 즐거운 일이 된다. 이것이 '미리 하는 감사'다.

감사와 풍요의 사이클

내가 간절히 바라는 모습이 이미 이루어져 있다고 느끼면 어떤 태도로 생활하게 되겠는가? 목표가 이루어지지 않은 현실만 바라보면 불안하고 조급하며, 스트레스를 느낀다. 그러나 이미 이루어진 것을 바라보고 감사한 마음을 느끼면 마음의 여유가 생긴다. 당장 직면한 문제들이 있어도 조급하게 판단하지 않게 되고 창조적인 아이디어들이 떠오른다. 다른 사람들과 비교하거나 경쟁하는 마음이 사라지고 너그럽고 친절해진다. 그래서 다른 사람들에게 더 많은 칭찬과 격려를 하고 도움을 주며, 더 많은 것을 조건 없이 베풀게 된다. 그리고 그것은 다시 더 많은 것을 성취하게 해 준다.

돈을 많이 버는 가장 좋은 방법은 다른 사람이 돈을 많이 벌도록 돕는 것이다. 그러나 '내가 이 사람이 돈을 벌도록 도우면 나도 돈을 많이 벌게 될 거야.'라는 생각으로 하면 그렇게 되지 않는다.

내가 이미 돈을 많이 벌어서 경제적으로 넉넉하다면 적은 금액을 나눠 주는 데 인색하지 않을 것이다. 비록 당장 줄 수 있는 돈이 아주 적더라도, 대가를 바라지 말고 필요한 사람에게 주자. 그 마음이 이미 풍요로운 마음이고, 그 풍요로운 마음은 풍요로운 현실을 가져온다. 내가 나의 비전이 이루어진 것을 미리 느끼고 진심으로 감사하면 말로나 행동으로나 더 많이 베푸는 삶을 살게 된다. 그리고 그것은 다시 감사할 일들이 계속 펼쳐지게 만들고 비전을 성취시켜 준다. 그리하여 미리 감사하는 사람은 감사하는 마음과 감사할 사건들이 반복되는 선순환의 사이클, 풍요로움의 사이클로 구성된 삶을 살게 되는 것이다.

Reset Point

● 상상과 현실은 모두 의식의 스크린을 꽉 채우는 생각들이다. 상상과 현실의 차이는 지속되는 시간의 차이일 뿐이다. 그러므로 지속적인 상상은 현실이 된다.

● 인생은 내가 쓴 각본에 따라 진행되는 연극이다. 훌륭한 배우가 각본대로 자연스럽게 연기를 하는 것처럼 비전이 실현된 것처럼 행동하면 현실이 된다.

● 장애물은 부정적인 생각과 감정이 만들어 낸 환상에 불과하다. 목표만 바라보면 장애는 사라진다.

● 내가 마음에 생생하게 그린 것은 이미 이루어져 있다. 완성된 미래를 느끼면 감사하는 마음이 일어나고, 늘 감사하고 베푸는 마음은 풍요로움의 사이클을 만들어 낸다.

Reset Guide

1. 기분 좋은 상상을 한다.

어떤 내용이든 기분 좋은 상상을 하고 그 즐거운 느낌을 느껴 보자. 그중에 실현 가능성이 있다고 느껴지는 것이 있다면 비전 게시판에 올리자.

2. 직접 연기를 해 본다.

내가 바라는 것이 이미 이루어졌을 때 하게 될 행동을 생각해 보자. 그것이 무엇이든 연극처럼 실제 행동으로 옮겨 보고, 내가 바라는 것들이 이루어진 영화를 찍는 것처럼 행동하자.

3. 이유 없이 감사하고 조건 없이 베푼다.

아침에 일어나서부터 잠들 때까지 하루 종일 모든 것에 대해서, 설사 어쩌다 불편한 느낌이 들어도 "감사하다."라고 말해 보자. 그리고 주변에서 조건 없이 한 사람을 선택한 후, 그 사람이 정말 원하는 것이 무엇일지 생각해 보고, 그것이 큰 것이든 작은 것이든 이유 없이 해 줘 보자.

Step 4

계속 원인을 제공하라

승리를 연습하라

RESET

⏻

운명은 기회의 문제가 아니라 선택의 문제다.
기다리면 되는 것이 아니라 성취하면 되는 것이다.

– 윌리엄 제닝스 브라이언(William Jennings Bryan)

필름을 교체하라

세계는 주관으로
존재한다

일제 강점기였던 1920년에 홍난파 선생
이 작곡한 〈봉선화〉는 김형준 선생의 시를
가사로 한 곡인데, '울 밑에 선 봉선화야, 네 모양이 처량하다'고 노래
한다. 일제의 억압에 따른 슬프고 서러운 정서가 담겨 있는 것이다. 그
런데 지금은 어떤가? 주변에 보이는 봉선화가 처량하다고 느껴지는
가? 아마 대부분의 사람들은 아니라고 할 것이다. 20년 전에 발표되어
지금까지도 꾸준히 애창되고 있는 현철의 노래 〈봉선화 연정〉에서는
심지어 '손대면 톡 하고 터질 것만 같은 그대, 봉선화라 부르리.'라고
하지 않는가.

이처럼 우리가 인식하는 것 중 객관적인 것은 사실 하나도 없다. 봉
선화라는 그 꽃 자체가 처량한 것이 아니라 그것을 보는 사람의 마음

이 처량한 것이고, 봉선화가 예쁜 것이 아니라 사람의 마음이 그 꽃을 예쁘다고 느끼는 것이기 때문이다.

철학자 칸트(Immanuel Kant)는 인간의 인식과 독립해서 존재하는 그 자체로서의 사물 또는 객관적 실재로서의 '물자체(物自體, Ding an sich)'를 '생각할 수는 있지만 인식할 수 없는 것'이라고 정의했다. 그에 따르면 우리는 '물자체'를 인식할 수 없고 다만 현상의 세계만을 알 뿐이다. '물자체'는 감각적인 경험과 사유(思惟)를 거쳐 오로지 현상으로만 인식되기 때문이다. 그는 『순수이성비판』에서 "우리에게 사물은 우리 밖에 존재하는 감각의 대상으로 주어지지만, 우리는 그 사물 자체가 무엇인지에 관해 전혀 알지 못하며 단지 그 사물의 현상만을 알 뿐이다."라고 말했다.

그러나 '물자체'가 존재한다는 것도 생각에 불과하다. 인식 수관의 의식으로부터 독립되어 있는 '물자체'의 존재를 인식 주관인 내가 어떻게 알 수 있는가? 칸트도 그러한 모순을 인식하고, '물자체'는 인식할 수 없는 것이지만 사고할 수 있는 가정(假定)이고, 현상의 배후에 그 존재를 생각하지 않을 수 없는 사유(思惟)의 요청이라고 했다. 이것은 지각되는 모든 세계가 자기 마음에 비친 것이라고 어렴풋이 생각은 하면서도, 자기를 세계와 분리된 개체적 존재로 보기 때문에 발생하는 모순이다. 그러나 경험되는 모든 세계가 주관적일 수밖에 없다는 통찰은 훌륭한 것이다.

여기 빨간 사과가 하나 있다고 가정해 보자. 사람들은 그 사과의 색을 빨강으로 인식하겠지만 적록색맹인 사람의 눈에는 노란색, 개나 소처럼 흑백만을 구별하는 동물들의 눈에는 회색, 잠자리처럼 모자이크 형태로 물체를 인식하는 곤충에게는 모자이크로 보일 것이다. 이처럼 모든 사물은 그것을 인식하는 주체의 시각에 따라 다르게 보이는 것이다.

정서가 달라지면 세계가 변한다

보다 더 중요한 것은 정서적인 면이다. 단순한 감각적 지각을 떠나 내가 정서적으로 어떤 상태에 있느냐에 따라 세계를 인식하는 것이 완전히 달라지기 때문이다. 가수 김성호의 〈웃는 여잔 다 예뻐〉라는 노래는 다음과 같이 시작한다.

"왜 그런지 나는 몰라. 온 세상이 아름다워. 내 마음은 풍선처럼 부풀어. 왜 그런지 나는 몰라. 웃는 여잔 다 예뻐. 아마 나도 사랑할 때가 됐나 봐."

이런 가사를 실제적인 정감으로 느낀다면 그 사람은 벌써 사랑에 빠져 있는 것이다. 사랑에 빠졌을 때는 어제와 똑같은 거리, 늘 보는 비슷한 장면들도 모두 아름답게만 보인다.

예전의 나는 '사람이 동물처럼 본능적인 충동만으로 사는 것이 아닌데, 어떻게 서로에 대해 잘 알지도 못하는 상태에서 사랑에 빠질 수 있겠어?' 하며 첫눈에 반하는 사랑 따윈 믿지 않았다. 그러나 막상 내가 그것을 경험했을 때는 아무런 생각이나 판단도 일어나지 않았다. 마치 정신 나간 사람처럼 행복하고 즐거운 느낌에 빠져들 뿐이었다.

첫눈에 반했던 여학생과 데이트를 하고 돌아오는 길이었다. 해가 지고 어둠이 깔리기 시작하는 거리가 그렇게 아름다울 수 없었다. 가로등 불빛 하나하나가 무대의 조명처럼 신비롭게 느껴지고, 지나가는 버스의 운전기사도 옆집 아저씨처럼 친밀하고 다정하게 느껴졌다. 정말 천국이 이런 것이구나 싶었다.

그런데 몇 개월 뒤, 그 여학생과 헤어지자 갑자기 세상은 지옥으로 변했다. 정말 그녀 외에는 아무 것도 생각나지 않았다. 그냥 눈물이 났다. 전에는 영화나 드라마에서 실연한 사람들이 우는 장면을 보며 '에이, 저건 엉터리야! 아무렴 저렇게까지 울겠어?'라고 생각했는데, 내가 그렇게 하고 있었다. 더 이상 슬픈 느낌도 없는 것 같은데 눈물은 멈추지 않고 며칠 동안이나 흘러내렸다. 마치 온 세상이 먹구름처럼 나를 뒤덮고 있는 것 같았다. 우울하고 슬픈 감정에 압도당한 채 폐인처럼 길거리를 헤매고 다녔다. 선배들의 위로와 친구의 조언이 아니었더라면 그 감정에서 벗어나기 힘들었을 것이다.

불과 몇 개월 사이에 눈에 보이는 세계가 변했으면 얼마나 변했겠는가? 그러나 그 사이에 나는 천국과 지옥을 오가는 경험을 했다. 내가 느끼는 정서에 따라 세상의 극과 극을 경험한 것이다. 그런데 세상이 그토록 다르게 인식된 것이 그 여학생 때문이었을까? 그 여학생과의 사랑이 나를 그렇게 기쁘게 하고, 그녀와의 실연이 나를 슬픔의 구렁텅이로 몰아넣었던 것일까? 겉으로만 본다면 그렇다고 할 수 있다. 그러나 보다 근본적인 관점에서 철저하게 살펴보면 그 모든 것들은 다 내 마음이 비추인 것이다.

마음의 필름이
비추인 세계

우리의 근원적인 생명을 광원(光源)이라고 하면, 현실은 그 생명의 빛이 마음을 비추어 영상으로 나타난 것과 같다. 광원의 빛이 필름에 새겨진 이미지를 투사하여 스크린 위에 영상으로 펼쳐내듯이, 마음의 필름에 새겨진 생각과 느낌이 3차원 시공간의 스크린에 현실로 펼쳐지는 것이다. 이것을 그림으로 표현하면 아래와 같다.

마음이란 생각들의 복합체다. 자신이 인정하는 단편적인 생각들이 마음을 구성하는 원소인 것이다. 그러므로 마음에 분명히 그린 것은 그대로 현실에 나타난다. 내가 '봉선화라는 꽃이 있다'고 인정할 때 봉선화가 인식되고, 그것이 '처량하다'는 생각을 할 때 처량한 느낌으로 인식되는 것이다. 반면에 똑같이 봉선화의 존재를 인정하더라도 '사랑스럽다'는 생각을 마음에 갖고 있으면 그것이 예쁘고 사랑스럽게 인식된다. 알고 보면 내가 선택하지 않았다고 생각하는 것들까지 모두 나

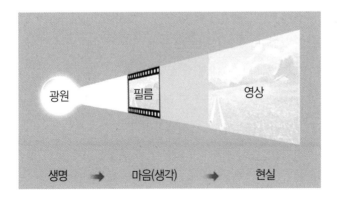

광원 → 필름 → 영상

생명 → 마음(생각) → 현실

의 마음이 비추인 것이다.

신체와 외모도 마찬가지다. 미국 대통령이었던 링컨(Abraham Lincoln)은 "나이가 40을 넘은 사람은 자기 얼굴에 책임을 져야 한다."라고 말했다. 사람의 얼굴은 그 사람이 지속적으로 유지해 온 마음의 상태를 보여 주는 것이기 때문이다.

현실적으로 20세가 되기 전까지는 스스로 선택할 수 있는 것이 많지 않다. 태어날 나라나 부모, 가정 환경, 외모나 건강 정도를 선택할 수는 없기 때문이다. 그러나 스무 살까지는 이렇게 주어진 조건대로 살았다고 하더라도, 그 이후의 삶은 자신이 선택하는 것이다. 그러한 삶을 20년 더 살았다고 할 때, 40세가 넘어서는 자기가 선택해서 살아온 삶과 자신의 얼굴에 책임을 져야 한다는 것이다.

그러나 이러한 설명은 상식적인 수준에서 적용되는 말이다. 사실 나의 삶은 처음부터 하나도 남김 없이 내가 선택한 나의 생각들이 펼쳐져 온 것이다. 다만 내가 그것을 모르고 있었을 뿐이다. 이 이야기가 지금 당장은 받아들이기 힘들 수도 있다. 그것이 어째서 그런가는 뒤에서 더 자세히 설명하겠지만, 이것을 분명하게 이해하면 현실을 개선하는 일도 그만큼 쉬워진다. 예를 들어 어떤 사람이 나에게 불쾌한 말을 한다면 '이 사람이 도대체 왜 이래?'하는 생각과 함께 기분이 언짢아질 것이다. 그러나 이것까지도 내 마음이 비추인 것임을 안 후에는, 그 상황에 대처하는 방법 역시 탁월해진다.

어떤 사람은 "그게 말이 됩니까? 제가 어떻게 상대방이 불쾌한 이야기를 하는 것을 마음으로 생각해서 그런 현실을 만들어 내겠습니까?"라고 반문할 수도 있다. 그런데 우리는 실제로 그렇게 하고 있다. 앞에서 실험했던 것처럼, 표면적인 생각으로는 '원숭이를 생각하지 말아야지.'라고 해도, 보다 깊은 의식에서는 원숭이를 생각하고 있다. '지각하지 말아야지.'라고 생각하는 사람도 실은 그 상황을 생생한 영상으로 마음의 필름에 새기고, 그것을 현실로 비추어 낸다. 이처럼 우리는 자신이 제작한 마음의 필름을 돌리고 있으면서도 그것을 인식하지 못한다.

자, 이제 어떻게 하겠는가? 나도 모르게 돌아가고 있는 내 마음의 영사기를 그대로 방치해 두겠는가, 아니면 내가 원하는 필름으로 갈아 끼우겠는가? 지금 당장, 가장 아름답고 행복한 필름으로 교체하라!

무의식을 프로그래밍하라

**무의식이
펼쳐진 현실**

'나의 마음이 비추어진 것이 현실'이라 할 때의
'마음'은 현실을 지각하고 판단하는 생각들을 가
리키는 것이 아니라, 어떤 것을 분명한 실재로 인정하는 보다 근본적
인 생각이다. 예를 들어 붉은 장미꽃을 보고 '아, 예쁘다! 참 아름답구
나!'라는 생각이 일어났다고 가정하자. 그 장미를 예쁘고 아름답다고
생각하는 것은 현실을 지각하고 판단하는 2차적인 생각이다. 반면에
현실을 창조하는 것은 그 장미꽃이 그 모양과 빛깔로 존재한다는 것
을 인정하는 1차적인 생각이다. 사실 우리는 이런 생각들이 비추어 낸
현실을 너무도 당연한 것으로 여겨 왔기 때문에 그것이 '생각'이라는
것을 알지도 못한다. 그러므로 이러한 1차적인 생각들은 '의식'으로 파
악되지 않는다는 의미에서 '무의식'이라고 할 수 있을 것이다. 다시 말

해 현실은 우리의 '무의식'이 펼쳐 낸 것이다.

그래서 '내가 마음먹은 대로 현실이 나타난다'는 말을 오해하기 쉽다. "아니, 어떻게 뭐든지 마음먹은 대로 살 수 있습니까? 살다 보면 마음먹은 대로 안 되는 것이 있게 마련이지요."라거나 "나는 맘먹는 대로 되는 게 없어요. 왜 이렇게 되는 일이 없는지 모르겠어요."라고 한술 더 떠 부정적인 반응을 보이는 사람들도 있다.

그렇다면 이런 생각이 비추어 내는 현실을 앞에서 보았던 도표에 적용해 보자. 마음의 필름에 "나는 마음먹은 대로 잘 안 돼!"라고 적어 놓고 광원의 빛을 비추면, 스크린에도 "나는 마음먹은 대로 잘 안 돼!"라는 영상이 현실로 비춰지는 것이 당연하지 않은가? 결국 나의 모습은 내가 생각한 대로, 내가 마음먹은 대로 만들어지는 것이다.

무의식을 통찰하라

학원에서 영어를 가르칠 때 학생들에게 질문을 했다. "너희들 감기 걸리면 며칠 가니?" 그러면 보통은 3일이나 1주일이라고 하는데, 개중에는 보름이나 한 달까지 가는 친구도 있다. 반면에 "하룻밤 푹 자고 일어나면 괜찮아요." 혹은 아예 "감기 안 걸려요."라고 말하는 친구도 있다. 이런 차이 역시 자기가 인정하는 대로 발생하는 것이다.

그런데 한 학생이 "감기에 걸리면 사흘 가니까 그렇다고 하는 거지, '감기 걸리면 사흘 동안 아플 거야.'라고 작정하고 아픈 사람이 어디 있습니까? 현실이 정말 내 생각대로 되는 거라면 '나는 감기 안 걸려.'

라고 하지 왜 사흘씩이나 감기를 앓는다고 생각하겠습니까?"라고 말했다. 그러나 이 친구가 말하는 '생각'은 2차적인 생각이다. 감기를 인정하고, 감기에 걸린다고 생각하고, 감기에 걸리면 얼마 동안 앓는다는 생각은 모두 무의식이기 때문에 인식하지 못하는 것이다.

강의가 끝난 후 자신은 감기에 걸리지 않는다고 대답했던 그 친구가 상담을 요청했다. "제가 턱걸이로 영어 1등급은 나오는데, 아직까지 단 한 번도 만점을 받아 본 적이 없어요. 어떻게 하면 영어 시험에서 만점을 받을 수 있을까요?"

내가 반문했다. "너 아까 감기는 안 걸린다고 했잖아. 다른 애들은 감기 걸리는데, 넌 왜 감기 안 걸려?"

"저는 그냥 감기 안 걸리는데요."

"너 대답 잘했어. 그런 느낌으로 하면 되는 거야. '저는 왜 영어에서 만점을 못 받죠?'라고 묻지 말고, 당연히 감기 안 걸리는 것처럼 만점도 당연히 받는 거야. 누가 '너 영어 점수 얼마 나오니?'라고 물으면 '만점 나오는데요.'라고 대답하는 느낌으로, '넌 어떻게 늘 만점을 받니?' 하면 '그냥 만점 받는데요.'라고 대답하는 느낌으로 하는 거야."

이 학생은 '다른 사람들이 감기에 걸려도 나는 안 걸려.'라고 하는 자신의 무의식적 생각을 파악했고 그것을 영어 시험에도 적용할 수 있게 되었다. 감기에 걸리지 않는 것을 당연히 여기는 생각과 느낌을 영어 만점에도 적용한 것이다. 참 훌륭한 친구다. 내가 일러 준 대로 "전 영어 시험 보면 그냥 만점 나오는데요."라는 말을, 감기에 안 걸린다는 말을 할 때의 느낌으로 계속 반복했던 것이다.

그달 모의고사가 끝나고 연락이 왔다. "선생님! 감사합니다! 저 이번에 모의고사에서 영어 만점 받았어요!" 그 학생은 이후의 시험에서도 계속 만점을 받았다. 영화에 나오는 이야기가 아니다. 내가 정말 바라는 것을 무의식의 필름에 분명히 새겨 넣기만 하면 누구라도 경험하게 되는 현실이다.

영화 〈매트릭스〉에는 '네오(Neo)'라는 주인공이 등장한다. 그는 어느 순간 자기가 여태까지 현실이라고 생각했던 것이 컴퓨터로 프로그래밍된 '매트릭스'라는 사실을 알게 된다. 그러나 매트릭스가 진짜 세계가 아님을 알았음에도 불구하고 그는 악당들에게 쫓겨 다니고, 온갖 두려움과 고통을 경험한다. 그러나 자신이 매트릭스의 환상을 끝내고 세계를 구원할 '그(The One)'라는 사실을 분명하게 인식하면서 상황은 완전히 뒤바뀐다. 그를 사로잡았던 두려움은 사라지고 보통 사람들이 상상도 하지 못했던 어마어마한 능력을 발휘하기 시작한다. 자기도 모르게 프로그래밍된 매트릭스에 영향 받지 않고, 진짜 자기의 무한 능력을 발휘하여 매트릭스를 마음대로 누비고 다니게 된 것이다.

우리도 그와 같이 할 수 있다. 우리 모두는 무한 능력의 존재이기 때문이다. 매트릭스는 우리의 무의식이 펼쳐진 세계다. 우리가 살아가면서 어떤 문제에 직면하거나 결핍을 느낀다면, 그것은 자기 무의식의 프로그래밍 시스템을, 그리고 그것을 바꾸는 방법을 모르기 때문이다. 그러나 우리가 현실이라고 생각하는 모든 것들이 내 마음이 비추인 영상이라는 사실을 통찰하고, 나에게 무한 능력이 있다는 사실을 분명히 알게 되면 내가 경험하는 현실을 내 마음대로 바꿀 수 있게 된다.

그러나 이때 중요한 것은 '진짜' 그렇게 될 것이라고 생각하는 것이다. 표면 의식으로 '만점 받을 거야!'라 생각하고 말로 그것을 표현하는 데 그치지 않고, 보다 깊은 의식에서까지 그 생각을 받아들이는 것이다. 표면 의식과 무의식의 내용이 다르면 현실은 무의식에 그려진 대로 나타난다.

　　목표는 누구나 설정하지만 모든 사람이 그 목표를 달성하는 것은 아니다. 그것은 자기가 무한 능력의 존재라는 사실을 모르기 때문이기도 하지만, 더 큰 이유는 그 목표를 무의식에 선명하게 새겨 넣지 못했기 때문에 그렇다. 목표가 성취된 모습을 실재감이 느껴질 때까지 생생하게 그려서 무의식을 프로그래밍하자. 그렇게 무의식이 변화되어 목표를 성취한 감사의 마음이 지속되면, 내면적으로 깊은 행복이 찾아옴과 동시에 실제로도 성공한 삶을 살게 될 것이다.

분명히 선택하라

이것이 내가
원하는 감정인가?

흔히들 인생은 자기가 선택하는 것이라고 한다. 그런데 자기가 선택한 자신의 삶에 만족하며 살아가는 사람들을 만나기가 쉽지 않다. 왜 자기가 선택한 삶에서 만족을 느끼지 못할까? 그리고 그 삶이 만족스럽지 못하다면, 왜 자신이 정말 원하는 다른 삶을 선택하지 못하는 것일까?

이유는 간단하다. 자신이 삶을 선택한다고 말은 해도 '정말' 그렇다는 사실을 모르고, 자신이 정말 원하는 삶을 택하는 방법을 모르기 때문이다. 실제로 어떤 삶을 살고 싶은지 물어보면 대부분은 행복한 삶을 살고 싶다고 대답한다. 하지만 "어떻게 하면 행복한 삶을 살 수 있지요?"라고 질문하면 말문이 막혀 버린다. 막연하게나마 바라는 것은 있어도 그것을 선택하고 성취하는 방법은 모르는 탓이다.

실제 생활에서 어떤 문제가 발생하면 사람들은 '그래, 이것도 내가 선택한 것이지.'라고 생각하기보다는 당장 그 문제의 원인을 제공했다고 생각되는 사람에게 "너 왜 그렇게 했어. 이건 네 책임이잖아."라며 책임을 묻는다. '내가' 선택한 것이 아니라 '네가' 선택한 것이다. 그러니 내 마음대로 되는 일이 아니다. 따라서 그것을 어떻게 바꿀 것인가에 대해서도 깊게 생각하거나 진지하게 대안을 찾지 않는다. 상대방을 원망하는 마음이 앞서기 때문이다. 그래서 대개는 그 상황을 자신의 것으로 받아들이려 하지 않고 책임을 회피하려고 한다.

우리가 살면서 느끼는 여러 정서들은 모두 지금 당장 벌어지고 있는 상황에 대한 나의 생각과 판단에서 비롯된다. 예를 들어 어머니가 잔소리를 하신다 싶을 때에는 '엄마는 왜 나한테 저렇게 싫은 소리만 하실까?' 하는 생각이 든다. 같은 팀의 팀원이 자기가 할 일을 나에게 떠넘긴다든지, 만나고 싶지 않은 사람에게서 자꾸만 연락이 오는 경우에도 마찬가지로 부정적인 생각과 동시에 불편한 감정이 일어난다.

이럴 땐 지금 눈앞에 벌어진 상황과 내가 지금 느끼는 느낌이 정말 내가 원하는 것인지부터 살펴보자. 만일 그것이 내가 원하는 것이 아니라면 즉시 내가 원하는 생각과 느낌으로 전환해야 한다.

원하는 생각과 감정을 선택하라

많은 사람들은 자기가 원하는 것에 대해서는 막연하거나 불분명한 생각을 가지고 있는 반면, 부정적인 것에 대해서는 매우 구체적이다. "출근할 때 아내가 잔소리를 하면 하루 종일 짜증이 난다.", "남편이 늦게 들어온다고 미리 전화하지 않으면 화가 난다.", "아이가 공부를 안 하고 한 시간 이상 컴퓨터 게임에 매달려 있으면 용서가 안 된다.", "전체 회의가 있는 날 지각하는 직원은 잘라 버리고 싶다.", "상사가 지시한 대로 했는데 문제가 생겨 내 책임이라고 떠넘길 때면 회사를 그만두고 싶다." 등 못마땅하고 불쾌한 상황은 아주 구체적이고 정확하게 묘사할 수 있다.

그런데 그 이야기를 마친 다음에 "그래서 원하시는 게 뭡니까?"라고 질문하면 대답을 못 하거나, "그냥 좀, 그러지 않았으면 좋겠다는 거죠."라고 막연히 대답한다. 그러나 '그러지 않았으면 좋겠다'는 생각은 그 상황을 인정하는 것이고, 그런 생각으로는 현실을 바꿀 수 없다.

유명한 영국의 저술가인 제임스 앨런(James Allen)은 "현재의 당신 모습은 과거에 당신이 생각한 결과고, 미래의 당신 모습은 현재 당신이 생각하는 결과다."라고 말했다. 내가 원하는 삶을 산다는 것은, 내가 원하는 생각과 감정을 선택하고 누리는 것에 다름 아니다.

앞서 소개한 '참나실현회'는 전국 각 지역별로 모임을 가지는데, 어느 지방 모임에 참여하는 회원이 문자를 보내왔다.

"현실이 모두 내 마음이 비추인 것이라는 걸 잘 압니다. 제가 선생님 말씀을 들으면서 생활의 모든 면이 밝아지고 좋아졌는데, 오늘 아침에는 가슴이 너무 아파서 통증까지 느껴졌습니다. 결국 이불 속에서 소리 내어 펑펑 울고 말았습니다. 어떻게 해야 할까요?"

아침에 일어나자마자 여러 번에 걸쳐 날아온 문자 메시지를 보고, 이분이 절박한 심정이라는 생각이 들었던 나는 즉시 답장을 보냈다.

"지금 몸이 아프다는 것이 심하게 느껴지더라도, 인간은 고통을 느끼는 육체적 존재나 제한된 존재가 아닙니다. 괴로워할 수도 있고 펑펑 울 수도 있지만, 생각을 바꾸어서 정말 건강하고 싱싱한, 본래적인 자신의 모습을 떠올리고 느껴 보세요. 비록 고통과 답답함이 느껴지더라도 당신은 그 모든 것을 주시하고 있는 탁월한 마음입니다."

문자를 서너 번 더 주고받으면서, 정 불편하면 병원에 가서 치료를 받으시라고도 말했다. 하지만 정작 그분이 가슴이 아팠던 근본적인 이유는 돈이었다. 그분은 의료기기 영업을 하는 분이었는데, 물건은 많이 팔아도 수금이 잘 안 되는 문제가 있었다. 본인이 지고 있는 빚을 다 갚기 위해 밤낮 없이 뛰어다녔지만, 그날 아침까지 필요했던 돈 400만 원을 전날까지 마련할 수가 없었다. 당장 입금해야 하는 돈이 없으니 절망감이 들었다. '돈이 없는데, 어떻게 400만 원을 저리해야 하나?' 하는 걱정스런 마음 때문에 전에도 어쩌다가 한 번씩 아팠던 가슴에서 심한 통증을 느꼈던 것이다.

그분을 진정으로 돕는 일은 그분의 불편한 마음을 풀어 주는 것이었다. 그분은 문자 메시지를 몇 번 더 주고받으면서 '아, 그렇구나. 생각을 바꿔야지.'라는 생각이 듦과 동시에, 이렇게 아침 일찍부터 성의 있게 답장을 해 주는 사람이 있다는 게 정말 고맙게 느껴졌다고 한다. 고마운 마음에 감정이 복받쳐 또 눈물이 펑펑 쏟아졌는데, 화장실에 가서 세수를 하고 나와 보니까 거짓말처럼 가슴의 통증이 사라졌다고 했다.

그는 다시 마음을 다잡고 '그래. 조금 연체되어 신용에 손상이 가더라도, 며칠 안에는 해결이 되겠지.' 하는 편안한 마음으로 은행에 갔다. 그런데 이게 웬일인가? 통장에 450만 원이 들어 있었다는 것이다! 그 토록 오래 영업을 하면서 판매 대금이 한꺼번에 400만 원 이상 입금되었던 것은 그때가 처음이었다고 한다.

감사하는 마음이 감사한 현실을 비추어 낸다. 중요한 것은 지금 분명한 현실로 느끼는 부정적인 생각과 느낌을 젖혀 놓고 내가 원하는 생각과 느낌을 선택하는 것이다.

간절하게 열망하고 단호하게 결단하라

몸이 심하게 아픈 상태에서 어떻게 감사할 수 있는가? 당장 통증이 느껴지는 데도 '이건 진짜가 아니야!'라고 생각하기란 분명 쉽지 않다. 그러나 우리는 원하는 생각과 느낌을 선택할 수 있다. 그것을 어렵게 느낀다면 행복한 삶에 대한 열망이 간절하지 않기 때문이다.

나는 어려서부터 잔병치레를 많이 했지만, 학원 강의를 하면서는 발목부터 목 뒷부분까지 순차적으로 이어지는 통증도 앓았다. 학원 강사들은 매일 장시간 서서 강의를 한다는 생각 때문에 관절이나 허리에 통증을 느끼는 사람들이 많다. 처음엔 발목이 시큰거리며 아프다가, 몇 주가 지나면 발목은 괜찮고 무릎에서 통증을 느낀다. 그 다음에는 허리, 어깨, 목 뒤의 순서로 아프다가 다시 목 뒤에서부터 발목까지 내려간다. 그리고 몇 달 동안은 괜찮다가 다시 통증의 사이클이 시작된다. 물리치료도 받고 침도 맞아 보았지만 별 효과가 없었다.

한번은 왼쪽 다리에서 통증을 느꼈는데, 골반에서부터 왼쪽 무릎까지 너무 아파서 잘 걸을 수가 없었다. 그 무렵은 스승님의 가르침을 듣기 시작한 지 4~5개월쯤 된 무렵이었는데, 마음의 법칙에 관한 원칙을 이해하면서 나름대로 실생활에 적용도 하고 있을 때였다. 그러나 몸도 마음이 비추인 것이라는 말이 이해는 되지만, 당장 걷기가 불편할 정도로 아픈 것은 어쩔 수 없었다. '병원에 가지 말고 명상으로 치료해 볼까?' 하는 생각이 들기도 했지만, 내일도 여러 시간 서서 강의해야 한다는 생각에 안심이 되지 않았다.

의료보험 카드를 챙겨서 병원에 가려고 집을 나섰다. 왼쪽 다리를 잘 움직일 수가 없어서 쩔룩거리며 골목길을 걸어갔다. 그런데 문득, 이렇게 사는 내가 너무 불쌍하고 한심스럽게 느껴졌다. '마음의 법칙을 백날 공부하면 뭐하나? 실제 생활이 변하지 않는데, 무슨 의미가 있어?' 그리고 동시에 '야! 너 정말 이렇게 바보처럼 살고 싶니? 평생 이렇게 살 거면 차라리 확 죽어 버려!' 하는 생각까지 들었다.

정말 자살하고 싶은 마음이 아니었음은 다 아실 것이다. 사실은 건강하고 싱싱한 삶에 대한 간절한 열망이 한꺼번에 솟구친 것이다. '다리를 절며 강의하는 한이 있어도 더 이상 병원 따위는 다니지 않겠어! 아프다는 것도 모두 내 생각일 뿐이야. 괜찮아!' 하고는 뒤로 획 돌아섰다. 믿을 수 없는 일이었다. 한 발자국 전까지만 해도 쩔룩거리며 걸어왔는데, 뒤돌아서자마자 아무렇지도 않은 것이다!

마음의 법칙은 중력의 법칙과 같이 지금도 변함없이 작용하고 있다. 선택은 당신의 몫이다. 당신이 늘 직면하는 상황, 그리고 그때마다 느끼는 감정에 만족하는가? 그 느낌 그대로 영원히 살아도 좋겠는가? 그렇지 않다면 이제 선택하라. 눈에 보이는 현실과 그것에 대한 부정적인 생각과 감정들은 젖혀 놓고, '나는 조건 없는 사랑이다. 나는 싱싱한 생명이고, 감사함 자체다.'라고 선언하는 것이다. 그러면 실제로 사랑과 생명과 감사만을 느끼는 현실이 펼쳐진다. 이것이 가장 탁월한 삶을 선택하는 방법이다.

이겨 놓고 싸운다

무조건 이기는 법

조금 단순하게 생각해 보자. 내 삶의 모든 것들이 나의 선택이라고 할 때, 무조건 이기려면 어떻게 해야 하겠는가? 그냥 이기는 걸 선택하기만 하면 된다. 이미 이겨 놓은 결말을 시나리오로 작성해 놓고 대본에 정해진 대로 연기하는 것이다. 미리 이기기로 결정을 지어 놓고 싸움을 한다면 얼마나 쉽고 재미있는 경기가 되겠는가? 웃자고 하는 이야기가 아니다. 실제로 세계적인 성공을 이룬 사람들은 자신이 이루고자 하는 일들의 결과를 정해 놓고, 그 결과를 성취하는 데 필요한 요소들을 꾸준히 제공한 사람들이다.

대표적인 경우가 역도 경기에서 세계 기록을 모두 갈아 치운 장미란 선수다. 이 선수는 시합을 앞두고 평소에 연습을 하면서 꾸준히 명상을 한다. 이것을 '이미지 트레이닝(image training)'이라고 하는데, 자기가 시합에 나가서 실제로 경험하게 될 것들을 미리 구체적인 이미지로 떠올리는 훈련이다. 시합 전날 숙소에 도착해서 어떻게 하룻밤을 보내고, 다음날 아침에 일어나서 샤워를 하고, 식사를 하고, 경기장으로 이동하는 것을 영화처럼 그린다. 몸무게를 재고, 대기실에서 몸을 풀고, 경기대에 올라가서 역기를 잡고, 그것을 들어 올려서 성공하는 장면, 그리고 관객들이 환호하고 박수 치는 장면까지 아주 생생하고 분명하게 떠올리는 것이다.

그리고 실제로 그 경기장에 가면 상상했던 대로 현실이 펼쳐진다. 장미란 선수가 미리 작성해 놓은 시나리오대로 시합이 전개되는 것이다. 이미 한 번 해 본 시합을 똑같이 한 번 더 하는 것은 얼마나 쉬운 일인가? 집중된 상상을 통해 이미 경험했던 우승을, 눈에 보이는 현실에서 한 번 더 연기하는 것일 뿐이다. 자신이 암기한 대사와 자신이 여러 번 반복해서 연습했던 행동 연기까지, 자신이 서야 할 무대에서 자기에게 주어진 역할을 충실하게 하는 것이다. '열심히 싸워서 이기는 것'이 아니라 '이겨 놓고 싸우는 것'이 세계 최고의 역도 선수 장미란의 성공 비결이다.

확신은 불안을 사라지게 한다

1492년, 대서양을 건너 인도에 도착할 수 있다고 확신한 콜럼버스는 아무도 가 보지 않은 광대한 서쪽 바다를 향해 나아갔다. 그런데 카나리아 제도를 출발한 지 얼마 안 되는 9월 16일 밤, 북극성을 관측하던 뱃길 안내인이 이상한 점을 발견했다. 나침반의 바늘이 북극성이 있는 방향보다 약간 서쪽으로 벗어나 있는 것이었다. 안내인은 황급히 콜럼버스에게 이를 보고했다. 콜럼버스도 처음에는 깜짝 놀랐지만 선원들의 사기 저하를 염려해서 이 사실을 공개하지 않았다. 그러나 나침반의 자침은 정상적인 방향에서 점점 더 벗어나고 있었고, 더 이상 숨길 수 없는 문제가 되었다.

지구의 자력 차이나 장소에 따른 편차 등에 관한 지식이 없었던 시대였던지라, '나침반이 쓸모없어졌다'고 믿어 버린 선원들은 당시 최첨단 기기였던 나침반이 고장 난 사실에 실망하고 당황하여 어쩔 줄 몰랐다. 방향을 정확히 모르고 항해를 하는 것은 죽기로 작정한 것이나 마찬가지였기 때문이다. 이때 콜럼버스는 큰 소리로 말했다. "나침반이 고장 난 게 아니다. 북극성의 위치가 바뀌었다!" 선원들은 콜럼버스 말을 받아들이고 그의 명령에 따랐다. 콜럼버스는 천문학 지식이 해박한 것으로 알려져 있기도 했지만, 무엇보다도 리더로서 그가 가지고 있는 확신이 선원들의 불안을 사라지게 했던 것이다.

콜럼버스는 이겨 놓고 싸웠다. 자신이 도달하려는 목표에 대한 분명한 확신이 걱정스럽고 불안한 상황을 반전시켜 새로운 세계를 발견하게 한 것이다. 그가 가지고 있었던 분명한 믿음은 그 자신뿐 아니라 그와 함께 항해를 시작한 모든 사람들에게 힘을 주었고, 결국 모두가 결실을 나누게 되었다. 콜럼버스의 과오에 대해서는 비판이 있을 수 있지만, 우리가 관심을 두어야 할 것은 '이미 이루어져 있는 목표만을 바라보고 달려갈 때 장애는 사라지고 목표만이 현실로 나타난다'는 것이다.

지금 당신이 문제라고 생각하는 것들, 그것들이 해결되면 어떤 모습이겠는가? 그것을 선택하고 그 느낌을 미리, 분명하게 느껴 보자. 그것이 바로 '이겨 놓고 싸우는 것'이다.

빛은 어둠을 모른다

아주 옛날에 빛과 어둠이 있었다. 그런데 어둠은 빛 때문에 힘든 생활을 하고 있었다. 뭘 좀 하려고만 하면 빛이 나타나 어둠을 쫓아 버렸기 때문이다. 도저히 못 참겠다는 생각이 든 어둠은 옥황상제를 찾아가 하소연했다.

"옥황상제님, 저를 좀 불쌍히 여겨 주십시오. 뭘 좀 하려고만 하면 빛이 나타나서 쫓아내니 저는 아무것도 할 수 없습니다. 늘 피해 다녀도 언제 나타나 저를 또 쫓아낼지 모르니 불안해서 견디기가 힘듭니다. 빛을 불러다가 저를 더 이상 괴롭히지 말라고 해 주십시오. 제발 부탁입니다."

얘기를 듣고 보니 어둠이 참 딱하게 느껴진 옥황상제는 당장 빛을 대령하라고 명령했다. 빛은 영문도 모르고 옥황상제 앞에 불려 와 머리를 조아렸다. 옥황상제는 큰 소리로 빛을 야단쳤다.

"빛, 네 이놈, 네가 네 죄를 알렸다?"

"아니, 무슨 일로 그러시는 겁니까, 옥황상제님. 제가 뭘 잘못했는지 모르겠습니다."

"이놈아, 어둠이 너 때문에 얼마나 힘들어하는지 아느냐? 그 녀석도 하고 싶은 일이 있는데, 매번 네가 나타나서 어둠을 그렇게 쫓아내고 괴롭혀서야 쓰겠느냐? 서로 사이좋게 지내야지!"

그러자 빛이 옥황상제에게 질문을 한다.

"저…… 궁금한 게 있습니다. 도대체 어둠이 누굽니까?"

빛은 어둠을 모른다. 어둠은 있는 것 같아도 실상은 그림자와 같은 허상이기 때문에 본질인 빛이 나타나면 사라질 수밖에 없다. 스트레스, 질병, 미움, 분노, 슬픔과 같은 부정적인 생각과 느낌은 모두 어둠이다. 즐거움이 나타나면 스트레스는 사라진다. 싱싱한 생명이 나타나면 질병이 사라지고, 사랑이 나타나면 미움이 사라진다. 감사함이 나타나면 분노가 사라지고, 기쁨이 나타나면 슬픔은 사라져 버린다.

우리는 이미 앞에서 진짜 내가 누군지를 발견했다. 문제는 내가 빛을 바라보느냐 어둠을 바라보느냐 하는 것이다. 바깥에서 방법을 찾는다면 내가 원하는 것을 이루는 데 힘이 많이 들고 시간도 많이 걸린다. 그러나 내 안에 있는 빛을 발견하고 분명히 느끼면 모든 장애가 사라지고 목표가 현실이 된다.

100퍼센트의 확신만이 승리를 보장한다

어떤 권투 선수가 시합을 하기 위해 링 위에 올라가서 생각한다. '시합에서 누가 이길지는 아무도 알 수 없어. 네가 이길 확률도 50퍼센트고 내가 이길 확률도 50퍼센트야. 50대 50이니 어디 누가 이기나 한번 붙어 보자고.' 이 선수는 어떻게 될까? 보나마나 시합에서 질 것이다.

또 다른 선수가 링 위에 섰다. 이 선수는 '이 시합은 내가 이긴 거나 마찬가지야. 99퍼센트는 내가 이긴다고 봐. 그래도 인생이란 알 수 없는 것이니까 너에게도 1퍼센트의 가능성은 있다고 해 두지. 어디 한 번 덤벼 보지 그래?' 이 선수는 어떻게 될까? 아까 그 선수와 마찬가지다. 50퍼센트건 1퍼센트건 패배의 가능성을 인정하고 있는 것은 마찬가지기 때문이다.

'50보 100보'라는 말이 있다. 전쟁터에서 전투가 무서워 50보 도망간 것이나 100보 도망간 것이나, 도망쳤다는 사실은 똑같다. 그렇기에 실패의 가능성은 단 1퍼센트도 인정해서는 안 된다. 무조건 이기는 선수는 100퍼센트 분명하게 자신의 승리를 확신하는 사람이다. 링 위에 올라가서 '너, 오늘 임자를 잘못 만났다. 이건 완전히 짜고 하는 게임이야. 이 시합에서는 무조건 내가 이기게 되어 있어.'라고 생각하며 충만한 자신감을 느끼는 사람이 이기는 것이다.

최종 결과를 선택하는 것은 우리의 마음에서 미리 이루어진다. 깊은 마음으로 선택하고 인정한 것이 현실로 나타나는 것이다. 내가 성취하려고 하는 목표, 내가 가장 바람직하다고 생각하는 모습에 대해서는 단 1퍼센트의 의심도 있을 수 없다. '안 될지도 몰라.', '안 되면 어떻게 하지?'라고 생각하지 않고, '이건 될 수밖에 없다.' 혹은 '이미 되어 있다.'라며 100퍼센트의 확신으로 승리만을 생각하고, 이겼을 때의 벅찬 감동을 누리며 사는 것이다.

다시 한 번 강조하지만, 어떤 상황에서도 무조건 이기는 방법은 '이겨 놓고 싸우는 것'이다. 승리를 결정해 놓고, 최종 승리까지 가는 과정에서도 매 순간 승리를 즐기자. 자신의 승리를 분명히 확신하는 사람만이 모든 선택과 성취의 과정에서 승리의 기쁨을 만끽할 수 있는 것이다.

Reset Point

- 객관적인 세계는 없다. 나의 생각과 느낌에 따라 세계는 다르게 인식된다. 우리가 경험하는 세계는 철저하게 주관적인 것이다.

- 현실은 내 마음의 필름이 시공간의 스크린에 비춘 영상과 같은 것이다. 그러므로 현실을 바꾸려면 무의식으로 존재하는 마음의 필름을 교체하면 된다.

- 우리는 생각과 느낌을 선택할 수 있다. 부정적인 생각과 느낌에서 벗어나려면 내가 간절히 원하는 것을 선택하고 선언해야 한다.

- 바람직한 결과를 분명히 선택하고 원인을 지속적으로 제공하면 그것은 분명히 실현된다. 승리를 100퍼센트 확신할 때, 게임은 이겨놓고 싸우는 즐거운 현실이 된다.

Reset Guide

1. 인생에서 승리한 자신의 모습을 그려 본다.

인생의 승리자에 대한 정의를 내리고, 이미지로 떠올린 승리자의 모습에 내 모습을 대입해 보자. 5년 뒤의 나는 신체적이나 경제적으로 어떤 상태일지, 혹은 가정과 직장에서 어떤 모습일지 상상해 보자. 그것을 자신이 생각하는 가장 이상적인 모습으로 바꾸어서 다시 상상하고 느끼자.

2. 좋은 느낌을 선택한다.

선택의 상황에서는 복잡하게 계산하지 말고 좋은 느낌이 드는 쪽을 선택하고 그 결과를 평가해 보자. 부정적인 감정이 일어날 때는 머리를 흔들며 '이건 진짜가 아니야!'라고 선언하자. 대상이나 환경은 제한하지 말고, 내 생각과 느낌이 긍정적으로 전환된 바람직한 상황을 떠올리자.

3. 내일 하루를 시나리오로 작성한다.

내일 아침 일어나서부터 잠자리에 들 때까지 하루 종일 벌어질 일들을 영화처럼 떠올려 보자. 내일 있을 일들을 가장 즐겁고 기분 좋은 내용으로 채워서 최고의 시나리오로 작성하고 생생한 느낌을 일으켜 다가올 하루를 미리 체험해 보자.

08

즐겁게 반복하라

웃어라, 그러면 세상도 그대와 함께 웃을 것이다.
울어라, 그러면 그대 혼자 울 것이다.

– 엘라 휠러 윌콕스(Ella Wheeler Wilcox)

웃으면 복이 와요

웃을 일이 없어도
웃을 수는 있다

최근에는 우리나라에서도 웃음에 대한 관심이 굉장히 높아졌다. '웃음치료사협회'나 '웃음 연구소'가 많이 등장했고, 경영 분야에서도 '펀(fun) 경영'이 익숙한 용어가 되었다. 그래서 일반인들도 웃음에 대해 나름대로 많은 상식들을 갖게 되었다.

하지만 정말 중요한 건 실제로 웃는 것이다. 웃음에 대해 제아무리 해박한 지식으로 그것을 훌륭하게 설명한다 해도 실제로 웃지 않는다면 아무 소용이 없다. 이번 장에서는 웃음의 효과와 활용에 대해서 이야기하겠지만, 그 내용을 이해하는 것으로 그칠 것이 아니니, 여러분도 일단 한번 웃으시기를 바란다. 으하하하핫!

여태까지 보아 온 수많은 방송 프로그램의 제목 중 가장 훌륭한 것을 고르라면 '웃으면 복이 와요'를 뽑겠다. '복이 오면 웃어요'가 아니라 '웃으면 복이 와요'다. 물론 좋은 일이 있으면 누구나 웃지만, 좋은 일이 없어도 웃을 수는 있다. 그리고 웃음은 즐거운 정서를 불러일으켜, 그에 해당하는 즐거운 일들이 벌어지게 만든다. 정말 '웃으면 복이 온다.' 그러므로 좋은 일이 있어야만 웃는 수동적인 사람보다, 먼저 웃음으로써 웃을 일이 생기게 하는 능동적인 사람이 탁월한 사람이다.

사람들이 웃게 되는 또 다른 경우는 재미있는 사건을 경험하거나 재미있는 이야기를 들었을 때다. 그리고 때로는 예전에 경험했던 즐거운 기억, 또 재미있었던 기억들을 떠올리면서 실없이 웃기도 한다.

그런데 기업 교육을 다니면서 받는 느낌은 요즘 우리나라 직장인들에게는 웃을 일이 많지 않다는 것이다. 강의 중에 "1주일에 몇 번이나 웃으십니까?" 하고 질문하면, 한 번도 안 웃는다는 사람들이 의외로 많다. 많이 웃는 사람들도 있기는 하지만 대개는 많이 웃지 않는단다. 1주일에 한 번 웃는다는 사람에게 언제 웃느냐고 물었더니 어느 코미디 프로그램을 볼 때라고 대답했다. 그러니 그분 역시 정작 자기가 하는 일에서는 웃을 일이 없다는 것이다.

웃음의 의학적 효과

웃을 일이 없는 것 같고 웃는 것이 자연스럽게 느껴지지 않아도, 한번 웃어 보자. 웃음에는 단지 기분을 전환시키는 것 이상의 어마어마한 효과가 있다. 우리가 웃을 땐 엔도르핀(endorphin)과 엔케팔린(enkephalin)이라는 호르몬이 분비된다. 이 물질들은 중독성이 없으면서도 아편의 모르핀과 같이 자연적인 진통 작용을 하고 희열과 행복감을 일으키는 것으로 알려져 있다. 또한 웃음은 체내 면역력을 강화시켜 세균의 침입이나 확산을 막아 줌으로써 질병을 예방하고 치료하는 데 도움을 준다고 한다.

스탠퍼드 대학 의학과 교수인 윌리엄 프라이(William Fly Jr.) 박사는 40년에 걸친 웃음에 관한 임상 연구를 통해 '웃음이 심장병 예방과 치료에 큰 효과가 있다'고 보고했다. 그에 따르면, 10초 동안 신나게 웃으면 3분 동안 힘차게 보트의 노를 젓는 것과 같은 운동 효과를 거둔다고 한다. 실제로 러닝머신 위에서 달리기를 하는 것보다 재미있는 코미디 프로그램을 보고 깔깔거리며 실컷 웃는 것이 단위시간당 운동량이 훨씬 더 많다. 미국의 존스홉킨스 병원에서는 "웃음은 내면의 조깅(internal jogging)"이라고 정의함과 동시에, 웃음이 순환기를 깨끗이 하고 소화 기관을 자극하며 혈압을 내려 준다는 사실도 소개했다.

'웃음은 명약이다(Laughter is the best medicine).'라는 서양 속담이나 한 번 웃으면 한 번 젊어진다는 뜻의 '일소일소(一笑一少)'라는 동양 격언은 의학적으로도 입증되었다. 펜실베이니아 대학의 마틴 셀리그먼(Martin Seligman) 교수는 '1980년에 심장마비를 겪었던 96명을 면밀히 조사한 결과, 가장 비관적인 사람으로 분류된 16명 중 15명은 8년 이내에 두 번째 심장마비로 사망했으나 가장 낙천적인 16명 중에 사망한 사람은 5명에 불과했다.'는 연구 결과를 발표했다. 심지어 미국 인디애나 주의 볼 메모리얼(Ball Memorial) 병원에 의하면 '15초 웃으면 이틀 더 오래 산다'고 한다. '웃음이 수명을 연장한다'는 말이 단순히 듣기 좋은 농담이나 과장된 유머가 아닌 것이다.

웃음은 불치병도 치료한다

실제로 웃음 치료를 통해 암을 완치하는 경우들이 많이 보고되고 있다. 이미 잘 알려진 것처럼 암의 근본적인 원인은 스트레스고, 웃음은 그 원인을 제거하는 역할을 한다. 미국 캘리포니아 주 로마린다 의과대학의 리 버크(Lee Berk) 교수는 재미있는 비디오를 보면서 신나게 웃음을 터뜨린 사람들의 피를 뽑아 조사한 결과 바이러스나 암세포를 공격하여 파괴하는 '킬러 세포(killer cells)'가 많이 생성되었다는 사실을 발표했다.

뿐만 아니라 웃음은 스트레스 호르몬도 감소시킨다. 노먼 커즌스(Norman Cousins) 박사는 1964년, 500명에 한 명 꼴로 회복될 가능성이 있다는 '강직성 척수염'이라는 희귀한 관절염에 걸려 의사로부터 회복 가망이 없다는 진단을 받았다. 그러나 의사의 말 한마디로 50세의 나이에 삶을 포기할 수는 없다고 생각한 그는 한스 셀리(Hans Selye) 박사의 『삶의 스트레스(The Stress of Life)』라는 책을 읽으며 '스트레스가 많은 질병의 원인이 된다면, 반대로 긍정적인 사고와 즐거운 감정은 병을 고칠 수 있지 않을까?'라고 생각했다. 그는 즉시 폭소를 터뜨리게 만드는 각종 코미디 영화와 비디오를 모두 가져다 보기 시작했고, 간호사에게 유머 책을 읽어 달라고 부탁했다.

효과는 단번에 나타났다. 진통제 없이는 잠을 이룰 수 없었던 그였는데도, 10분 정도 실컷 웃은 후에는 2시간 정도 편안하게 잘 수 있었다. 8일 뒤에는 엄지손가락이 펴지기 시작했고, 몇 년에 걸쳐 완전히 건강을 회복한 다음에는 테니스와 골프, 승마까지 즐기게 되었다. 그가 자신의 경험을 담아 쓴 『질병의 해부(Anatomy of an Illness)』라는 책은 베스트셀러가 되었고, 이후로도 그는 많은 저술과 연구 논문을 발표하여 '웃음과 건강'에 대한 미국 유명 대학들의 활발한 연구를 이끌어 낸 선구자의 역할을 했다. 그리고 그는 75세까지 건강하게 살았다.

웃음은 생명력을 불러일으킨다

사람들은 발암 물질이 암을 일으킨다고 생각한다. 발암 물질은 말 그대로 '암을 발생시키는 물질'이라는 뜻이지만 발암 물질 자체가 신체에 해를 끼치는 것은 아니다. 그 물질이 신체에 해로운 것이고 암을 일으킨다고 인정하는 사람들에게만 영향을 미치는 것이다.

고려대 농생물학과를 졸업하고 박사학위를 받은 뒤 농촌진흥청 연구원으로 일하는 친구와 오래전에 저녁 식사를 한 적이 있다. 내가 고기를 굽다가 탄 부분을 잘라 내는 걸 보고 그 친구가 한마디 했다.

"탄 부분 잘라 버리지 마라. 다 먹어도 괜찮아."

"무슨 소리야. 탄 음식은 몸에 안 좋잖아. 발암 물질인데."

"야, 모르는 소리 좀 하지 마라. 평생 탄 음식만 골라서 먹어도 암에 안 걸려. 괜히 호들갑을 떠는 거지. 암에 걸릴 만큼 발암 물질을 섭취할 수는 없어."

담배를 피우면 폐암에 걸린다는 것도 마찬가지다. 흡연과 폐암의 인과 관계에 대해서는 아직 논란이 있지만, 대개는 흡연이 폐암의 원인이라고 인정한다. 그러나 동일 조건이라고 해도, 담배를 대하는 사람의 태도에 따라서 결과는 아주 달라진다. 담배를 피울 때 나오는 타르와 니코틴은 물론 일산화탄소, 부탄, 암모니아, 비소, 메탄올 등의 유해 물질이 몸에 좋을 리 없다. 그러나 그 물질들이 유해한 이유는 우리가 무의식적으로 그 물질들의 유해성을 당연한 것으로 인정하고 있기 때문이다. 다시 말해 '담배를 피우면 폐암에 걸린다'는 분명한 믿음이 폐에 암을 일으키는 원인이 되는 것이다.

10년쯤 전에 TV 방송으로 보았던 전남 화순의 어느 할머니가 기억난다. 93세인 그분께 장수의 비결이 무엇이냐고 물었더니 할머니는 "그런 건 잘 모르고, 난 이거 없으면 못 살아." 하면서 담배를 꺼내셨다. "담배를 많이 피우시면 몸에 해롭지 않습니까?"라고 재차 물으니 할머니는 "무슨 소리야, 이게 내 낙인데!" 하시고는 담배를 피운다. 그분은 건강 검진에서도 전혀 이상이 없다는 결과를 받았다.

담배가 건강에 해롭지 않으니 다들 담배를 피우라고 권하는 것이 아니다. '담배는 건강에 해롭고 폐암을 유발한다'고 대부분의 사람들이 분명히 믿고 있기 때문에, 대개의 경우 흡연은 건강에 해로운 결과를 가져온다. 이것을 보다 확장된 의미의 '집단 무의식'이라고도 할 수 있을 텐데, 분명한 확신이 없이는 이러한 '집단 무의식'에서 자유로워지기 힘들다.

웃음의 효과가 탁월한 이유는 스트레스를 비롯한 모든 부정적인 감정들을 단번에 긍정적인 감정으로 전환시켜 주기 때문이다. 사실 질병의 근본적인 원인은 부정적인 정서를 불러일으키는 부정적인 생각인데, 이것은 '병적인 생각'이라고 할 수 있다. '병적인 생각'이 질병이라는 '병적인 현상'을 비추어 내는 것이다.

흔히 여성들에게서 발견되는 골다공증은 우울하고 슬픈 정서를 많이 느끼는 사람들이 걸리는 병이다. 의학적으로 보면 이 증상은 뼈에서 칼슘과 인이 흘러나가 골밀도(骨密度)가 떨어지고 뼈 속에 구멍이 생기는 것이다. 그러나 골다공증을 유발하는 근본적인 원인은 슬프고 우울한 정서다. 슬픈 감정을 느낄 때는 눈물이 흐르는 것처럼 뼈 속에 있는 칼슘과 인도 흘러내린다. 여성들이 심한 우울증과 함께 하혈을 하는 경우도 마찬가지다. 그러나 웃음은 병적인 생각을 전환하여 우리 내면에 있는 본래적인 생명력과 즐거움을 발견하게 함으로써 건강하고 활기찬 삶을 살게 해 준다.

하루에 15초 동안만 신나게 웃어도 수명이 이틀 연장되는 효과가 있다고 한 것을 기억한다면, 적어도 건강에 대해서는 더 이상 걱정할 것이 없지 않은가? 사랑하는 사람의 건강에 대해 염려하지 않고 하루 15초만 웃게 해 주면 되니 말이다. 그런데 어떻게 해야 상대방이 15초 동안 웃게 할 수 있을까? 가장 간단한 방법은 내가 먼저 30초 동안 웃는 것이다. 그러면 상대방의 수명을 이틀 늘려 주는 사이에 나의 수명은 나흘이나 늘어난다. 참으로 괜찮은 장사 아닌가? 더불어 내가 웃고 상대방이 함께 웃을 때 좋아지는 것이 건강뿐이겠는가? 이런 점에서 '웃으면 복이 온다'는 말은 가장 현실적인 격언이다.

무조건 웃어라

웃음은 창의력을 향상시킨다

지능과 실력이 대등한 학생들을 두 그룹으로 나누어 똑같은 조건에서 같은 문제를 주고 시험을 치르게 했다. 그런데 한 그룹의 학생들은 볼펜 끝을 입에 문 채로, 다른 그룹의 학생들은 볼펜을 가로로 물고 시험을 치르게 했다. 볼펜을 무는 방식은 시험에 아무 영향도 주지 않았을까? 그중 한 그룹의 학생들이 더 시험을 잘 봤다면, 그것은 어느 그룹이었을까?

이미 눈치 챈 분들도 있겠지만, 볼펜을 가로로 물고 시험을 치른 학생들의 성적이 더 좋았다. 왜 그랬을까? 볼펜 끝을 입에 문 채로는 웃는 표정을 짓기 어렵지만, 볼펜을 가로로 물면 얼굴은 활짝 웃는 표정이 된다. 즉, 웃는 표정을 지을 때 무의식적으로 촉발되는 즐거운 느낌이 문제 해결 능력까지 향상시켜 주는 것이다.

슬픈 추억과 관련된 노래를 들으면 슬픈 감정이 일어난다. 예를 들어 대학이나 입사 시험에 떨어지고 절망적인 심정일 때 들었던 슬픈 노래는 잊혀지지 않는다. 그 노래를 들으면 그때의 기억이 다시 떠오르고, 그때의 슬프고 우울했던 감정을 다시 느끼게 된다.

우리의 감정은 생각의 내용에 따른 연상 작용으로 일어난다. 볼펜을 가로로 입에 물면 웃을 때 움직이는 근육과 세포들이 자극을 받아 무의식적인 연상 작용이 일어난다. 웃을 때의 즐겁고 유쾌한 느낌이 자신도 모르게 일어나는 것이다. 그처럼 편안하고 즐거운 마음 상태에서는 지적이고 창조적인 활동이 활발하게 이루어진다는 것을 그 실험은 보여 주었다.

그런데 웃음은 실제 우리의 생활 전반을 완전히 다른 차원으로 바꾸어 준다. 어렸을 때 즐겨 불렀던 노래 중에 〈캔디〉라는 만화 영화의 주제가가 있었다. '웃으면서 달려 보자 푸른 들을, 푸른 하늘 바라보며 노래하자.'라는 가사의 이 노래를 초등학교 시절에 얼마나 많이 불렀는지 모른다. 산길을 신나게 달리며, 활짝 웃으며, 펄쩍펄쩍 뛰면서 노래를 불렀던 기억이 난다. 그런데 왠지 좀 외롭고 쓸쓸한 느낌이 들 때 이 노래를 부르면 정말 기분이 달라졌다. 실제로 웃음은 밝고 활기찬 느낌을 불러일으킴으로써 다른 세계를 인식하게 해 준다.

웃음은 집안 분위기를 바꾼다

웃음치료사협회 멤버들과 모임을 가지며 웃음과 관련된 여러 가지 사례들을 전해

들을 기회가 있었다. 그중에서도 재미있는 이야기는 '웃음 테이프'에 관한 것이다. 매우 괜찮은 방법이니 독자 여러분들께서도 해 보시기 바란다.

우선 눈에 잘 띄는 색의 스카치테이프를 구해서, 집 안에서 공간을 이동할 때마다 반드시 지나야 하는 거실 한가운데를 가로지르도록 그것을 바닥에 쫙 붙여 놓자. 그리고 가족회의를 해서 거실 바닥에 붙여 놓은 테이프를 '웃음선'이라고 명명하고, 누구든지 그것을 넘을 때는 무조건 웃기로 한다. 그리고 실제로 그 테이프를 넘어갈 때마다 웃는다. 화장실을 가면서도 "하하하!", 볼일을 보고 나와서도 "하하하!", 음식을 하려고 부엌으로 가면서 "호호호!", 설거지 마치고 나오면서 "호호호!" 하고 말이다. 이렇게 테이프를 넘어갈 때마다 웃으니 우울하고 불편했던 분위기가 밝아지면서 가족들이 건강하고 즐겁게 생활하게 된 사례들이 많다고 한다.

실제 생활에서 웃음을 활용해 본 사람들이라면 이와 비슷한 사례들을 많이 경험해 보았을 것이다. 우리 회사에서 진행하는 대개의 프로그램에도 웃음 코너가 포함되어 있다. 웃음은 교육에 참여한 사람들의 마음을 열어 주고 학습 능력을 향상시킬 뿐만 아니라, 그 자체가 자기 무의식을 변화시켜 삶을 탁월하게 바꾸는 핵심적인 교육 내용이기 때문이다.

언젠가 웃음에 대한 강의를 하면서, 앞서 다루었던 웃음의 효과에 대해 설명했던 적이 있다. 그런데 쉬는 시간에 가슴을 치며 후회를 하는 분이 있길래 "왜 그렇게 속상해하십니까?" 하고 여쭸다. 이유인즉

슨, 그분은 자녀들이 집에서 웃고 떠들면 "야, 시끄러워! 떠들려면 밖에 나가! 어디 시끄러워서 살 수가 있나? 집에 있으면 조용히 해야지. 아빠가 힘들게 일하고 들어왔는데 그렇게 웃고 떠들면 돼?" 하면서 야단을 치고 밖으로 쫓아냈다고 한다.

그런데 그분의 자녀들이 몸이 좀 약한 데다가 이유 없이 병에 잘 걸리곤 했단다. 그래서 '애들이 좀 약한 체질인가 보구나. 어떤 약을 먹여야 하나?' 하고 생각했는데, 강의를 듣고 보니 '그건 모두 내가 만든 거구나. 가장이라는 사람이 집에 가서 애들한테 인상 쓰면서 소리 지르고, 조금만 마음에 안 들면 욕하고 때리고 했으니 애들이 건강할 수가 없었겠구나.' 하는 생각에 마음이 아파졌다고 했다.

눈시울까지 붉어지며 진심으로 반성하는 그분을 위로하면서 "지금 그 사실을 발견하신 것도 훌륭한 일이지만, 실제로 웃지 않으시면 아무 소용없는 일 아닙니까? 우선 지금 한번 웃어 보세요."라고 했다. 그분은 계면쩍게 웃으면서 대답했다. "교육 끝나고 집에 가면 애들한테 먼저 미안하다고 사과를 하겠습니다. 그리고 앞으로는 집에 들어가서 제일 먼저 제가 웃어야겠습니다." 정작 웃음에 대해 강의를 했던 나도 그 순간만은 눈물이 핑 도는 것을 어쩔 수 없었다.

부딪치거나 넘어져도 웃는다

나는 어디서나 그렇지만, 집에 들어가서도 많이 웃는다. 아이들과 박수를 치며 함께 웃으면 즐거운 느낌이 배가된다. 그러다가 '좋아 박수'라는 것도 개발하여 교육 프로그램에서 많이 활용하고 있다.

먼저 박수를 짝짝 치고 나서 "좋아, 좋아." 하고 외치며 양팔을 왼쪽으로 한 번 오른쪽으로 한 번 터는 박수 방법인데, 참가자들의 반응이 아주 좋다. 단순하고 재미있으면서도 자기도 모르게 웃음이 나오는 것이다. 집에서 아이들과 놀면서 장난스럽게 "좋아, 좋아." 하다 보니 어느새 애들이 다 그걸 따라 하고 있었다. 내게는 아이가 셋 있는데 아직 모두 어려서, 첫째가 초등학교에 막 들어갔고 막내는 이제 겨우 "아빠"라는 말을 하기 시작했다. 그런데도 아이들은 그 느낌을 안다. 내가 하는 말과 행동을 그대로 흉내 내면서, 혼자서 걸어가다가도 자기도 모르게 "좋아, 좋아." 하면서 씩 웃는 것이다.

셋째 아이가 태어날 무렵에는 첫째와 둘째를 고향에 계시는 부모님께 보름 정도 맡겼더랬다. 요즘은 손자라도 선뜻 봐 주겠다는 부모님들이 많지 않다는데, 고맙게도 우리 부모님께서는 아이들을 진심으로 귀여워해 주시면서 "너희 애들은 우리가 키워도 되겠다!"라고 하셨다.

처음에는 그냥 걱정하지 말라고 해 주시는 말이라고만 생각했는데, 단순히 지나가는 농담이 아니었다는 것을 알고 놀란 적도 있었다. 부모님께서 보시기에 우리 아이들은 참 신기하게 밝고 명랑하다는 것이다. 아직 어린애인데도 어디에 쿵 부딪히거나 넘어져도 울지 않고, 음식을 먹을 때면 "잘 먹겠습니다."라고 인사를 하며, 다 먹고 나서는 "아, 좋다." 하면서 웃는다. 아장아장 걸어 다니다가도 혼잣말로 "좋아, 좋아." 하며 웃는 그 아이들이 어찌 귀엽고 사랑스럽지 않겠는가?

팔불출처럼 자식 자랑하자고 하는 이야기가 아니다. 나도 처음에는 아이에게 사랑받는 아빠가 아니었다. 아이를 사랑하는 마음은 있어도 표현할 줄 몰랐기 때문이다. 혼자 아이를 보아야 할 때면 나는 아이를 어떻게 다루어야 할지 난감하기만 했다. 심지어는 우는 아이를 달래다가 지치고 짜증이 나서 젖먹이를 침대에 집어 던진 적도 있었다. 그러니 아이가 아빠를 좋아할 리가 없었고, 아빠가 퇴근하고 돌아와도 멀리 달아나서 숨어 버렸다. 그래도 자식이라고 한 번 안아 주려고 하면 울음을 터뜨리기 일쑤였다. 다 내 탓인 줄 알면서도 서운한 느낌을 떨칠 수 없었다. 그리고 어떻게 해야 할지는 더더욱 알 수가 없었다. 그러나 웃음의 힘을 믿고 실천하자 처음에는 어색하기만 했던 웃음이 자연스러워졌고 아이도 함께 웃게 되었다.

나는 애들이 어디에 부딪히거나 넘어져도 걱정하지 않는다. 급하게 달려가서 "어떡해! 어떡해!" 하며 수선을 떨지도 않는다. 겉으로는 걱정하지 않는 척하면서 속으로는 불안해하는 것이 아니라, 진심으로 괜찮다는 것을 안다. "괜찮아! 일어나!" 하면서 한 번 웃어 준다. 물론 안아 주기도 하지만 아이가 '아프다'는 느낌을 계속 갖게는 하지 않는다. 대신 사탕을 주거나, 비디오를 보여 주거나, 놀이터로 데리고 가는 등 아이가 좋아하는 것을 해 준다. 그 순간에 그 아이가 즐거움을 느낄 수 있는 무엇인가를 해 주면서, 진심으로 즐거운 느낌을 일으켜 함께 웃는다. 그러면 조금 전에 부딪혔던 일이나 아픔도 잊어버리게 되고, 다음에 비슷한 사건이 일어나도 씩 웃게 된다.

억지로 웃어도
효과는 같다

북아메리카 체로키(Cherokee) 인디언들의
속담 중에는 이런 것이 있다. "네가 태어났을
때, 너는 울고 세상은 기뻐했다. 네가 죽을 때에는 세상이 울고 네가
기뻐할 수 있도록 삶을 살아라."

웃으면서 태어나는 사람은 없다. 그래서 웃음은 후천적으로 학습되
는 것이라고도 볼 수 있다. 하지만 사실은 웃음이야말로 본래 나의 모
습, 즐거움 자체를 몸으로 표현하는 것이다. 억지로 웃는 웃음도 자연
스러운 웃음과 같은 효과를 가진다고 한다. 그러니 처음에 어색하다고
중단하지 말고 계속 웃어 보자. 거울을 보면서 연습을 해도 좋다. "하,
하하, 하하하!" 하고 웃다 보면 자연스럽게 웃게 된다. 그리고 그 느낌
이 분명해진다.

『웃음은 최고의 전략이다』라는 책을 쓴 노사카 레이코[野坂禮子]는
웃음에 대해 다음과 같이 말한다.

"웃음은 사람들의 성공과 행복을 향한 방법이자 목표다. 웃음을 만
드는 활기는 삶 자체를 즐겁게 만들며, 소중한 자신의 본성을 마음껏
살려 준다. 자신의 사명을 알고 그것을 다하는 과정에서 활기는 되살
아난다. 그러면 필요한 능력은 자연스럽게 개발되고 기회도 찾아온다.
'운(運)'도 자신이 만드는 것으로, 언제나 잘 웃고 낙천적이며 늘 기뻐
하고 감사하는 사람은 좋은 사람과 일과 기회를 불러와 알파파를 일
으켜 건강해진다. 즉, '운'이 좋아진다."

내가 문제라고 생각하는 것들이 해결된 상황, 내가 가진 목표가 이

루어진 모습을 상상하며 웃어 보자. 문제가 해결되고 목표가 성취된 통쾌함과 즐거움 그대로를 웃음으로 표현하는 것이다. 그러면 놀랍게도 그것이 현실이 된다. 늘 건강하고 즐거운 생활, 만나는 모든 사람들에게도 기쁨을 주고 자신의 비전도 멋지게 성취하는 탁월한 삶을 위해 웃음은 반드시 필요한 것이다.

마사이 족의 기우제

최근 우리나라에 '걷기 열풍'이 불면서 마사이 족
이 유명해졌다. 마사이 족의 걷는 방식이 올바른 걷
기의 기준으로 알려지면서 '마사이 족 걷기'나 '마사이 족 신발'이라는
광고 문구가 여기저기 내걸리기 시작한 것이다. 원래 마사이 족은 아
프리카의 케냐와 탄자니아 지역에서 살아온 용맹한 부족이다. 내가 아
프리카에 대해 처음으로 관심을 갖게 된 것도 어렸을 때 마사이 족을
소재로 한 만화를 보고 감동을 받으면서였다.

그런데 언젠가 마사이 족이 기우제를 지내면 무조건 비가 온다는
얘기를 들은 적이 있다. '어떻게 그럴 수가 있을까?' 하며 깜짝 놀라 인
류학을 전공한 대학 동기에게 그것이 사실이냐고 물었더니 "그럼. 그
건 인류학자들도 인정하는 사실이야."라고 한다. 그것이 어떻게 가능

하냐고 물었더니 대답이 걸작이다. "야, 그거 아직 몰랐냐? 마사이 족은 비가 올 때까지 기우제를 지낸단 말이야."

나중에는 아프리카의 마사이 족만이 아니라 인디언 부족들도 그렇게 기우제를 지낸다는 사실도 알게 되었지만, 나를 감동시킨 것은 비가 올 때까지 기우제를 지내는 사람들의 분명한 믿음과 흔들림 없는 태도였다.

무의식은 언제나 의식을 이긴다

우리는 때로 변하지 않는 자신에 대해 절망하거나 포기해 버리는 경우가 있다. 내가 이렇게 변했으면 하고 바라는 모습이 있지만, 여러 번 변화를 시도해도 바뀌지 않는다는 생각이 들면 의외로 쉽게 포기해 버리는 것이다. 아침에 늦잠을 자는 사람은 10분만 일찍 일어나면 출근할 때 숨이 턱에 차도록 뛰지 않아도 된다는 것을 잘 알고 있다. 그러나 일어날 시간에 자명종이 울려도 10~20분 이불 속에서 더 뒹굴다가 시간이 촉박해져서야 일어난다.

대학 시절, 나는 '삼국지'라는 게임에 푹 빠져 지냈다. 한 지역에 나라를 세우고 중국을 통일하는 과정도 재미있었지만, 통일이 되고 나서 온 백성이 환호하는 장면이 나오면 마치 큰일을 해낸 것처럼 뿌듯한 느낌까지 들었다. 그러니 학교생활이 제대로 될 리 없었다. 방학 때는 1주일이나 열흘 동안 먹는 것과 자는 것도 잊어버리고 게임을 했다. '이제는 그만해야지.'하는 생각이 들다가도, 컴퓨터만 보면 '딱 한 시간만 해야지.' 하고 밤을 새 버리는 것이었다. 그래서 '스타크래프트'라는 인기 절정의 온라인 게임은 배우다가 그만두었다. 그때는 학원에서 영어 강의를 막 시작한 무렵이었는데, 그 게임을 더 배우다가는 그것에 빠져서 인생을 망칠 것 같은 생각이 들었던 것이다.

늦잠이나 인터넷, 컴퓨터 게임만이 문제가 아니다. 생활의 면면들을 자세히 살펴보면 내가 하는 행동 하나하나가 무의식에 프로그래밍되어 있다는 사실을 발견하게 된다. 부모님께 좀 더 예의 바르고 다정하게 말하고 행동할 수도 있는데, 정작 어머니나 아버지를 대하면 무뚝뚝한 말과 행동이 나온다. 사랑한다는 말도 해 드리고 싶지만, 선뜻 행동으로 옮겨지지는 않는다.

일찍 집에 들어가서 밤늦게까지 해야 할 일이 있어도, 친구들이 술 한잔 하자고 하면 꼼짝없이 끌려간다. 다음 날 벌어질 불편한 일들이 비디오처럼 뻔히 보여도 거절을 못 하는 것이다. '나는 왜 진심을 표현하지 못할까?', '나는 왜 안 된다고 분명히 말하지 못할까?' 하고 고민해 봐야 소용이 없다. 무의식은 우리의 의지나 생각과 상관없이 작용하는 것이기 때문이다.

우리가 감각적으로 지각하고 판단하는 것과 연상되는 생각들은 모두 '표면 의식'이다. 우리가 '깨어 있다'고 할 때의 의식은 사실 '표면 의식'이라고 부를 수 있는 얕은 의식인 것이다. 그러나 현실에서 실제로 경험하는 상황이나 사건은 보다 깊은 의식인 무의식이 투영된 것이고, 표면 의식은 무의식이 투영된 조건과 상황에 수동적으로 반응한다. 그렇기 때문에 무의식은 언제나 의식을 이기며, 무의식을 변화시키지 않고서는 근본적인 변화가 불가능하다.

'담배를 끊어야지. 이제 더 이상은 담배를 피우지 않을 거야.'라고 마음먹어도 옆에 있는 친구가 담배를 피워 물거나, 술을 한잔 마실 때면 자기도 모르게 담배에 손이 간다. 그렇게 한 번 담배를 피우면 계속해서 피우게 된다. '담배를 피우고 싶어도 참아야지.'라고 표면 의식으로 생각할 때 무의식은 이미 담배를 피우고 싶은 느낌을 강하게 일으킨 것이다.

임계점을 돌파하라

물리학에서 임계점(臨界點)이라는 것은, 물질의 구조와 성질이 다른 상태로 바뀔 때의 온도와 압력을 가리킨다. 다시 말해 고체가 액체로, 혹은 액체가 기체로 변화하는 온도와 압력을 수치로 측정한 점이 임계점인 것이다.

시험관에 물을 넣고 알코올램프로 가열하면 물의 온도가 점점 올라간다. 그러나 98℃나 99℃까지만 물을 가열한 사람은 물이 수증기로 변하는 장면을 볼 수 없다. 물이 수증기로 변하는 것을 보려면 반드시 임계점인 100℃까지 끓여야 한다. 온도의 차이로만 보면 30℃와 80℃의 사이가 훨씬 더 크다. 그러나 99℃와 100℃의 차이는 불과 1℃인데도, 그 1℃는 질적인 변화가 일어나는 절대적 차이가 된다. 물을 99℃까지만 가열해 본 사람은 물이 아래로 흐르는 것밖에 모르지만, 100℃까지 끓여 본 사람은 물이 하늘로 올라간다는 것을 알게 되는 것이다.

이것을 총을 쏘는 것에 비유하자면, 방아쇠에 걸어 놓은 검지에 힘을 주고 조금씩 당기다가 '탕!' 하고 총알이 나가는 순간이 임계점이다. 총을 쏘는 것을 목표라 하면, 우리가 할 일은 총알이 발사될 때까지 힘껏 방아쇠를 당기는 것이다. 누군가가 무엇에 '실패했다'는 이야기를 자주 듣는데, 도대체 무엇이 '실패'인가? 마사이 족이 기우제를 시작한 지 하루가 지나도 비가 오지 않으면 실패인가? 마사이족이 기우제를 중단하면 영원히 비가 오지 않는가? 때가 되면 비는 언젠가 오기 마련이다. 다만 이미 자신에게 갖추어진 무한 능력을 아는가의 여부, 그리고 그 능력을 얼마나 자신의 비전에 집중해서 활용하는가에 따라 걸리는 시간과 결과가 다르게 비춰질 뿐이다. 실패는 없다. 포기하거나 중단하지 않고 계속하면 누구라도 결국은 자신이 목표한 결과에 도달할 수 있는 것이다.

성공한 사람들의 이야기에는 포기나 중단이 없고, 포기하고 중단한 사람들의 이야기에는 성공이 없다. 하지만 누구라도 다시 시작하고 계속하면 똑같이 성공과 행복을 누리는 삶이 된다. '나는 왜 이렇게 안 변하지?'라고 생각하면, 생각하는 대로 변하지 않는 현실이 전개될 것이다. 그런데 '아니야. 나는 무한한 능력을 가지고 있어. 내가 바라는 것들은 이미 내 안에 이루어져 있는 거야. 난 다만 그것이 눈앞에 펼쳐지도록 주어진 일들을 즐겁게 하기만 하면 돼.'라고 생각하고 비전에 몰입하면 무의식도 변한다.

좋은 생각과 느낌을 끊임없이 입력시키다 보면 무의식이 질적인 변화를 일으키는 순간이 분명히 찾아온다. 방아쇠를 당겨서 총알이 '탕!' 하고 발사되는 것처럼, 물이 100oC가 되어 수증기로 변하는 것처럼,

그렇게 유쾌하고 즐거운 변화가 시작되는 것이다.

절대
포기하지 마라

운영하던 학원이 망하면서 빚더미에 오르고, 아이도 아프고 나도 아프고, 부부 관계는 최악으로 치달았을 때, 한 학생의 노트에 끼워져 있던 시 한 편이 나의 생각을 바꾸어 주었다. 너무 고통스러워 모든 것을 다 포기하고 싶었던 그 시기에 나를 지탱해 주었던 그 시를 소개한다.

포기하지 말아야 할 때

때로 일이 잘 되지 않을 때
그대가 걷고 있는 길이 내내 언덕길일 때
자금은 얼마 없고 빚은 많을 때
웃고 싶어도 한숨지어야 할 때
걱정이 그대를 내리누를 때
쉬어야 한다면 쉴 것이나 포기하지 말지니
우리 모두가 알게 되듯이
인생이란 굴곡이 있는 이상한 것이며
많은 실패가 방향을 바꾸리니 참고 견디면
이길 수 있으리.
속도가 느리더라도 포기하지 말지니
또 한 번 바람이 불어 성공할 수 있으리.

성공이란 안에서 거절당한 실패.
아주 멀어 보일 때도 가까운지 모르니
그대가 포기하지 말아야 할 때는
가장 힘들 때이리라.

나 자신에게 실망하고, 삶을 변화시킬 아무 방법도 보이지 않아 눈 앞이 캄캄했던 시절에 이 시는 큰 힘이 되었다. 그리고 얼마 지나지 않아 그때는 상상도 하지 못했던, 놀라운 삶의 변화를 경험하고 활기찬 삶을 살게 되었다. 지금 주어진 현실이 너무 가혹하게 느껴지는가? 자신이 무력하다고 느끼는가? 이때 포기하지 말아야 할 것은 자신이 무한 능력의 존재이며 감사함 자체라는, 본래적인 자기에 대한 인식이다.

지금은 자신의 약점이 더 많이 보이고, 탁월한 존재로서의 자신을 자각하고 삶을 변화시키는 것이 요원한 꿈으로 여겨질 수도 있다. 그러나 자신이 정말 바라는 모습이 현실로 나타날 때까지, 주어진 역할에 몰입하여 즐겁게 그 일을 계속하라. 방아쇠가 임계점을 돌파하면 총성이 울리듯, 그 즐거운 몰입의 끝에서 당신의 성공을 축하하는 팡파르가 울릴 것이다.

반복을 즐겨라

내가 생각하고 바라는 것이 실제로 이루어진다는 것은 그것이 내 마음의 필름에 선명하게 새겨졌다는 것, 다시 말해 내 무의식이 변화되고, 그것에 새겨진 모습이 현실로 투영되어 나타난다는 것을 뜻한다. 그렇다면 어떻게 해야 내가 바라는 모습을 무의식에 새겨 넣어 현실을 바꿀 수 있는가? 비결은 반복이다.

말하기, 읽기, 쓰기부터 시작해서 걷기, 줄넘기, 자전거, 운전, 젓가락질, 타자, 수영, 스키, 노래, 피아노, 춤, 게임 등 우리가 당연히 여기고 자연스럽게 하는 행동들 중 어느 것 하나 반복하지 않고 익힌 것은 없다. 마찬가지로, 자신이 바라는 멋진 삶이 당연하고 자연스러운 것이 되게 하려면 멋진 생각을 반복하여 최고의 정서를 지속적으로 일으키고 그것이 무의식에 녹아들게 하면 된다.

자칫 지루할 수도 있을 지속적인 반복을 쉽고 재미있게 하는 방법은, 반복 자체를 게임처럼 즐기는 것이다. 내가 진정으로 원하는 비전이 성취된 모습이 처음부터 생생하게 느껴지지는 않을 것이다. 그러나 그것을 이루게 해 주는 것이라면 고맙고 즐거운 일이 아니겠는가?

고등학교 시절, 어느 날 갑자기 형이 기타를 들고 와서 연습을 시작했다. 코드도 잘 맞지 않는 기타를 튕기며 큰 소리로 노래를 부르는데, 밤낮을 가리지 않고 같은 노래를 반복해서 불렀다. 처음에는 그러려니 했지만, 며칠이 지나도록 계속 불러 대니 같은 방을 쓰는 내가 불편하지 않을 수 없었다. 그 정도 했으면 지겨울 법도 한데, 오랜 시간 연습을 하면서도 형은 계속 싱글벙글 웃는다. 알고 보니 좋아하는 여자에게 들려주기 위해 연습하는 것이란다. 사랑하는 사람을 위해 반복하는 기타 연습은 즐겁기만 한 것이다.

성공하는 사람은 반복을 즐긴다

김연아 선수가 피겨 스케이팅 경기를 하는 모습은 정말 감동적이다. 실력도 실력이지만, 그녀가 하는 연기에는 다른 어느 나라 선수들보다 강렬한 느낌이 있다. 스케이팅도 매끄럽고, 점프와 회전에 이어지는 착지는 가히 예술이라고 할 만큼 훌륭하다. 손짓과 발짓, 몸의 움직임 하나하나도 당당하고 우아하다. 그녀의 연기는 칭찬의 말들 중에서도 가장 좋은 표현을 찾고 싶어질 만큼 아름답다. 자기가 하는 일에 즐겁게 몰입하여 연기하는 열정이 감동적으로 전달되기 때문이다.

김연아 선수는 몇 번이나 연습해서 그렇게 훌륭한 점프와 회전을 할 수 있게 되었을까? 처음 스케이트를 배울 때부터 지금까지 수없이 넘어지면서 반복하며 배웠을 것이다. 그런데 넘어지고 상처 나는 것이 아프고 힘들어서 하기 싫었다면 지금처럼 탁월한 기량을 갖출 수 있었을까? 더구나 얼음판 위의 발레리나처럼 화려하고 아름다운 연기와 환한 표정은 더더욱 불가능했을 것이다.

정말 좋아서 하는 것이기 때문에 반복되는 연습도 즐거운 것이 되고, 그것을 지켜보는 사람들의 눈에도 그렇게 아름다워 보이는 것이다. 김연아 선수는 "내가 재미있게, 재미 삼아 하는 게 연기에도 잘 배어 나오는 것 같아요."라고 말한다. 자신이 하는 일에서 재미를 느끼고 반복을 즐길 때 눈부신 결과가 나오는 것은 당연한 일이다.

하지만 성공한 사람들이라고 해서 언제나 그 일이 즐겁기만 했던 것은 아니다. 현재 독일 슈투트가르트 발레단의 종신 회원이자 수석 발레리나인 강수진도 그랬다. 12세부터 발레를 시작한 그녀는 1985년 동양인으로는 최초로, 세계 최고 권위의 주니어 발레 대회인 스위스 로잔 콩쿠르에서 1위를 차지했다. 그리고 21세에는 역시 동양인 최초로 독일 슈투트가르트 발레단에 입단했다.

그러나 프로의 세계는 냉정했다. 그녀는 밑바닥부터 다시 시작해야 했다. 처음 얼마 동안은 공연 출연조차 할 수 없었다. 군무(群舞)의 일원으로 겨우 무대에 서기는 했지만, 실수를 연발하여 다음부터는 그런 기회조차 주어지지 않았다. 그녀는 지하 셋방에서 초라한 겨울을 보냈고, 외로움과 스트레스로 체중이 56킬로그램까지 늘었다. 발레를 그만 둘까 심각하게 고민했고 너무 힘들고 답답해 죽어 버리고 싶다는 생각도 들었다.

하지만 그렇게 물러설 수는 없었다. 그녀는 연습장으로 가서 시간 가는 줄도 모르고 발레 연습에 몰입했다. 남들이 4~5일씩 신는 토슈즈를 하루에 서너 켤레씩 갈아 신을 만큼 연습에 몰두하며 치열하게 무대에 섰다. 그녀는 후에 이렇게 말했다.

"남들과 경쟁하는 것보다 내가 발전하는 것이 너무 재미있어서 더 열심히 연습했고, 발이 엉망이 되는 고통도 감수할 수 있었다. 나는 발레를 하며 다른 누구보다 즐기는 삶을 누린다."

그리하여 그녀는 입단 3년 만에 처음으로 솔로를 맡았고, 4년 뒤인 1993년에는 드디어 주역을 맡는 프리마 발레리니가 되었다. 그리고 1999년, 발레의 아카데미상이라고 할 만큼 세계적으로 권위 있는 '브누아 드 라당스(Benois de la Danse, '춤의 영예'라는 뜻)'의 최고 여성무용수상을 받으며 세계 정상의 발레리나로 인정받았고, 2007년에는 지금까지 네 명밖에 선정되지 않은 독일 최고의 궁정 무용가인 '캄머탠처린(Kammertänzerin)'에 뽑혔다. 이처럼 성공하는 사람들은 반복을 즐기는 사람들이다.

즐겁게 반복하여 탁월한 성과를 낸다

한동안 우리나라 사람들에게 있어 축구는 무슨 일이 있어도 이겨야 하는 전쟁이었다. 특히 일본과의 경기에서 패하는 것은 용납되지 않았기에 선수들은 그야말로 목숨을 걸고 시합을 했다. 그렇기 때문에 선수들은 전투병을 양성하는 것처럼 혹독한 훈련을 거쳐야 했다. 축구 기량을 연마하기 위해 반복하는 연습은 고통이었고, 축구를 한다는 것은 굉장히 어렵고 힘든 일이었다.

그러나 요즘 우리나라에서는 축구는 물론 스포츠 전반에 대한 생각이 많이 달라졌다. 승부도 중요하지만, 가장 중요한 것은 시합을 즐기는 것이라는 인식이 확산된 것이다. 이러한 변화를 이끌어 내는 데는 2002년 월드컵 당시 축구 대표팀 감독을 맡았던 히딩크 감독의 역할이 컸다. 그는 승부에만 집착하는 선수들을 만류하며 "축구는 재미있게 하는 것이다. 이기려고만 하지 말고 축구를 즐겨라."라고 말하며 코치, 선수들과 어울려 뒹굴며 놀았다.

이것을 보고 옛날 사고방식에 젖어 있는 기자들은 신랄한 비판을 던졌다. 우리나라에서 월드컵을 개최하는데, 아직 월드컵에서 1승도 못 해 본 팀이 저렇게 설렁설렁 연습해서 좋은 성적을 낼 수 있겠느냐는 것이 그 요지였다. 히딩크 감독은 그런 평가에 아랑곳하지 않고 프랑스나 잉글랜드 같은 외국 강팀들을 초청해서 평가전을 했다. 그리고 매번 큰 점수차로 졌다. 심지어 프랑스와의 경기에서는 5:0으로 패하며 '오대영 감독'으로 불리기까지 했다.

그래도 그는 흔들리지 않고 소신대로 팀을 이끌어 갔다. 히딩크 감독이 우리 대표팀 선수들에게 가르치고 보여 준 것은, 이기고 지는 것에 연연하지 않고 축구를 즐길 때 가장 탁월한 결과가 나온다는 아주 간단한 원리였다. 그리고 결과는 그의 생각대로 되었다. 전에는 감히 넘보지도 못했던 이탈리아나 스페인과 같은 강팀들을 꺾고 월드컵 4강이라는 기적적인 성과를 거둔 것이다. 그는 반복을 즐기는 것이 얼마나 탁월한 방법인가를 온 국민에게 입증해 보였다.

공자는 『논어(論語)』에서 "아는 사람은 좋아하는 사람만 못하고, 좋아하는 사람은 즐기는 사람만 못하다(知之者 不如好之者 好之者 不如樂之者)."라고 말한다. 여기서의 '아는 사람(知之者)'은 단순히 지식만을 가진 사람이고 '좋아하는 사람(好之者)'은 보다 집중된 관심과 긍정적인 정서를 느끼는 사람, 그리고 '즐기는 사람(樂之者)'은 그것에 완전히 몰입하여 즐기는 사람이다. 공자가 '즐기는 사람'을 가장 탁월하게 여기는 것은 당연한 일이다. 열심히 노력해서 지식을 쌓고 목표를 성취할수도 있지만, 그것이 즐겁지 않다면 무슨 소용이 있겠는가? 노력하는 사람은 즐기는 사람을 따라갈 수 없다. 즐기는 사람은 이미 목표가 이루어진 것을 보고 느끼며 감사하는 사람이기 때문이다.

내가 정말 원하는 나의 삶, 나의 모습을 다시 떠올려 보자. 그것을 성취하기 위해 반복해야 할 일은 무엇인가? 그것이 구체적으로 분명해졌다면 그 일을 지금 당장 실행하라. 그리고 그것을 즐겁게 반복하라. 의식에서 반복하여 무의식이 변하는 순간, 그래서 현실이 완전히 변화되는 임계점의 순간까지 포기하지 않고 자신이 해야 할 일을 즐겁게 반복한다면 내일의 성취를 오늘도 누리는 유쾌한 삶이 될 것이다. 그렇게 완전히 새로운 차원의 삶에 들어설 때까지, 마사이 족의 기우제처럼 반복을 계속하라.

Reset Point

● 웃음은 면역력을 강화시키고 신진대사를 활발하게 해 줄 뿐만 아니라 지적이고 창의적인 활동도 촉진한다.

● 웃음은 즐겁고 활기찬 생명력을 불러일으켜 불치병을 치료함은 물론 인간관계도 개선시킨다. 억지로 웃어도 자연스러운 웃음과 같은 효과가 있으니 일단 웃어야 한다.

● 무의식적으로 습관화된 행동들이 잘 바뀌지 않는 이유는, 의식과 무의식이 충돌할 때 언제나 무의식이 이기기 때문이다.

● 자기가 하는 일을 즐겁게 반복하면, 어느 순간 무의식의 임계점을 돌파하여 성공을 경험하게 된다. 비전에 대한 열망으로 반복을 즐길 때 탁월한 결과가 나타나는 것이다.

Reset Guide

1. 하루를 웃음으로 시작한다.

아침에 일어나 양치질을 하기 전에 거울 앞에서 칫솔을 가로로 문채 가장 재미있고 밝은 표정으로 미소를 지어 보자. 샤워를 할 때도 내가 좋아하는 노래들 중 가장 힘차고 신바람 나는 노래를 웃는 표정으로 크게 불러 보자.

2. 하루에 10번 이상 웃는다.

사람들과 눈이 맞으면 무조건 미소를 짓고, 출퇴근할 때 한 번씩 큰소리로 "하하해" 하고 웃어 보자. 매일 한 가지씩 재미있는 이야기를 발굴하여 만나는 사람들에게 전해 주고 함께 웃는 것도 좋다.

3. 비전과 현재 업무를 연결한다.

현재 내가 하고 있는 일을 비전을 향해 가는 과정으로 여기고 그것에 감사하자. 자꾸 잊어버리는 기계의 사용법이나 늘 점검하고 실행해야 하는 사항인데도 습관적으로 실수하는 것이 있으면 즐겁게 반복해서 완벽하게 익혀 보자.

Step 5

진정한
행복을 누린다

진짜 나를 발견하라

RESET

⏻

우주의 정신은 우리를 붙잡아 두거나 구속하지 않고,
우리를 한 단계씩 높이며 넓히려 한다.

여행을 떠날 각오가 되어 있는 자만이
자기를 묶고 있는 속박에서 벗어나리라.

그러면 임종의 순간에도 여전히
새로운 공간을 향해 즐겁게 출발하리라.

우리를 부르는 생의 외침은 결코 그치는 일이 없으리라.

– 헤르만 헤세(Hermann Hesse)

나는 온 우주의 창조자다

대부분의 사람들은 '나는 무엇인가?'라고 스스로 질문을 던져 보아도 분명한 답을 떠올리기 어렵다. 앞에서도 살펴보았지만, 우리는 대개 자신을 이름, 나이, 신체적 조건, 직업, 직급, 소속 집단, 별명, 인간관계 등에 기반을 두고 규정한다. '나'는 줄곧 육체적 존재로 인식되는 것이다.

'나'에 대한 이런 생각은 자신이 다른 사물이나 사람들과 육체적으로 분리되어 있다는 인식에서 출발한다. 어린아이들이 성장하는 모습을 잘 살펴보면 에고가 형성되는 과정을 관찰할 수 있다. 아이들이 젖먹이일 때는 나와 남의 구별이 없고, 심지어는 자기 손가락과 자기가 가지고 노는 장난감의 차이도 인식하지 못한다고 한다. 손가락이나 장난감 모두 자기가 경험하는 세계에 속한, 자신의 일부이기 때문이다.

그러나 여러 가지 감각적 경험을 통해 분별력이 일어나기 시작한다. 손가락이 책상에 부딪힐 때는 아픈데 장난감이 책상에 부딪힐 때 나는 아프지 않으니 장난감과 나는 별개라고 생각하게 되고, 내가 주사를 맞을 때에는 따끔한 것이 느껴지는데 언니가 주사를 맞을 때 나는 아무렇지도 않으니 언니와 내가 다르다고 생각하게 된다. 아이들은 이런 경험을 통해 다른 사람과 사물들을 자신과 구별하여 '나'의 존재를 인식하고 규정한다. '이렇게 감각적으로 경험되는 것이 나구나.', '나는 키와 몸무게, 생김새로 구별되는 육체적인 존재구나.'라고 생각하는 것이다. 그리고 반복적인 경험과 강화된 자기규정을 통해 자신은 육체적인 존재라고 의심의 여지 없이 믿어 버린다.

눈에 보이는 육체를 자기와 동일시하고 그것을 기준으로 모든 것을 판단하는 우리의 성향은 그렇게 만들어진다. 그래서 자신의 외모에 지대한 관심을 갖고, 더 멋지고 예쁜 모습이 되려고 노력한다. 또 더 좋은 옷을 입거나 더 맛있는 음식을 먹고 싶어 하고, 더 넓고 아름다운 집과 고급 자동차를 갖고 싶어 한다. 보다 안락하고 편안한 생활과 함께 보다 건강해지고, 보다 오래 살기를 원한다. 그리고 이 모든 것들을 위해 돈이 필요하다고 생각하여 더 많은 돈을 벌고 싶어 하는 것이다.

육체적인 활동도 마음의 작용이다

그런데 정말 그런가? 나는 신장과 몸무게의 수치로 설명되는 육체적인 존재, 한 번 태어나 길어야 100년 정도 살다가 사라지는 존재에 불과한 것인가? 이에 관해 좀 더 깊고 치밀하게 생각해 보자. 어쩌면 나는 그 이상의 존재일 수도 있지 않은가.

언젠가 신문의 해외 토픽란에 이런 기사가 실렸다. 걸음마를 막 시작한 아기가 엄마와 함께 동물원에 갔는데, 엄마가 잠깐 한눈을 파는 사이에 아이의 몸이 쇠창살 사이로 빠져 호랑이 우리 안으로 들어가 버렸다. 엄마가 아이를 발견한 순간, 이미 호랑이는 아이를 향해 다가가고 있는 중이었다. 깜짝 놀란 엄마는 자기도 모르게 쇠창살을 구부리고 우리 안으로 들어가 아이를 구했다. 어떻게 이런 일이 가능할까?

어떤 사람은 이런 초인적인 능력조차도 물질적인 현상으로 이해한다. 성인 남성의 넓적다리는 1톤 무게의 물체도 들어 올리는 힘을 발휘할 수 있지만, 그 힘을 모두 쓰면 근육이 파괴된다고 한다. 평소에 근육이 그 힘의 10퍼센트조차도 사용하지 않는 것은 뇌가 그렇게 무모한 명령을 내리지 않기 때문이라는 것이다. 근육의 무모한 힘을 제한하는 것은 신경인데, 우리가 있는 힘껏 근육에 힘을 주면 해당 신경들이 명령에 반응하지만 모든 신경 세포가 반응하는 것은 아니다. 따라서 근섬유의 일부는 수축하지 않아 여력이 있는 상태가 되고, 사용되지 않는 여분의 힘이 특별한 순간에 초인적인 힘으로 발휘된다는 것이다. 그리고 이 여력을 사용하여 보다 강력한 힘을 발휘하게 하는 인위적인 방법들로는 소리를 지르거나, 이를 악물거나, 뺨을 세게 때리거나, 심지어는 약물을 사용하는 방법들이 있다고 한다.

상당히 합리적인 설명으로 보이기는 하지만, 왜 평소에는 10퍼센트도 발휘되지 않던 힘이 '특별한 순간'에는 초인적이라 할 정도로 크게 발휘되는지, 그리고 왜 소리를 지르거나 약물을 사용하면 더 큰 힘이 발휘되는지에 대한 설명은 없다. 인간을 물질로 구성된 육체적 존재로 보기 때문이다. 하지만 인간은 육체적인 존재가 아니라 정신적인 존재이며, 눈에 보이게 신체적인 활동으로 보이는 것들도 모두 마음의 작용이라는 사실을 알면 그에 대한 설명도 가능해진다.

친구들과 어울려 웃고 떠들며 즐겁게 점심 식사를 할때는 음식이 어떻게 소화되었는지 기억도 나지 않는다. 그런데 저녁 때 아버지의 꾸지람을 듣고 울면서 식사를 했다면, 대개의 경우 그 음식은 소화가 안 되고 체하고 만다. 불과 반나절 사이 위장의 기능에 이상이 생긴 것도 아닌데, 왜 그런 것일까? 위장이 기계적으로 작동하는 장치라면, 그것이 가지고 있는 성능은 상당 기간 유지되고 발휘되어야 한다. 그러나 마음의 상태에 따라 신체적으로 발휘되는 능력은 엄청난 차이를 보인다. 눈에 보이는 모든 것이 사실은 마음에 따라 좌우되는 것이기 때문이다.

잡념 없이 집중된 생각은 인간으로 하여금 초인적인 힘을 발휘하게 한다. 내면의 무한 능력이 집중된 생각을 통해 강력하게 분출되기 때문이다. 이 책의 앞부분부터 '자신이 간절히 원하는 비전에 집중하라'고 여러 번 강조한 것은 바로 이 이유 때문이다. 신체적인 조건으로 볼 때 연약하기 그지없는 여인이 굵은 쇠창살을 단번에 구부린 것은 목표에 집중하여 내면의 무한 능력을 발휘했기 때문이다. 소리를 지르거나, 이를 악물거나, 뺨을 세게 때릴 때 보다 강력한 힘이 발휘되는 것역시 그런 행동을 할 때 잡다한 생각들이 사라지고 자신이 목표로 하는 결과에 집중하는 것이 가능해지기 때문이다. 약물을 사용하는 것은 가장 나약한 수준의 방법이지만, 그것이 보다 강한 힘을 내게 해 준다는 것을 무의식적으로 확신하고 있기 때문에 효력을 발휘하는 것이다.

온 우주가 내 안에 있다

지금 내가 책상에 앉아 이 책을 읽고 있다고 가정해 보자. 나는 방 안에 있고, 고개를 돌리면 창문이 보이고, 시선을 위로 향하면 보면 천장과 전등이 보인다. 뒤로 젖혔던 고개를 내려 아래를 보면 책상과 그 위에 놓인 컴퓨터 모니터와 프린터가, 그 아래로는 내가 앉아 있는 의자와 책상 밑에 둔 휴지통이 있다. 내 신체를 기준으로 놓고 보면 모두 나와 분리되어 있는 것들이다. 그러나 이 모든 것들이 내 의식에 펼쳐진 것들이라고 보면 그것에 대한 인식도 달라진다. 창문, 천장, 책상, 의자는 물론 내가 읽고 있는 책과 그것을 들고 있는 나의 손, 나의 신체도 내 의식의 스크린에 비춰져 있는 것이다. 내가 방 안에 들어와 있는 것이 아니라, 내 몸은 물론 내 방과 그 안에 있는 모든 것들이 내 마음 속에 있는 것이다.

이것을 좀 더 확장시켜서 생각하면, 우리 집, 내가 살고 있는 도시, 우리나라, 지구, 태양계와 은하, 온 우주가 모두 내 의식의 스크린에 비추어진 것이다. 인간이 육체적인 존재에 불과하다고 생각하면 나는 이 어마어마한 우주의 지극히 작은 한 점에 불과한, 정말 보잘것없는 존재다. 하지만 나는 감각으로 지각되고 판단되는 현상의 근원, 보다 깊은 의식인 정신적 존재다. 눈에 보이고 귀에 들리고 촉감으로 느껴지는 모든 것들이 모두 내 마음이 비추인 것이라는 점을 생각해 보면, 나는 이 모든 것들의 창조자와도 같다. 이미 소개했듯이, 양자물리학의 관점에서만 보더라도 물질적인 형태로 존재하는 모든 것들은 마음의 작용에 의해 그 성질을 부여받는 것이다.

양자물리학에 따르면 진공을 포함한 온 우주가 모두 에너지의 파동으로 구성된 것이다. 하지만 우리가 경험하는 세계는 에너지의 파동이 아니라 다양한 속성을 지닌 물질들로 이루어진 세계다. 그렇다면 우리의 감각으로 분명히 지각하게 되는 물질의 형태와 성질은 무엇이 결정하는 것일까? 지금 읽고 있는 이 책도 하나의 물질적 형태와 속성을 가지고 있다. 근본적으로는 이 책도 에너지의 파동으로 구성된 것일 텐데, 그러면 이 책의 표지 디자인, 편집 형태, 글씨체, 종이의 종류와 질, 두께 등은 어떻게 결정된 것인가? 이것은 모두 책을 디자인한 사람의 마음에 분명하게 떠오른 생각이 온 우주에 가득한 에너지를 조합하여 물질적인 형태로 비추어 낸 것이다.

그러면 어떤 분들은 "책의 디자인이나, 구성, 재료 선택 등은 디자이너가 할 수 있지만 종이라는 물질과 그것의 재질, 인쇄용 잉크, 그 잉크의 빛깔과 성질까지 결정하는 것은 아니지 않습니까?"라는 질문을 던진다. 예리한 질문이긴 하지만 그 생각의 출발점은 인간을 육체적인 존재로 바라보는 관점이다. 육체적 인간은 당연히 물질의 속성을 결정할 수 없기 때문이다.

그러나 재료에 해당하는 물질의 속성이 결정되는 것은 유명한 심리학자 융이 이야기했던 것보다 훨씬 더 포괄적이고 근본적인 의미의

'집단 무의식'이 작용한 것으로 볼 수 있다. 내가 한 치의 의심도 없이 인정하는 것이 현실이라고 할 때, 많은 사람들이 동시에 무의식적으로 인정하는 생각은 대부분의 사람들이 공통적으로 경험하는 현실을 비추어 낸다. 그것이 흔히 '객관적 세계'로 여겨지는 물질적 현상이다. 그러나 이 역시도 마음이 비추인 것에 다름 아니다. 그러므로 이 책이 이런 형태와 속성을 지니게 된 것은 모두 이 책을 디자인한 사람의 마음에 떠오른 생각들 때문이라고 할 수 있다.

또 한편, 이 책은 내가 서점에서 사 왔거나 어디에서 빌려 온 것이라고 단순하게 생각할 수도 있다. 그러나 이 책은 이것을 만들어 낸 제작자의 마음에 있었던 것임과 동시에 이미 내가 마음에 그리고 선택한 것이다. '이런 책을 읽어 볼까?' 하는 무의식적인 바람과 '이런 책이 나타날 거야.'라는 무의식적인 생각과 인정이 지금 내가 이 책을 읽고 있는 현실을 만들어 낸 것이다.

사실 눈에 보이지 않는 마음과 의식은 말로 설명하기도 쉽지 않고 이해하기도 어렵다. 이제까지 물질적인 세계관에 익숙해진 생각의 습관의 뿌리가 깊고, 감각적으로 지각되는 모든 것들을 육체적 존재로서의 나를 기준으로 해석해 왔기 때문이다. 따라서 이 모든 경험의 근원이 되는 깊은 의식으로서의 본래적인 자기를 알기는 쉽지 않다. 그러나 지금까지 살펴보면서 분명해지지 않았는가? 내가 우주 안에 있는 것이 아니라, 우주가 내 안에 있는 것이다. 온 우주는 나의 마음이 비추어진 것이다. 그래서 나는 온 우주의 창조자다.

나는 무한 능력의 존재다

육체적인 존재는
유한하다

육체적인 존재로만 생각하면 나는 무한 능력의 존재일 수 없다. 세계에서 가장 키가 큰 사람도 2.5미터를 넘지 않고, 세계에서 가장 몸무게가 많이 나가는 사람도 750킬로그램을 넘지 않는다. 육체적으로 아무리 강력한 힘을 발휘한다고 해도 500킬로그램 이상의 무게가 나가는 물건을 단번에 들어 올릴 사람은 없다. 설령 그 이상의 몸집과 힘을 가진 사람이 있다고 하더라도, 그것은 지구를 움직이는 힘과 비교한다면 지극히 제한된 능력에 불과하다.

'무한 능력의 존재'라는 표현은 자기 마음을 비추어 온 우주를 창조해 내는 정신적인 존재, 그리고 그 마음을 바꾸어 물질적인 것을 포함한 모든 현실을 바꿀 수 있는 존재임을 의미한다. 내가 육체적인 존재에 불과하다면 물질적인 신진대사에 의해 작동되는 기계와 다를 바가 없다. 그러나 우리는 물질적인 존재가 아니라 정신적인 존재다.

앞서 예로 들었던, 위장의 소화 능력이 마음 상태에 따라 달라지는 것을 양자물리학의 관점에서 살펴보자. 모든 물질이 그러하듯 위장도 에너지의 파동이 물질적 형태로 홀로그램화된 것이다. 그리고 그것의 형태와 성질, 성능은 보다 근원적인 마음의 파동에 영향을 받아 변한다. 때문에 마음에 즐거운 파동이 일어나면 위장을 구성하고 있는 모든 에너지들이 즐거운 파동으로 반응하여 소화 작용을 활발하게 하고, 우울하고 슬픈 파동이 일어나면 위장도 그것에 반응하여 소화 작용이 위축되는 것이다.

우리가 감각적으로 경험하는 모든 것들이 마음에서 비롯된다는 것을 알려 주는 사례들은 무척 많다. 불의의 사고로 어깨 아래부터 왼팔을 잘라 내야 했던 사람의 이야기를 들은 적이 있다. 그런데 참으로 황당했던 것이, 잘려 나간 왼쪽 팔꿈치가 가렵거나 왼쪽 손목이 시큰거린다는 것이다. 어떻게 잘려 나가고 없는 팔인데 간지러움이나 통증을 느낄 수 있을까?

일반적으로 우리가 촉감을 느끼는 것은 해당 세포에 연결된 신경이 뉴런을 통해 감각 정보를 뇌에 전달하기 때문이라고 한다. 그러나 감각을 수용하는 피부 세포나 그것을 전달할 신경 세포도 없는 상태에서 느껴지는 감각은 어떻게 설명할 것인가? 혹자는 팔이 잘려 나가도 그 팔의 감각을 수용하던 뇌의 영역은 남아 있기 때문이라고도 이야기하지만, 자극의 수용 경로와 과정이 빠진 빈약한 설명이다.

신체적 반응을 지배하는 연상 작용

결론부터 얘기하자면, 이러한 현상은 마음에서 일어나는 연상 작용 때문에 생기는 것이다. 우리가 신체적인 반응이라고 생각하는 것도 사실은 무의식에 입력된 감각 경험이 일으킨 연상 작용이다. 우유만 마시면 설사를 한다거나 날씨가 흐리면 무릎이 아픈 것, 팔이 없는데도 간지러움을 느끼는 것도 연상 작용의 결과다. 팔이 정상이었을 때도 팔꿈치가 간지러운 경우가 있었을 텐데, 그 간지러움을 일으켰던 연상 조건은 무의식에 입력된다. 물론 무의식의 내용이므로 그 조건들이 구체적으로 무엇이었는지 일일이 다 알아낼 수는 없다. 그러나 일단 팔꿈치에서 간지러움을 느끼도록 연상 작용을 일으키는 조건이 갖추어지면 그 느낌을 느끼게 된다. 그리고 그것은 팔이 잘린 뒤에도 마찬가지로 작용한다. 눈에 보이지 않는 마음의 작용이기 때문에 팔이 있든 없든 상관없이 팔꿈치에서 간지러움을 느끼는 것이다.

신체의 특정 부위가 사라진다고 해서 무의식적으로 작동하는 연상 작용까지 멈추는 것은 아니다. 신체적인 변화가 무의식을 바꾸는 것이 아니라, 무의식이 바뀌어야 생각과 느낌, 행동, 신체와 환경이 모두 변하는 것이다. 이 모든 것들이 마음의 작용이기 때문이다. 그래서 어떤 일을 할 때 그것이 육체적인 힘을 사용하는 일이라고 생각하면 그야말로 '힘이 든다.' 그래서 그 일을 해내는 데 시간도 많이 걸리고 어려운 과정을 거치게 되는 것이다.

무한 능력을 발휘하라

앞서 '알라딘의 요술램프'와 함께 이야기한 것처럼 자신이 바라는 것을 구체적으로 시각화하고 그것이 실제로 이루어진 느낌을 생생하게 느낄 때, 그 비전은 아주 쉽게 현실화된다. '쉽게'라는 표현이 아무 노력도 기울이지 않는다는 뜻은 아니다. 적어도 자신이 무한 능력의 존재라는 분명한 인식과, 나의 비전에 몰입하여 무의식에 새겨질 만큼 반복해야 하기 때문이다. 그 결과를 끌어낼 요소들을 끊임없이 제공하는 실천이 뒤따라야 함은 물론이다.

2004년부터 나는 매일 아침저녁으로 명상을 하면서 '나는 무한 능력의 존재다.'라고 선언해 왔다. 그리고 언제부터인가 내가 생각하는 것들이 즉각적으로 실현되는 경험을 하기 시작했다. 예를 들어 아무리 복잡한 주차장이어도 내가 주차할 공간 하나는 꼭 비어 있거나, 이미 주차해 있던 차 한 대가 싹 빠져나간다. 말도 안 된다고 여겨질 수도 있겠지만, 이런 일들은 실제로 늘 벌어진다.

나도 모르게 '오늘은 좀 매콤한 음식이 먹고 싶은걸.'하는 생각이 떠올랐다가 잊혀져도, 집에 들어가 식탁에 앉으면 특별 메뉴로 쫄면이 올라온다. 그제야 비로소 매운 것이 먹고 싶었다는 생각이 난다. 목돈이 급히 필요한 상황이 되면 낮은 이자로 대출을 받을 기회가 생기거나 어디선가 도움의 손길이 나타난다. 아주 사소한 일에서부터 상당히 비중 있는 일들까지, 모두 내가 생각하는 대로 이루어지는 것이다. 처음에는 우연이겠지 싶었지만, 그런 일들이 거듭되자 마음의 법칙에 대한 분명한 확신을 가지게 되었고, 앞으로 벌어질 일들에 대한 걱정 따위는 하지 않게 되었다.

무한 능력은 누구에게나 있고, 그것은 우리가 진짜로 생각하는 모든 것을 현실로 나타나게 해 준다. 무한 능력을 발휘하기 위한 첫 번째 단계는 자신을 육체적인 존재가 아닌, 정신적인 존재로 인정하는 것이다. 그리고 자신이 무한 능력의 존재라는 사실을 인정하고 확신하는 것, 내가 경험하는 모든 것들은 나의 마음이 비춘 것이라고 분명하게 아는 것이다. 두 번째는 내가 간절히 바라는 모습을 떠올리고, 그것이 성취된 느낌을 생생하게 느끼는 것이다. 그 일을 하고 있다는 생각이 들지 않을 정도로 몰입하여, 목표를 성취하는 데 필요한 일들을 즐겁게 반복한다. 그러면 그것은 현실이 된다.

내가 마음에 분명히 그린 것은 이미 이루어져 있는 것이다. 그러면 이제 남은 일이라고는 즐기는 것뿐이다. 그러니 즐겨라! 즐거운 마음으로 반복할 때 무한 능력이 발휘된다. 어떤 물질을 다른 물질로 바꾸기는 어렵지만, 상상을 통해 무한 능력을 활용하는 것은 아주 쉽다. 짧은 시간 내에 완수해야 하는 프로젝트가 주어졌다면, 마감 기한까지 매일 해야 할 일과 분량을 정해 놓자. 그리고 이미 되어 있는 느낌으로 지금 할 일을 신바람 나게 하면 된다. 영업도 마찬가지로 이미 목표량은 다 채워져 있으니 이제 고객에게 반갑게 전화하고, 만나서 즐겁게 이야기하고, 신나게 제품을 소개하기만 하면 된다. 얼마나 쉬운 일인가? 자신의 무한 능력을 활용하면 내가 성취할 수 있는 것들 또한 무한한 것이다.

나는 사랑과 감사다

현실은 3차원
아이맥스 영화관이다

우리는 생활하며 경험하는 모든

것들을 너무나 당연한 현실로 인정한다. '오늘 아침 식사는 7시에 했

어.', '나는 지금 버스를 타고 있어.', '우리 사무실은 2층이야.'처럼 사소

한 것에서부터 '우리 아버지는 어떤 분이야.', '나의 직장은 어떤 곳이

야.', '직장 상사는 누구고, 가장 친한 동료는 누구야.'와 같은 모든 것들

이 아주 분명하고 명백한 사실이라고 여긴다.

그러나 이것들은 모두 나의 생각이고, 내 마음에 펼쳐진 현상들이

다. 이것을 처음부터 실제적인 느낌으로 받아들이기는 어렵다. 하지만

내가 정신적인 존재라는 사실을 인정하고 그것을 실생활에서 느끼기

시작하면 눈에 보이는 현실에 대한 집착이 줄어들고 마음의 평화를

누리게 된다. 그와 동시에 현실적인 문제나 과제를 처리하는 것도 빠르고 쉬워지고, 자기가 생각한 대로 현실이 나타난다.

우리가 경험하는 현실은 3차원 아이맥스 영화관이나 매트릭스라고 할 수 있다. 그리고 영화의 필름이나 프로그램을 바꾸기만 하면 눈에 보이는 현실도 바뀐다. 그러니까 내가 마음먹는 대로 모든 것을 다 바꿀 수 있는 것이다. 그러나 가장 근원적인 존재로서의 본래적인 자기가 무한 능력의 존재라고 하는 분명한 인식이 없이는 그것이 불가능하다.

그렇다고 '나는 무한 능력의 존재다.'라는 문장을 주문처럼 외우기만 해서 인식이 분명해지고 능력이 발휘되는 것은 아니다. 세계적으로 성공한 사람들이나 자기 분야에서 탁월한 업적을 이룬 사람들 중에는 오히려 자기도 모르게 그 능력을 인정하고 활용한 사람들이 많다. 그래서 성공한 사람들의 인터뷰에는 "운이 좋았다."라는 대답이 많이 나오는데, 이는 겸손한 표현이기도 하지만 솔직한 고백이기도 하다.

과학과 미신 그리고 진리

대부분의 사람들이 과학적 사고방식이 옳다고 생각한다. 감각적으로 인식되는 현상을 논리적으로 분석하고 따져서 원인과 결과를 알아내고, 그것을 체계화하고 이론화하여 다시 현실에 응용하는 것이다. 그래서 '마음의 법칙'이나 '근원적인 의식'에 대해서 이야기하면 단순히 종교적인 것으로 치부되기 쉽다. 그나마 다행인 것은, 전통적으로 종교의 영역에만 속하던 것들에 대해 이제는 과학적 접근이 가능해진 것이다.

양자물리학이 대표적인 한 예다. 과학의 발달이 고도화되면서 물질에 대한 연구를 주로 하던 과학이 오히려 물질 자체를 부정하기에까지 이르렀다. 물질과학의 발달이 임계점을 돌파하여 의식의 차원에까지 도달하게 된 것이다. 그러나 중요한 것은, 과학은 언제나 새로운 가능성에 대해 열려 있다는 것이다. "여기까지가 과학의 완성이다. 더 이상 새로운 것은 있을 수 없다."라고 하면 그것은 과학이 아니다.

대학생 때 교양 과목으로 '역사 속의 과학'이라는 수업을 들었는데, 학생들이 돌아가며 주제별 발표를 한 후 교수님의 논평과 보충 강의가 이어지는 방식으로 진행되었다. 그런데 '종교와 과학'이라는 주제를 맡았던 학생이 이렇게 발표했다.

"수많은 인공위성이 지구를 돌고 있고, 지구 반대편에서 벌어지는 일들을 안방에서 볼 수 있는 시대에 '종교와 과학'이 논의의 주제가 될 수 있는가? 아무런 과학적 근거도 없이 독선적인 주장만을 내세우는 종교는 미신에 불과하다. 그러므로 종교의 주장은 더 이상 학문에서 다룰 가치가 없는 것이고, 이 주제에 대한 논의는 무의미하다. 우리의 삶은 과학으로 충분히 설명 가능하며, 앞으로의 발전을 위해서도 우리는 보다 더 과학적이 되어야 한다."

그때 교수님께서 아주 기가 막힌 말씀을 하셨다.

"자네는 뭔가 오해를 하고 있는 것 같군. 우리가 지금 공부하고 있는 과목은 '역사 속의 과학'이라네. 과학사를 공부한다는 것은, 이전 시대에는 영원불변의 과학적 진리라고 믿었던 것이 다음 시대에는 터무니없고 미신적인 이론으로 입증되는 경우가 얼마나 많았는지를 보면서 우리가 지금 과학적 사실이라고 확신하는 것들에 대해 의심해 보는 것이지. 그렇게 겸허한 자세로 보다 분명한 과학적 진리를 밝혀내는 노력을 기울이자는 것이 이 수업의 취지인데, 지금까지 과학적으로 입증된 결론만을 가지고 종교를 미신으로 치부하는 것이야말로 현대 과학을 맹신하는 미신적 사고가 아닌가?"

실제로 과학사 수업에서 다룬 내용들 중에는 과학적 사실과 믿음에 대해 다시 한 번 생각하게 하는 것들이 많이 있었다. 지금은 초등학생도 피가 순환한다는 사실을 알지만, 1628년 영국의 의학자 윌리엄 하비(William Harvey)가 혈액순환 이론을 내놓기 전까지만 해도 사람들은 피가 생성·소멸되는 것이라고 믿었다. 즉, 그 전까지 1,500년 동안은 그리스 의학을 집대성한 고대 로마의 의사 갈레노스의 주장을 받아들여, 피는 간에서 만들어져 신체의 각 부분으로 보내지면서 영양분을 공급하고 사라진다고 생각했던 것이다. 그것이 하비 이전에는 아주 분명한 과학적 사실이었고, 의사들 모두가 인정하는 이론이었다. 하지만 현대 의학의 관점에서 바라보면 얼마나 어처구니없는 이야기인가?

이처럼 이전 시대에는 의심의 여지가 없는 과학적 사실로 인정받던 것이 다음 시대에는 과학으로 인정받지 못하게 되는 경우들이 많이 있다. 17세기 과학 혁명을 완성한 뉴턴의 고전물리학도 20세기에 등장한 아인슈타인에 의해 완전히 다르게 설명된 것은 이미 많은 사람들이 알고 있는 사실이다. "우리가 지금까지 획득한 지식을 과학의 전부로 여기는 것만큼 비과학적인 것도 없다."라고 하신 교수님의 말씀은 진정한 과학의 의미를 분명히 지적해 주신 것이었다.

나는 사랑과 감사, 즐거움이다

그러면 다시 처음의 질문으로 돌아가서, 나의 존재에 대한 질문과 대답을 새로운 차원에서 접근해 보자. 나는 무엇인가? 앞에서도 이미 살펴보았지만, 과학을 연구하는 사람들은 오히려 과학적 연구를 가능하게 하는 자기 마음의 이면을 보지 못한다. 사실은 모든 것이 나의 마음이 비추어진 것인데, 자기를 육체적인 존재로 보고 세계를 물질적인 것으로 파악하여 연구하기 때문에 마음의 한계를 벗어나지 못하는 것이다.

그러면 감각적으로 지각되는 존재가 아닌, 보다 근원적인 존재로서의 나는 무엇인가? 나는 정신적인 존재다. 그것은 치밀한 생각으로, 눈에 보이는 현상이 모두 마음이 비춘 것이라는 사실을 이해하면서 분명히 인식할 수 있다. 그리고 나는 무한 능력의 존재다. 이것은 마음의 법칙을 활용하여 실제적인 삶의 변화를 체험하면서 분명해진다.

나는 조건 없는 사랑이며 감사함 자체다. 나는 싱싱한 생명이며 즐거움 자체다. 이렇게 마음의 법칙을 넘어선, 근원 의식으로서의 본래적인 나에 대하여 말로 설명하는 것은 불가능하다. 다만 그 상태를 마음으로도 공감할 수 있도록, 가장 근접한 언어를 사용하여 상징적으로 표현할 뿐이다. 그래서 불교에서는 '불립문자(不立文字)'나 '언어도단(言語道斷)'이라고 한다. '참된 자아[眞我]'로서의 진리를 말이나 글자로는 설명할 수 없다는 것이다. 성경에서도 '어느 때나 하나님을 본 사람이 없다'고 한다. 눈에 보이지도 않고 손으로 만져지지도 않는, 근원적이고 완전한 존재로서의 하나님을 말이나 형태로 표현할 수는 없다는 것이다.

말로 표현하는 진리는 불완전할 수밖에 없다. 상대적인 언어로 절대적인 진리를 표현하는 것은 불가능하기 때문이다. 노자(老子)의『도덕경(道德經)』에서는 "도(道)를 도라고 말할 수 있으면 그것은 이미 변하지 않는 진리로서의 참된 도가 아니고. 그것에 이름을 붙일 수 있으면 그것은 변함이 없는 참된 이름일 수 없다[道可道 非常道 名可名 非常名]."라 한다. 그러나 어떤 형식으로든 진리가 표현되지 않는다면 진리는 드러나거나 다른 사람들에게 전달될 수 없다. 진리는 말로 표현될 수 없다고 주장하는 노자조차도 자신의 깨달음을 전달하기 위해『도덕경』에 수록된 말들을 사용하지 않을 수 없었던 것이다.

비록 언어가 상대적이고 제한된 도구기는 하지만, 위대한 성인들은 완전한 존재를 '사랑'과 '즐거움'으로 표현한다. 공자는 인간을 사회적이고 정치적인 존재로 생각했지만, 하늘과 인간의 본질인 '사랑'으로서의 '인(仁)'을 최고의 덕목으로 보았다. 또한 그에 따르면 자아를 실현하기 위한 배움의 과정과, 사랑의 마음으로 사람을 대하는 모든 것은 지극한 '즐거움'이다.

이는 기독교든 불교든 마찬가지다. 성경에서도 "하나님은 사랑이시다."라고 선언하고 "하나님의 완전하심같이 너희들도 완전하라."라고 한다. 인간이 신의 모양과 형상대로 만들어졌다는 것은, 인간이 본질적으로 하나님과 같은 성품인 사랑의 존재임을 뜻한다. 그래서 예수가 제시한 '새 계명'은 '사랑'일 수밖에 없는 것이다. 그리고 신에 대한 사랑, 이웃에 대한 사랑을 느끼며 살아가는 사람은 '항상 기뻐하고 범사에 감사'할 수밖에 없다.

불교에서 이야기하는 '자비(慈悲)'는 차별이 없는 무한한 사랑이다. 그것은 지혜를 바탕으로 한 사랑으로, 고통은 환상이며 충만한 기쁨과 즐거움만이 실재임을 알게 하여 즐거움을 함께 누리는 것이다. 불교의 최고 경전이라고 할 수 있는 『열반경(涅槃經)』과 『법화경(法華經)』에서는 인간의 '참된 자아'의 성품을 '상락아정(常樂我淨)', 즉 영원한 즐거움과 번뇌가 없는 평화로움으로 표현한다.

힌두교의 성자들 역시도 인간 존재의 근본은 '의식(意識)'이며, 그것은 동시에 '최고의 즐거움[至福]'이라고 한다. 이처럼 궁극적인 깨달음을 얻은 많은 사람들이 공통적으로 발견한 진리가 바로 '우리 모두는 사랑과 감사이며 즐거움 자체', 다시 말해서 '우리는 행복 자체'라는 것이다.

밖에서는 찾을 수 없다

그러므로 사랑을 '밖에서' 찾는 사람은 결코 사랑을 얻을 수 없다. 눈에 보이는 마음의 세계는 상대적이고 불완전한 것이기 때문이다. 불완전한 세계에서 경험하는 사랑은 조건적이고 일시적일 수밖에 없다. 설령 그것이 이성 간의 깊은 사랑이나 부모 자식 간의 사랑이라도 마찬가지다.

그럼에도 불구하고 사람들은 끊임없이 사랑을 갈망한다. 그 이유는 무엇일까? 자신이 본래 사랑 자체임에도 불구하고 자기 내면을 꿰뚫어 참된 자기를 발견하지 못하고 눈에 보이는 불완전한 세계에서 사랑을 구하기 때문이다. 하지만 이것은 동시에 우리가 본질적으로 사랑 자체라는 사실의 반증이기도 하다. 미각을 잃은 사람이 맛을 느낄 수 없는 것처럼, 이미 자기 안에 사랑이 갖추어져 있지 않다면 사랑을 추구하거나 느끼지도 못할 것이기 때문이다.

자신이 영원한 존재이고 싱싱한 생명 자체인데도, 그것을 알지 못하기 때문에 사람들은 자기 이름을 남기려고 애쓴다. 산에 가서 바위에 자신의 이름을 적거나 새기는가 하면 후손이 제사를 지내며 자기를 기념해 주기를, 혹은 역사에 기록되어 오래도록 남기를 바란다. 자신이 언제나 기쁘고 평화로운 존재임에도 불구하고 그것을 알지 못하면 고민과 갈등에 휩싸이게 된다. 눈에 보이는 불완전한 세계에는 고통과 분쟁이 끊이지 않는다. 내가 사랑과 감사 자체임에도 불구하고, 그것을 알지 못하면 미움과 분노를 이기지 못하고 사는 것이다.

이제까지 나를 규정했던 생각들은 젖혀 놓자. 이제까지 고집스럽게 붙들어 온 그 생각들이 나를 행복하게 해 주지 못했다면, 그것을 계속 유지할 이유가 없지 않은가? 마음의 평화와 사랑, 건강, 즐겁고 활기찬 생활에 대해 갈증을 느끼지 않았는가? 만일 그 목마름을 해소해 줄 방법이 있다면 당장이라도 실행에 옮기지 않겠는가? 그 방법은 간단하다. 다음 페이지에 소개하는 '참나선언문'의 내용을 분명히 '나'로 선언하고 그것을 생생하게 느끼는 것이다. 처음에는 실제적인 느낌이 일어나지 않을 수도 있다. 그러나 순수한 마음, 열린 마음으로 그 내용을 받아들이고 반복하다 보면, 이전에는 상상하지도 못했던 놀랍고 행복한 삶이 펼쳐질 것이다.

'참나'에 관한 선언

육체는 공간적으로나 시간적으로나 유한하다.
그러나 이제 감각적 판단을 떠나 영원한 진실의 세계를 본다.

'참나'는 영원한 존재이며 영적인 실재이다.
언제나 기쁘고 평화롭게 존속한다.

깨달은 자가 자기의 무한한 능력을 인지했듯이,
깨닫든 깨닫지 못하든, 이미 내게는 무한한 능력이 구비되어 있다.

'참나'는 한없는 사랑이기에 모든 존재에게 무한한 사랑을 베풀고,
또한 모든 존재가 나를 한없이 사랑한다.

본래 나는 지혜 자체이기 때문에
나는 모든 것이 '참나'임을 통찰하고 모든 것이 '참나'를 안다.

나는 무한한 우주의 모든 존재와 일체이다.
그러므로 모든 존재와 나는 조화롭게 살아가며 즐거워한다.

나는 생명 자체이므로, 나에게 피곤이나 질병이나 나약함이란 있을 수 없다.
일할수록 싱싱하고 힘찬 생명이 약동하고,
남을 도울수록 즐거움이 용솟음친다.

내가 다가설수록 모든 존재가 한없는 생명력을 회복하며
모든 존재는 나를 언제나 생동케 한다.

아! 내가 이처럼 영원한 존재이며 무한능력의 존재임을 알게 된 것이 감사하다.
'참나'는 감사함 자체이다.

Reset Point

● 물질적 반응과 육체적 활동을 비롯한 모든 현상은 마음의 작용에 의한 것이다. 온 우주는 에너지의 파동으로 가득 차 있고, 그 에너지를 움직이는 것은 마음이다.

● 자신이 육체적인 존재라고 생각하면 무한 능력을 발휘할 수 없다. 자신이 정신적인 존재이며 무한 능력의 존재라는 사실을 인정할 때 무한 능력이 발휘된다.

● 나는 온 세상의 모든 것들을 펼쳐 놓고 주시하는 근원적인 의식으로서의 정신적인 존재다. 내가 우주 안에 있는 것이 아니라 우주가 내 안에 있는 것이다.

● 근원적인 의식으로서의 진짜 나를 발견하려면 치밀한 생각과 직관이 필요하다. 본래적인 나는 사랑과 감사, 즐거움이다. 나는 행복 자체다.

Reset Guide

1. 눈을 감고 지금 있는 공간을 떠올려 본다.

지금 내가 있는 공간에서 눈에 보이는 모든 것들을 구석구석 자세히 관찰한 후, 눈을 감고 조금 전에 보았던 것들을 시각적으로 생생하게 떠올려 보자. 눈을 감고 떠올려 볼 때와 눈을 뜨고 볼 때 어떤 느낌의 차이가 있는가? 이 모든 것들이 내 안에 있다고 느껴 보자.

2. 자신의 내면에 집중한다.

잠시 시간을 내서 조용히 앉아 있어 보자. 명상 음악을 틀어도 좋다. 가만히 눈을 감고 내가 가장 건강하고 활력이 넘치던 순간을 떠올린 후, 그 느낌을 깊게 느끼기를 반복한다. 자신의 내면에 깃들인 생명을 느끼고, 훌륭함보다 더 높은 경외감으로 자신을 느껴 보자.

3. '참나'에 관한 선언을 읽는다.

참나'에 관한 선언을 천천히 한 단어씩, 한 문장씩 실재감이 일어나도록 두 번 이상 읽고, 그중에서 강한 느낌이 일어나는 문장을 암기하여 생각이 날 때마다 반복해 보자.

10

진짜 나로 존재하라

RESET

⏻

풀잎들은 결코 자라려고 애쓰지 않습니다.
그냥 자라는 것이지요.
물고기들은 헤엄치려 애쓰지 않으면서도 헤엄치고,
꽃들은 억지로 애쓰지 않아도 절로 피어나며,
새들 역시 절로 날아다닙니다.

아이들은 축복 속에 존재하는 것이,
태양은 빛을 발하는 것이,
별들은 반짝이며 빛을 내는 것이 본성입니다.
그리고 인간은 편안하고 자연스럽게 자신의 꿈을
물질적인 형태로 드러내는 것이 본성입니다.

– 디팩 초프라(Deepak Chopra)

진짜 나를 선언하라

우리는 이미 언어가 가지고 있는 창조력과, 말에 숨겨진 긍정적이고 부정적인 전제들에 대해 같이 살펴보았다. 그리고 말의 힘이 발휘되어 실현되는 것은 무의식적으로 인정하고 있는 숨겨진 전제들이라는 사실도 확인했다. 예를 들어 '나는 지각을 좀 하지 않으면 좋겠어.'라고 생각하고 말하는 것은, 자신이 지각하는 것을 분명한 사실로 인정하는 표현이다. '지각을 하지 않았으면 좋겠어.' 하는 순간에 '지각'하는 상황이 떠오르고 지각할 때 느끼는 불안하고 초조한 감정이 다시 일어나 무의식에 각인되기 때문이다.

이것을 긍정문으로 바꾸어 '나는 시간을 잘 지키면 좋겠어.'라고 하면 시간을 잘 지키게 될까? 아니다. 왜냐하면 그 말은 곧, 지금은 시간을 못 지켜서 지각을 한다는 사실을 전제로 하고 있기 때문이다. '나는 앞으로 시간을 잘 지킬 거야.'는 어떨까? 그래도 마찬가지다. 우리가 경험하는 시간은 언제나 '현재'다. 따라서 '앞으로 ~할 거야.'라는 표현은 도무지 실현 가능성이 없는 일이다. '내일'은 절대로 오지 않기 때문이다. 가장 훌륭한 방법은 바로 '지금' 그렇다고 선언하는 것, 즉 "나는 시간을 잘 지켜.", "나는 늘 약속 시간에 여유 있게 도착해."라고 하는 것이다.

지금까지 습관적으로 늘 지각을 했던 사람이 "나는 시간을 잘 지켜."라고 선언하려면 어색하거나 민망할 수도 있다. 하지만 그것이 내가 정말로 바라는 모습 아닌가? 낯설고 어색하다고 포기해 버리면, 정말 약속 시간을 잘 지킬 때의 여유 있고 편안한 느낌을 경험하는 것은 물론 약속 시간을 잘 지키는 사람으로 변화하는 것도 불가능하다. 약속을 잘 지키는 사람의 여유로운 정서가 무의식에 녹아들어 자연스러워질 때까지 반복해야 하는 것이다.

'나는 좋은 아빠가 되고 싶다.', '나는 좋은 남편이 되겠다.'라는 말도 마찬가지다. 그 말을 하는 의도는 아주 훌륭한 것이지만, 그렇게 생각해서는 실제적인 변화가 일어날 수 없다. '나는 훌륭한 아빠야. 나는 아이들과 놀이를 하는 것이 즐거워!'라고 선언하고, '나는 좋은 남편이야. 나는 아내를 사랑하고, 언제나 아내를 배려해!'라고 선언해야 한다. '선언'의 내용이 지금 당장 실제인 것처럼 느끼기는 쉽지 않다. 그러나 내가 가장 바람직하게 생각하는 모습을 반복해서 선언하다 보면 자기도 모르는 사이에 자신의 의식이 바뀌고 현실이 변화된 것을 발견하게 된다.

우리 회사에서 진행하는 '혁신 학교(Innovation School)' 프로그램에는 '모랄(morale)'이라는 활동이 포함된다. 'morale'은 영어로 '패기, 열정'을 의미하는데, 이 활동에서는 자신을 탁월한 존재로 정의하고 그것을 큰 소리로 선언하게 함으로써 보다 업그레이드된 자기 정체성을 내면화시킨다. 이때 "나는 주도하는 리더다! 나는 도전하는 리더다! 나는 비전 있는 리더다!"라는 문장이 자기 선언으로 활용된다. "나는 주도하는 리더가 되고 싶다." 혹은 "나는 도전하는 리더가 됐으면 좋겠다."라는 표현은 의미가 없기 때문이다.

소리를 크게 지른다고 해서 자아 정체성이 바뀌지는 않는다. 중요한 것은 자기가 선언하는 내용을 실제적인 감정으로 느끼고 몰입하는 것이다. 나도 처음에는 어색했지만, 큰 소리로 자신의 탁월성을 인정하고 선언하는 실습은 색다른 경험이었다. 목이 쉬도록 소리를 지르면서 '내가 이렇게 열정적으로 나를 표현하고 느껴 본 적이 있었던가?'하는 생각이 들었던 것이다.

'오늘도 직장 상사한테 왕창 깨지고 왔는데, 내가 무슨 비전 있는 리더야?'라고만 생각하지 말고 "나는 정말 회사에 없어서는 안 되는 훌륭한 인재야! 나는 내가 속한 조직에 활력을 불어넣는 탁월한 리더야!"라고 선언해 보자. 그리고 그 느낌을 생생하게 불러일으키면, 내면 깊은 곳에 있는 본래적인 나의 존재가 새롭게 인식된다. 그래서 '선언'은 참으로 중요한 것이다.

서양에 부는 명상의 바람

진짜 자신의 모습을 선언하는 데 매우 효과적인 방법은 명상이다. 2003년, 미국의 시사주간지 「타임(Time)」의 8월 4일자 커버스토리 제목은 '명상의 과학(The Science of Meditation)'이었다. 이 특집 기사는 미국 내 명상 열풍과 명상의 효능을 뒷받침하는 의학적 근거, 쉽게 따라 할 수 있는 명상법을 제시하면서 "현재 1,000만 명의 미국인이 명상을 규칙적으로 하고 있으며, 이것은 10년 전보다 두 배 이상 증가한 것"이라고 보도했다. 하버드, MIT, 펜실베이니아 대학 등의 교수들은 연구를 통해 "명상은 더 이상 동양의 신비가 아니라, 입증된 과학이다."라는 결론을 내렸다. 그 이후로 명상 인구는 폭발적으로 증가하여 현재는 2,000만 명이 넘는 것으로 추정한다. 『보보스(Bobos in Paradise)』의 저자인 데이비드 브룩스(David Brooks)는 이처럼 '정신적 수련'을 추구하는 문화적 트렌드를 1850년대의 '골드러시(Gold Rush)'에 비유해 '소울러시(Soul Rush)'라고 이름 붙였다.

아직은 명상에 대해 배타적 선입견을 가지고 거부하는 사람들도 더러 있다. 그러나 명상은 특정 종교의 수행법이 아니라 거의 모든 종교에서 전통적으로 활용해 온 방법이다. 요즘의 명상은 '종교적인 수행'이라기보다는 '생활 명상'으로 자리 잡았고, 의학적·심리학적인 효과가 입증되면서 직장에서 연수 프로그램으로 활용하기도 한다.

미국과 유럽 등지에서 명상 열풍을 주도하고 있는 것은 인기 스타들이다. 화려한 겉모습과는 달리 내면적으로 느끼는 고독과 정신적 스트레스, 불안한 가정 문제를 해결하고 연예 활동에 필요한 집중력 등을 얻기 위해 명상을 하는 것이다. 하루도 명상을 거르지 않는 배우로 알려진 리처드 기어는 다음과 같이 말했다.

"내가 명상을 통해 얻고자 하는 궁극적 목표는 더 큰 행복을 얻는 것이다. 행복이란 행동이 아니며 특정한 단계에 이르기까지의 과정이다. 우리 모두는 고통으로부터 벗어나서 행복을 향해 나아가야 한다."

명상의 효과

영화배우 골디 혼은 오래 전부터 명상을 생활화한 대표적인 할리우드 스타로, 그녀는 하루에 두 번, 30분 동안 명상에 잠긴다. 키아누 리브스는 "명상을 하면 나를 둘러싸고 있는 것들을 보다 민감하고 열정적으로 대하게 된다."라고 말했다. 영화감독 데이비드 린치 역시 1973년부터 매일 하루에 두 번, 90분씩 명상을 하고 있는데, 그는 "의식의 깊은 차원으로 들어갈수록 더 많은 아이디어를 얻는다."라고 말한다. 할리우드 스타 외에도 포드 자동차 회사의 총수인 빌 포드와 애플사의 CEO인 스티브 잡스, 정치인인 힐러리 클린턴과 앨 고어 등도 명상 예찬론자들이다. 고어 부부는 "명상은 기도와는 다르지만, 적극적으로 권하고 싶은 수행"이라고 말한다.

하버드 의대 교수인 허버트 벤슨(Herbert Benson)은 1967년 명상 수행자 36명을 대상으로 한 실험에서, 명상을 하는 동안에는 평소에 비해 호흡 시 산소 소비량이 17퍼센트 감소하고, 1분당 심장 박동수가 3회 떨어지며, 세타 뇌파(취침 직전 보이는 뇌파)가 증가하는 등 심리적

안정을 찾는다는 사실을 알아냈다. 리처드 데이비슨(Richard Davidson) 위스콘신 대학 교수는 명상이 전액골 대뇌 피질의 활동을 우뇌에서 좌뇌로 이전시킨다는 사실을 보여 주었다. 이는 규칙적인 명상이 스트레스를 일으키는 투쟁과 저항의 마음 상태를 수용의 상태로 전환하고 만족감을 증가시킨다는 것을 의미한다. 그리고 과학자들은 명상 수행이 집중력과 관계된 뇌의 활동을 왕성하게 한다고 주장한다.

심리학자들에 따르면, 명상이 반(反)사회적 심성을 바로잡는다고 한다. 시애틀 근교의 한 교정 시설에서는 하루 11시간씩 10일 동안, 호흡에 집중하는 비파사나(Vipassana) 명상을 중증 약물 중독자들에게 실시했다. 그 결과 2년 이내 재수감률이 56퍼센트로 줄었다. 이는 명상을 하지 않은 사람들의 평균 재범률인 75퍼센트보다 훨씬 낮은 수치였다. 명상 집단과 비명상 집단을 비교 연구한 전문가들은 명상이 암의 전이 속도를 늦추고 피부병 치료에 효과적이며, 면역 체계를 강화시킨다는 것도 밝혀냈다.

명상, 어떻게 해야 하는가?

하지만 아무리 명상의 효과가 탁월하다고 해도 처음 시작하는 사람에게는 명상이 어렵게 느껴질 수 있다. 명상을 위해 앉아 있는 자세가 불편하게 느껴지기도 하고, 꼬리에 꼬리를 물고 일어나는 잡다한 생각들에 말려들어 하릴없이 시간만 보낼 수도 있다. '내가 지금 뭐 하고 있는 거야?' 하는 생각이 들기도 하고 자신이 멍청한 짓을 하고 있는 것은 아닌가 의심하게도 된다.

하지만 명상은 하루 이틀 해 보고 잘 안 된다고 포기할 일이 아니다. 『8분 명상(8Minute Meditation)』의 저자 빅토르 다비치(Victor Davich)는 하루 8분 동안의 명상만으로도 인생을 바꿀 수 있다고 주장하는데, 그것은 결코 허황된 이야기가 아니다. 이제 막 명상을 시작하는 사람이라면, 처음부터 욕심을 부려서 오랫동안 앉아서 하려고 하기보다는 짧고 가볍게라도 매일 하는 것이 중요하다. 그렇게 꾸준히 명상을 하다 보면 자기도 모르게 변화된 자신을 발견할 수 있다.

나는 처음에 친구가 소개해 준 비파사나의 방법으로 명상을 했다. 생각과 감정이 일어나는 대로 조용히 지켜보다가 부정적인 감정이 느껴지면 '미륵존여래불(彌勒尊如來佛)'이라고 말함으로써 그 생각과 감정을 녹여 없애는 방법이었다. 얼마간 꾸준히 해 보니 마음을 다스리는 데 어느 정도 효과가 있었다. 그러나 기독교 문화에 익숙한 나로서는 '미륵존여래불'이라는 불교적 표현이 어색하게 느껴졌다. 그래서 얼마가 지난 뒤에는 '예수님이라면'이라는 표현으로 바꾸어서 명상을 했다.

하지만 연속적으로 일어나는 온갖 생각들을 이렇게 하나씩 처리해 가는 일은 끝도 없어 보였다. 친구가 권해 준 명상에 관한 책에도 '땅껍질을 벗긴다는 각오로' 인내심을 가지고 명상을 해야 한다고 했지만, 명상 자체에 익숙하지 않은 나로서는 어렵게만 느껴지는 일이었다. 하지만 진정한 자유와 평화, 참된 행복에 대한 바람은 간절했고, 새로운 방법을 찾게 되었다.

명상의 방법은 참으로 다양하지만, 「타임」에서 소개하고 있는 가장 간단한 방법은 다음과 같다.

1) 조용한 곳을 찾아간다. 필요하다면 불도 끈다.

2) 눈을 감는다.

3) 소리나 리듬을 반복하며 위안을 찾게 되는, 자신에게 의미 있는 단어나 구절을 고른다[적당한 명상의 문구가 떠오르지 않으면 그냥 '옴(om)' 이라는 소리를 낼 것을 권하고 있다].

4) 3)의 말을 되풀이한다.

명상으로 리셋하라

**'참나선언문'을
활용한 명상법**

이 책에서 제시할 명상법은, 앞서 소개한 '참나선언문'을 활용하는 것이다. '참나선언문'은 비록 언어로 표현된 것이기는 하지만, 인간의 내면에서 가장 뛰어난 정서를 불러일으키도록 구성된 명상문이기 때문이다.

나는 '참나선언문'을 알게 되면서 명상에 탄력을 받기 시작했다. 이 방법은 초심자도 실천하기 쉬운 것이면서 효과 또한 크다. 글 자체가 가슴 벅차게 느껴지는 탁월한 자기 선언이기 때문에, 뜻도 모르는 진언을 암송하는 것에 비해 실제적인 정감을 불러일으키기 쉽다. 더불어 명상을 하다가 불필요한 생각들이 일어나더라도 그때마다 선언문으로 다시 돌아오기만 하면 된다.

'참나선언문'을 다 암기하지 못했다면, 선언문의 내용에 일치하는 깊은 느낌을 일으키면서 천천히 소리 내어 두 번 이상 읽어 보기를 권한다. 여러 번 반복하다 보면 저절로 외워지기도 하지만 일부러라도 암기해서 명상하는 것이 좋다. 암기한 후에는 눈을 감고도 명상을 할 수 있기 때문이다.

눈을 감으면 주변 환경에 영향을 받지 않고 명상에 몰입하기 쉽다. 명상문을 너무 빠르게 읽거나 암송하면 느낌이 잘 일어나지 않는다. 명상문의 내용에 해당하는 느낌이 생생하게 일어나도록 천천히, 일상적인 느낌보다 깊은 느낌이 일어나도록 소리 내어 읽는다.

명상에서 가장 중요한 것은 물론 마음의 자세지만, 몸도 마음의 일부이므로 단정하고 바른 자세를 갖는 것이 좋다. 책상다리를 하고 앉아서 허리는 똑바로 펴고, 두 손은 양쪽 무릎 위에 각각 올려놓고 손바닥이 자연스럽게 위를 향하도록 한다. 이때 방석을 깔고 앉아서 한다면 방석이 엉덩이 부분에만 닿게 하고 다리는 방석 앞에 내려놓아서 오래 유지할 수 있는 편안한 자세를 취한다.

명상을 하기에 가장 좋은 시간은 잠자리에 들기 직전과 아침에 일어난 직후인데, 그것은 이때가 의식이 전환되는 시점이기 때문이다. 의식의 상태는 크게 일상적인 의식 상태, 깊이 잠든 상태, 그리고 꿈을 꾸는 상태의 세 가지라고 할 수 있는데, 각각의 의식 상태에서 다른 상태로 전환될 때 무의식에 접근하기가 가장 쉽다. 즉, 잠자리에 드는 시간은 일상의 의식에서 깊은 잠으로 전환되는 때이므로 명상의 내용을 무의식에 각인시키는 데 가장 좋은 시간이다. 마찬가지로 잠에서 깨어난 직후의 시간 역시 깊이 잠든 상태나 꿈을 꾸는 상태에서 일상 의식으로 넘어오는 때이므로 명상의 효과가 극대화되는 시간이다. 아침에 잠이 덜 깬 흐리멍덩한 상태에서 무슨 명상이 되겠는가 싶어도, 사실은 그때가 나의 무의식을 탁월하게 다시 프로그래밍하는 절호의 기회인 것이다.

마음을 열고 실재감으로 느껴라

그런데 명상을 위해 자세를 잡고 앉아 눈을 감으면 수많은 생각이 떠오르는 '생각의 전쟁터'를 경험하게 된다. 궁금하다면 지금 당장 편안한 자세로 앉아 눈을 감고 1분 동안만 아무 생각이 일어나지 않도록 해 보라. 그것이 가능한가? 나도 처음에는 5분을 버티기가 어려웠다. 명상을 위해 눈을 감아도 어찌나 많은 생각이 지나가던지, 도저히 견딜 수가 없어서 눈을 떠 버리는 경우가 비일비재했다. 휘몰아치는 생각의 소용돌이 때문에 도무지 명상에 집중할 수가 없었고, 차라리 눈을 뜨고 있는 것이 더 편안했다.

'도대체 뭐가 이렇게 명상을 방해하는 거지?' 곰곰이 생각을 해 보니, 잡다한 생각들도 문제였지만 오랫동안 지녀 온 부정적인 감정들이 가장 큰 걸림돌이었다. '참나선언문'에는 '참나는 영원한 존재이며 영적인 실재다. 언제나 기쁘고 평화롭게 존속한다.'라는 말이 나오는데, 정작 명상을 하는 나는 기쁘거나 평화롭지 않았다. 명상문에는 '나는 한없는 사랑이기에 모든 존재에게 무한한 사랑을 베푼다.'라고도 되어 있는데, 내가 정말 미워하는 사람들도 많았다. 그러니 명상이 될 리가 없었던 것이다.

이래서는 안 되겠다 싶었고, 생각만 해도 분노가 치밀어 오를 정도로 미운 사람들의 문제를 해결하지 않고서는 아무것도 할 수 없겠다는 생각이 들었다. 그래서 정말 미운 사람들을 하나하나 떠올려 보았다. 여덟 명이 생각났다. 3년 이상 만난 적도 없는데, 그 사람들만 생각하면 나도 모르게 억울하고 미운 감정이 북받쳐 오르는 것이었다. 하지만 그 마음을 없애지 않고서는 명상을 할 수 없었다.

'그래. 어차피 다시 볼 일도 없는 사람들인데, 다 용서하자!' 하는 생각이 들었다. 그리고 한 사람 한 사람 모습을 떠올리고 이름을 부르면서 "당신을 용서합니다."라고 진심으로 반복해서 여러 번 소리 내어 말했다. 마음이 많이 편안해지기는 했지만, 그래도 완전히 개운한 느낌은 아니었다. '그러면 이제는 어떻게 해야 하지?' 다시 생각을 해 보았다. '아! 그렇지. 명상문에는 내가 한없는 사랑이라고 되어 있잖아! 그러면 사랑한다고 해 보자.'

명상 자세를 취하고, 눈을 감고, 그 미운 사람들을 다시 한 사람씩 떠올려 보았다. 그 사람의 얼굴을 생생하게 떠올리고 이름을 부르면서 "사랑한다."라고 말하려고 하는데 도무지 말이 나오지 않았다. 다시 마음을 가다듬고 애를 써도 경련이 일듯이 턱이 떨리고 말은 나오지 않았다. 정말 온 힘을 다해 외쳤다. "사랑한다." 그 말이 탁 튀어나오는 순간, 걷잡을 수 없는 눈물이 펑펑 쏟아졌다. 얼마나 울었는지 모른다. 분노와 증오, 억울하고 속상한 모든 감정들이 눈물과 함께 쏟아져 나왔다.

정말 마음이 가벼워진 느낌이 들었다. 그리고 그때부터는 '참나는 한없는 사랑이기에……'라는 자기 선언이 참으로 가슴 벅차고 고맙게 느껴지기 시작했다. '아, 나는 정말 한없는 사랑이고 지혜 자체로구나!' '내가 정말 생명 자체고 감사함 자체로구나!' 이것이 실재감으로 느껴지기 시작하면서 나의 삶은 가장 깊은 곳에서부터 송두리째 바뀌었다.

명상을 하면서 인생이 바뀌다

처음 명상을 시작할 때만 해도 나는 현실에 직면한 문제들에 대한 고민과 미래에 대한 불안감으로 마음이 몹시 불안하고 초조했다. 출근을 하려고 집을 나설 때 세 살짜리 딸이 문 앞에까지 나와서 인사를 하면, 귀엽고 사랑스럽다는 생각보다는 측은한 마음이 들었다. '너는 어쩌다가 이렇게 못난 아빠를 만났니? 돈을 많이 벌어다 주지도 못하고, 시간을 많이 내서 놀아 주지도 못하는 아빠, 아무것도 제대로 해 주는 게 없는 무능한 아빠라서 정말 미안하구나.' 하는 생각이 들었다. 아빠를 우두커니 바라보는 딸을 뒤로 하고 출근을 하면서 눈물이 나기도 했다.

그런 마음으로 출근을 해서 일이 손에 잡힐 리가 있겠는가? 출근길부터 심한 중압감과 스트레스에 시달림은 물론, 학원 건물이 시야에 들어오면 '이달에는 학생들이 얼마나 등록을 했을까? 내가 평생 강의한다고 해도 빚을 다 갚을 수는 있을까?' 하는 마음에 한층 더 긴장되기 시작했다. 그렇게 불편한 마음이고 보니 늘어나는 것은 담배뿐이었고, 건강도 좋을 리가 없었다. 오죽하면 2층에 있는 학원 교무실까지 걸어 올라가는 것이 힘들어서, 끝까지 기다려서라도 엘리베이터를 타고 올라갔겠는가.

수업이 끝나면 완전히 탈진된 상태로 담배를 한 대 피워 물었다. '아! 오늘도 이렇게 하루가 지났구나.'라고 생각하며 담배를 피운 후에는 가벼운 현기증도 느꼈다. 언제까지 이런 생활을 계속해야 하는가 생각하며 어지럽게 핑 도는 느낌을 추스르고 가방을 주섬주섬 챙겨서 집에 돌아가는 것이 퇴근 시간의 내 모습이었다. 그나마도 외롭고 쓸쓸한 느낌을 견디기 힘들 때에는 친구를 불러 잘 마시지도 못하는 술을 새벽까지 마시곤 했다.

그렇게 생활하면서도 명상은 매일 꾸준히 했다. 한 달이 지나고 두 달이 지났다. 특별히 생활에 변화가 일어나고 있다고는 느끼지 못했지만 어느 순간부터인가 명상을 할 때 마음이 편안해지기 시작했고, '참나선언문'의 내용들이 에너지의 파동처럼 전율로 느껴지면서 기쁨과 감격에 못 이겨 눈물이 날 때도 있었다. 학원에서 강의를 하면서도 빨리 집에 가서 명상을 하고 싶은 생각밖에 들지 않았고, 집에 들어가서는 무조건 내 방에 들어가 명상 자세를 취하고 앉았다. 그때까지만 해도 내가 어떤 변화를 겪고 있는지는 전혀 몰랐다. 그냥 명상이 좋았을 뿐이다.

그런데 언제부터인가 주변 사람들이 "야, 너 뭐 기분 좋은 일이라도 있냐?", "선생님 얼굴이 점점 좋아지시네요." 등 나에게 전에 없던 말들을 하기 시작했다. 명상을 하면서는 외모에 대해서도 별로 관심을 두지 않고 거울도 잘 보지 않았는데, 사람들의 이야기를 듣고서 다시 보니 얼굴이 정말 환하게 바뀌어 있었다. 마음이 편안해지면서 웃음이 많아졌고, 사람들을 대하면서도 사랑과 감사의 느낌이 강하게 일어났다.

가족에게 진심으로 고마운 느낌이 들었고, 예전에는 측은해 보였던 딸아이도 너무나 사랑스럽게 느껴져 아이를 안을 때도 정말 한없이 기쁜 마음이 들었다. 타인에 대해서도 마찬가지였다. 이전부터 인사성은 밝은 편이었지만, 인사하는 느낌이 달라졌던 것이다. 아주 반갑고 유쾌한 기분으로 인사를 하는 것이다. 하루는 수위 아저씨 한 분이 말했다. "노래를 부르면서 학원에 들어서는 분은 선생님밖에 없어요. 선생님을 보면 기분이 좋아져요."

그러던 어느 날, 5층 강의실로 뛰어 올라가는 나를 발견하고는 깜짝 놀랐다. 한 층을 올라가도 반드시 엘리베이터를 타던 사람이, 바람에 실려 날아가는 깃털처럼 가볍고 신바람 나게 강의실로 달려가고 있는 것이다! 그리고 교무실에서 '다음 수업이 뭐더라?' 하고 시간표를 확인하다가 또 한 번 놀랐다. 마지막 시간 수업까지 다 끝난 것이었다! 강의를 마치고 나면 늘 녹초가 되어 버리곤 했는데, 강의를 다 끝내고 나서도 믿기지 않을 정도로 힘이 펄펄 넘쳤다.

영어 강사를 처음 시작할 때부터도 강의 자체는 즐거운 마음으로 했고, 학생들에 대한 사랑과 강사로서의 보람을 느끼면서 생활을 했다. 그런데 이제는 강의실 문을 열면서부터 벅찬 기쁨이 느껴졌다. 강의실에 등록하고 들어온 학생들의 머릿수가 아니라, 내 강의를 들으려고 앉아 있는 아이들의 초롱초롱한 눈망울만이 눈에 들어왔다. '나같이 못나고 무기력했던 인간도 이렇게 새로운 삶을 살 수 있구나! 아, 정말 감사하다!' 하는 생각에 강의를 하다가도 문득 눈물이 날 것처럼 북받치는 감동을 자주 느꼈다.

그 이후로 여러 학원에서 강의 요청이 들어왔고 수입은 기대 이상으로 늘어났다. 그것은 지극히 당연한 결과였다. 늘 평화롭고 감사한 마음이 세상에 펼쳐지면 감사할 일들만 현실로 벌어지는 것이니 말이다. 명상을 통해 변화된 것들을 다 소개하자면 책 한 권을 더 써도 부족할 것이다. 하지만 더 이상의 사례를 들지 않더라도 명상의 의미와 효과에 대해 충분히 공감하시리라 생각한다.

이처럼 명상은 우리의 삶을 근본적으로 변화시켜 주는 가장 쉽고도 분명한 방법이다. '참나선언문'을 활용하여 지속적으로 명상하실 것을 권한다. 명상을 통해 진짜 자기를 발견하고 늘 행복한 삶을 누리시기 바란다.

자유로운 삶, 건강한 삶

진정한 자유는
무엇인가?

　　한때 나의 모든 비밀번호에 'freedom'이 들
어가던 시절이 있었다. 그만큼 '자유'에 대한
나의 갈망은 간절한 것이었고, 떨쳐 버릴 수 없는 인생의 주제였다.

　　강원도 산골마을에서 자란 나는 어려서부터 '자유'라는 말을 들으
면 왠지 마음이 설레고 뭔지 모를 벅찬 감정을 느꼈다. 정작 자유가 무
엇인지 정의를 내리라고 하면 대답하기 어려웠지만, 그 단어에서 연상
되는 느낌이 참 좋았다. 첩첩산중을 벗어나 아무것에도 구애 받지 않
고 하늘을 훨훨 날아가는 새들처럼 더 넓은 세상을 자유롭게 누비고
싶었던 것이다. 하지만 나이가 들면서 공간적인 제약을 벗어나는 것만
이 자유가 아니라는 사실을 알게 되었다.

　　사춘기에 접어든 많은 청소년들이 어른들의 통제와 간섭으로부터

자유로워지고 싶어 한다. 지금까지 자신을 보호하고 길러 준 부모님과 환경이지만, 이제는 독립적인 존재로서 자신의 길을 스스로 선택하고 결정하고 싶어지기 때문이다. 귀가 시간, 예의 바른 행동, 학교에서의 규칙 등 이런저런 기준에 따라야 하는 것이 싫고, 빨리 어른이 돼서 자기가 하고 싶은 일을 마음대로 하고 싶어 한다. 구속에 대한 반감이 심할 경우에는 돌출적인 행동으로 자유에 대한 갈망을 표현하기도 하지만, 결과적으로 더 큰 부자유과 구속을 가져올 뿐이다.

나도 사춘기 시절에 너무 좁은 세계에 갇혀 있다는 생각이 들어 하루라도 빨리 고향을 벗어나고 싶었다. 중학교를 졸업하고 어느 과학고등학교에 진학하고 싶었지만 지체장애자라는 이유로 원서조차 접수시킬 수 없었고, 초등학교 5학년 때부터 키워 온 꿈은 한 순간에 물거품이 되었다. 강릉이나 원주라도 가고 싶었지만 부모님의 반대에 부딪쳐 포기해야 했다.

자유에 대한 열망은 곧 억압된 상황에 대한 불만으로 비틀어지며 치기 어린 행동으로 표출되었다. 공부는 하지 않았고, 욕을 늘 입에 달고 살았으며, 드럼을 두들기고 술을 마시며 그것이 자유라고 생각했다. 하지만 내가 갈망하는 자유로부터 점점 더 멀어지고 있다는 사실을 발견하는 데는 그렇게 오랜 시간이 필요하지 않았다.

중학교 때 나보다 성적이 한참 뒤처지던 한 친구가 고등학교에서는 전교 1등을 하는 것에 충격을 받은 것이 시작이었다. 이어 "욕 좀 그만해라. 너 그것밖에 안 되냐?"라는 어떤 친구의 말 한마디에 내가 생각해 왔던 자유는 굴욕으로 변했고, 나보다 드럼 연주를 훨씬 더 잘하는 또 다른 친구가 부러워졌다. 내 불편한 손가락이 원망스러웠고, 몸도 허약한 주제에 주량이 센 척하는 것은 비웃음거리가 될 뿐이었다. 그 이후 1년 동안 재수를 하며 그동안 저질렀던 과오의 대가를 톡톡히 치러야 했다.

그제야 비로소 알게 되었다. 아무리 내 멋대로 자유롭게 행동한다 해도, 나는 결코 내가 스스로 인정하는 기준들로부터 자유로울 수 없다는 것을.

본능에 기초한 자유는 구속이다

그때그때 자신의 감정에 충실하게 행동하는 것이 자유인 것처럼 여겨질 수도 있다. 그러나 그렇지 않다. 우리나라는 성인 남성 두 명 중 한 명꼴로 담배를 피운다는데, 이는 세계 최고의 흡연율이다. 나도 담배를 많이 피울 때는 하루에 두 갑 가까이 피우곤 했다. 몸에도 안 좋은 담배를 왜 그렇게 많이 피우냐고 누군가가 물으면 "담배 안 피우고 스트레스 받는 것보다 담배를 피우면서 마음 편한 게 건강에 훨씬 더 도움이 돼."라고 스스로를 합리화했다. 하지만 담배가 몸에 해롭다는 생각에 매여 있으니 기침이 잦았고, 가래가 끓고, 피로를 느꼈다. 그래서 담배를 끊으려고 했지만 마음먹은 대로 잘 되지 않았다. 담배를 피우는 것이 자유라면, 담배를 끊는 것도 자유로워야 한다고 생각했다. 그러나 나는 담배로부터 자유롭지 못했다. 흡연의 욕구를 떨쳐 버리지 못하고 담배에 끌려다니는 내가 정말 싫고도 못나게 느껴졌다.

본능적 욕구에 기초한 감정에 충실한 것은 자유가 아니라 구속이다. 그 욕구에 대한 집착이 사라지지 않은 상태에서는 진정한 자유를 누릴 수 없다. 사춘기 남학생이라면 누구나 한두 번쯤 포르노 잡지나 비디오를 몰래 본 일이 있을 것이다. 여학생의 경우는 남자들보다 비율이 낮다고 하지만 이성에 대해 관심이 생기는 것은 마찬가지일 것이다. 요즘은 인터넷이 발달하면서 초등학생들도 성적인 이미지나 동영상을 손쉽게 접할 수 있게 되었다고 한다. 그러나 중요한 것은 그런 사진이나 동영상을 본다고 해서 이성에 대한 호기심과 성적인 충동이 근본적으로 해소되지는 않는다는 것이다. 일시적으로 욕구가 충족되는 것 같아도 그것은 오히려 성적 충동을 강화시킴으로써 본능적 욕구에 자꾸만 끌려가게 만드는 것이다.

어떤 사람들은 돈을 많이 벌면 돈은 물론 다른 모든 것들로부터 자유로울 수 있을 것이라고 생각한다. 물론 사람들마다 생각이 다르고 그만큼 느낌에 차이가 있을 수 있지만, 자유는 돈으로 얻을 수 있는 것이 아니다. 100평이 넘는 집에 산다고 해도 잠잘 때 내가 차지하는 공간은 한 평도 채 되지 않는다. 온 세상의 자동차들이 다 내 것이라고 해도 운전할 수 있는 자동차는 한 대밖에 없다. 지구상의 모든 땅이 다 자기 것이라고 해도 아침에 일어나서 100킬로미터를 산책할 수는 없다. 자신을 육체적인 존재라고 생각하면 누릴 수 있는 것은 아주 제한되어 있다. 그리고 그 모든 것들은 자신이 생각하고 느끼는 범위를 벗어나지 못한다.

진리가 너희를 자유롭게 하리라

어떤 사람은 종교에서 자유를 얻으려고 한다. 나도 어려서 어머니를 따라 교회를 다니며 찬송가를 부르고 기도를 하면서 눈물이 쏟아지는 감동을 많이 경험했다. 하지만 조금씩 철이 들고 생각이 깊어지면서는 종교의 교리와 규범이 사람들을 구속하고 있다는 생각이 들었다. 그래서 대학 졸업 논문의 주제를 '종교의 순기능과 역기능'으로 잡기도 했다. 에세이가 아닌 졸업 논문의 주제로는 너무 범위가 넓은 것이라 결국 포기하고 말았지만, 그때 내가 논의하고 싶었던 것의 핵심은 '종교는 사람을 조금 자유롭게 해 주는 대신 영원히 구속시켜 버린다'는 것이었다. 대학 시절의 치기 어린 생각이었다고 하더라도 그것은 나의 종교적 경험이 담겨 있는, 나름대로 근거 있는 주장이었다.

기독교에서는 우리 모두가 하나님의 자녀이자 구원 받은 존재라고 하면서도 언제나 우리가 '죄인'임을 강조한다. 설교 때마다 우리는 죄인들이므로 용서받아야 한다고 하고, 기도할 때마다 죄를 회개한다. 하나님의 자녀가 어떻게 죄인일 수 있는가? 만일 죄인이라면 벌을 달게 받아야 하는데, 기도의 내용은 온통 복을 바라는 것들뿐이다. 예수를 믿고 죽으면 천국에 간다고 하면서도 정작 죽음 앞에서는 두려움에 떨고, 슬픔에 몸부림친다.

절에 가도 상황은 이와 비슷하다. 모든 존재에게 불성(佛性)이 있다고 하면서도 자신은 '업장(業障)이 두터운 중생'이라고 한다. 모든 존재에게 불성이 있고 자신이 불자(佛子)라면 어떻게 무지나 어리석음이 있을 수 있는가? '색즉시공 공즉시색(色卽是空 空卽是色)', 즉 눈에 보이는 건 다 진짜가 아니라고 하면서도, 자신의 깨달음을 위해서는 하지 않는 백일기도를 대학 입시와 사업 성공을 위해서는 한다.

회개를 하지 말라는 것도, 자녀들의 진학이나 사업의 성공을 위해 기도하지 말라는 것도 아니다. 종교를 믿는다고 하면서도 맹목적으로 교리만 따라가거나 습관적인 의례에만 익숙해서는 '진리를 아는 자유'나 '완전한 깨달음의 자유'를 누릴 수 없음을 말하고 싶은 것이다.

그러면 어떻게 해야 진정한 자유를 누릴 수 있는가? 지금까지 거듭 이야기해 온 것이지만, 진짜 내가 누구인지를 발견할 때 우리는 자유로워질 수 있다. 내가 본래 자유로움 자체라는 사실을 알기만 하면 다른 대상이나 조건의 변화를 통해 자유를 추구하는 노력이 불필요한 것이다.

기독교에서는 '진리를 알지니 진리가 너희를 자유롭게 하리라.'라고 한다. 진리는 곧 자유이고, 눈에 보이는 세계로부터의 완전한 자유가 진리다. 포도나무와 포도나무 가지의 성분이 다르지 않은 것처럼 나도 하나님과 같은 성분이다. 그러므로 우리는 정신적인 존재이자 신적 창조력을 지닌 무한 능력의 존재다. 하나님이 사랑이신 것처럼 사람도 사랑으로 빚어진 존재인 것이다. 이와 같은 존재로서 온 우주를 상속받은 '하나님의 자녀'가 어떻게 질병이나 가난, 인간관계의 갈등이나 미래에 대한 두려움에 구속될 수 있겠는가?

불교의 입장에서 본다면, 나에게도 완전한 '부처의 성분', 즉 불성이 있다. 내가 불자, 다시 말해 '부처의 자식'이며 이미 깨달아 있는 의식이라면, 눈에 보이는 세계에 집착할 이유가 무엇겠는가? 내가 아직 깨닫지 못했다는 바보 같은 생각만 걷어 내고 보면, 완전한 자유만이 실재하는 것이다. 진정한 자유는 감각적 지각에 의존하여 일어나는 모든 현상적인 생각과 기준들로부터 벗어나는 것이다. 그것을 '구원'이나 '깨달음', 혹은 '자아실현'이라고 해도 상관없다. 중요한 것은 '진짜 내가 무엇인가'를 아는 것이기 때문이다.

깊은 의식으로서의 본래적인 내가 '그물에 걸리지 않는 바람처럼' 자유로운 존재, 자유로움 자체임을 발견할 때, 참으로 자유로운 삶을 현실에서도 살게 될 것이다.

즐겁고 풍요로운 삶

사람들은 각자의 개성에 따라 즐거움을 느끼며 하는 일들이 있다. 어떤 사람은 축구를 좋아해서 아침마다 조기 축구회에서 공을 차고, 어떤 사람은 일요일마다 글러브와 배트를 들고 나가 하루 종일 야구를 한다. 또 웰빙 바람이 불면서부터는 건강에 대한 관심이 높아져 헬스나 요가, 수영이나 댄스 등을 하는 사람들도 많다. 등산이나 낚시와 같이 전통적인 취미 활동을 즐기는 분들도 있고, 노래를 배우거나 그림을 그리는 사람들도 있다. 이처럼 사람들이 즐기는 활동은 아주 다양하지만, 문제는 그 즐거움이 한때뿐이라는 것이다.

전 인류의 역사에 걸쳐 서로 다른 수많은 철학과 사상이 전개되었다. 그리고 인간의 가장 근본적인 질문들에 대한 답도 철학과 사상의 수만큼 다양하다. 프로타고라스가 '인간은 만물의 척도'라고 한 말의 의미도, 각각의 사람들이 각자 서로 다른 생각과 느낌으로 살아간다는 의미다. 하지만 누구에게나 가장 현실적이고 중요한 문제는 감각적으로 경험되는 당장의 삶을 '어떻게 살아야 하는가'일 것이다.

이에 대하여 에피쿠로스는 인간의 유일한 목표인 '행복'은 쾌락을 통해 성취된다고 생각했다. 쾌락에 도달하는 것이 행복이고 불쾌를 일으키는 것은 불행이라는 것이다. 그러나 그가 육체적인 쾌락을 최고의 행복으로 여긴 것은 아니다. 그는 오히려 고통과 두려움이 없는 평정한 마음의 상태를 최고의 쾌락이라고 보았다. 감각적인 쾌락을 지나치게 추구하면 그 뒤에는 반드시 고통이 따르기 때문이다. 이것을 '쾌락(快樂)의 역리(逆理)'라고 한다.

앞서 말했던 '참나실현회'에서 적극적으로 활동하는 댄스스포츠 교수님이 계시다. 이분은 어찌나 춤을 좋아하는지, 국제 대회에 한국 대표로도 출전하고 영국 왕실에서 수여한 댄스 교사 자격증까지 가지고 있다. 이분이 춤을 추는 모습을 보면 자기가 하는 일에 얼마나 즐겁게 몰입하고 있는가를 느낄 수 있다. 하지만 24시간 내내 춤을 춰도 행복한 감정만을 느낄 수 있을까? 한두 시간은 모르지만, 10시간, 12시간 계속 춤을 춘다면 한계에 도달하여 더 이상 춤이 즐겁게만 느껴지는 않을 것이다.

나는 생선초밥을 좋아해서 다른 사람들보다 많이 먹는 편이지만, 스무 개 이상은 먹게 되지 않는다. 만일 그 이상을 억지로 더 먹어야 한다면 생선초밥을 먹는 즐거움이 고통으로 변할 것이다. 감각적 쾌락은 어떤 형태라도 마찬가지다. 처음에는 즐겁지만, 그것을 계속하면 곧 익숙해진다. 그리고 익숙한 것은 더 이상 즐겁지 않다. 그래서 더 강렬한 즐거움을 얻으려고 보다 자극적인 것을 찾아 나서게 된다. 그러나 끝끝내 더욱 강렬한 쾌락을 느끼지 못하면 오히려 참기 힘든 고통을 겪는 모순에 빠지고 만다.

사람들이 더 많은 돈을 벌려고 하는 것도 사실은 육체적인 쾌락을 보다 많이 보장받기 위한 것이다. 그러나 돈을 많이 번 후에 느낄 수 있는 심리적 만족감에도 사람은 금방 익숙해진다. 즉, 이미 충족된 욕구는 잊혀지고 채워지지 않은 욕구들이 다시 일어나기 때문에 더 이상 고마운 마음이나 행복한 느낌이 일어나지 않는 것이다.

소유의 즐거움과 허망함

금융업계에서 부자들을 상대로 투자 상품을 소개하고 재테크를 도와주는 친구의 이야기를 들었다. 현금으로만 수억 원을 갖고 있는 사람이라면 상당한 부자라고 할 수 있을 것 같은데, 그 정도는 부자 축에도 못 낀다고 한다. 한 50억 정도 있어야 '기본은 되는군.' 한다는 것이다. 서민들 입장에서는 '현금을 50억이나 가지고 있으면 일할 필요도 없이 풍요롭게 살겠구나.'라고 생각할 수도 있지만, 실제로 50억 원을 소유한 부자는 100억 원을 가진 사람들을 무척 부러워한다고 한다. 그렇다고 100억 원을 채운 후에는 행복을 느낄 수 있을까? 그렇지 않다. 100억을 넘기면 500억, 500억을 넘기면 1,000억……. 그렇게 끝도 없이 아등바등하며 산다는 것이다. 내가 그 세계를 경험해 본 것은 아니지만, 짐작은 할 수 있다. 그것이 감각적 쾌락을 추구하는 욕망의 본성이기 때문이다.

소유욕과 관련된 즐거움과 허망함은 금액의 많고 적음과 상관이 없다. 1년 반이나 걸려서 어렵게 운전면허를 딴 나는 하루빨리 차를 몰고 싶은 생각이 들었다. 월수입이 100만 원도 안 되고, 생활비 빼고 나면 남는 돈이 거의 없는데도 차는 꼭 갖고 싶었다. 그래서 여기저기 수소문을 해서 싼 가격에, 그것도 할부로 중고 경차를 한 대 샀다. 그 차를 사서 처음으로 운전대를 잡았을 때 얼마나 기분이 좋았는지 모른다. 지금도 운전을 즐기지만, 그때는 자동차가 얼마나 고맙고 사랑스러운지 항상 싱글벙글하며 운전을 했다.

그런데 한번은 차를 몰고 가다가 황당한 일을 겪게 되었다. 오른쪽 차선으로 진입해야 하는 줄 알고 오른쪽 깜빡이등을 켰는데, 다시 살펴보니 왼쪽 차선으로 옮겨서 유턴을 해야 하는 상황이었다. 아차 싶어서 다시 왼쪽 깜빡이등을 켜고 왼쪽 차선으로 들어가는데, 그 차선을 달리던 차 한 대가 심하게 경적을 울리며 다가왔다. 차에 탄 사람들은 젊은 아가씨들이었는데, "그렇게 급하게 들어오면 어떻게 하나? 운전 똑바로 해!" 하면서 내 차 앞유리에 우유팩을 확 집어 던졌다. 순식간에 앞유리는 우유로 뒤덮이고 시야는 완전히 가려지고 말았다. 나는 너무 놀라서 와이퍼로 빨리 닦아 낼 생각조차 못하고 브레이크만 꽉 밟고 있었다. 잠시 뒤에 마음을 진정시키고 목적지에 다녀오기는 했지만, 분한 마음은 가시지 않았다. '차가 작으면 이렇게 무시를 당하는구나.' 하는 생각이 들고부터는 그렇게 좋아하던 차였는데도 빨리 바꾸고 싶어졌다.

경제 사정이 좋지 않아 당장 실행할 수는 없었지만, 학원에서 강의를 시작하고 수입이 늘어나면서 제일 먼저 바꾼 것이 자동차였다. 그때 한창 인기를 끌던 최신 모델의 중형차를 사서 처음 시동을 거는 순간, 너무 기뻐서 탄성이 저절로 튀어나왔다. 세상을 다 얻은 것처럼 기뻐서 어쩔 줄을 몰랐다.

그리고 7년이 지났다. 어떻게 되었을까? '이 차는 망가지지도 않나? 누가 그냥 팍 찍고 지나가면 그 핑계로 차를 바꿀 텐데…….' 하는 생각까지 들었다. 그런데 차에 대해서 그런 마음을 가지니 진짜 그런 일이 벌어졌다. 고속도로를 달리다가 자동차가 갑자기 멈춰 버리는데 원인을 정확히 알 수가 없었던 것이다. 그런 일이 세 번 있고 나서는 결국 차를 바꾸지 않을 수 없었다.

이번에는 대형차로 바꿨다. 세련된 디자인이라 한눈에 보기에도 좋았고, 승차감도 뛰어나고 성능도 우수했다. 새 차를 사자 역시 기분이 좋았다. 하지만 예전처럼 그렇게 흥분할 정도로 기쁘지는 않았다. 여러 번 차를 바꾸면서 익숙해진 것도 있겠지만, 자동차가 즐거움을 주는 것이 아니라 내가 본래 즐거움 자체라는 사실을 아는 까닭이다.

지금은 그 차도 팔아 버리고 대중교통을 이용한다. 자동차가 없이는 생활이 불가능할 것 같았는데, 즐겁게 다니다 보니 버스와 전철이 참 편리하다. 지방 출장을 갈 때는 고속버스나 열차를 이용하는데, 시간 활용이 자유로운 것도 좋지만 비용도 적게 든다. 자동차가 필요하다고 생각하면 언제라도 자동차가 생길 것이다. 하지만 차의 소유 여부는 중요하지 않다. 눈에 보이는 현실과 상관없이 충만한 즐거움을 누리며 생활할 때, 그러한 현실은 눈앞에 펼쳐지는 것이기 때문이다.

시선을 안으로 돌려라

어떻게 하면 정말 즐겁고 풍요로운 삶을 살 수 있을까? 우리는 이제 잠깐 즐겁다가 마는 즐거움은 진짜 즐거움이 아니라는 것, 다시 빈곤해질 수 있는 부유함은 진짜 풍요로움이 아니라는 것을 안다. 좋아하는 일만 계속한다고 해도 진정한 즐거움을 누릴 수 없고, 무엇을 많이 소유한다고 해도 진정한 풍요를 누릴 수 없다는 것도 알았다. 감각적으로 지각되는 세계는 시시각각 변하는 변덕스러운 마음이 비추인 것일 뿐이다. 그러므로 이렇게 불완전한 세계에서 완전한 행복을 누리려면 시선을 밖에서 안으로, 외면에서 내면으로 돌려야 한다.

완전한 행복을 성취하기 위해서는 잡다한 현상에 관심을 빼앗기지 말고, 오직 자신이 완전한 존재임을 체득하는 데 집중해야 한다. 완전한 행복으로서의 본래적인 자기를 분명히 인식할 때에야 비로소 완전히 즐겁고 풍요로운 삶, 지속적으로 행복한 삶을 살게 되는 것이다.

얼마나 감사한 일인가? 참된 나는 조건 없는 사랑이고 싱싱한 생명이다. 진짜 나는 지혜 자체이고 감사함 자체다. 주머니에 넣고 있던 휴대전화 벨이 울리면 더 이상 휴대전화를 찾아 헤매지 않듯이, 내가 행복 자체임을 분명히 알게 되면 더 이상 행복을 찾아 헤매지 않는다.

지금까지 함께 나눈 내용들에 공감하면서 자신이 행복 자체라는 사실을 발견하고, 늘 행복을 누리는 생활을 찾을 수 있다면 참으로 고마운 일이다. 그러나 여전히 의문이 남는다고 해도 당신은 언제나 행복 자체로 존재한다. 그리고 결국 언젠가는 그것을 발견하게 되고야 말 것이다. 그것이 다름 아닌 당신 자신이기 때문이다.

Reset Point

- 명상은 스트레스와 불안을 제거하고 삶의 열정과 창의력을 이끌어 낸다. 또한 명상은 집중력을 높여 주고 질병 치료에 효과가 있을 뿐 아니라 면역 체계를 강화시킨다.

- 가장 바람직한 나의 모습을 분명한 느낌으로 선언하면 자신에 대한 느낌이 달라진다. 마음을 열고 본래적인 나를 실재감으로 느낄 때 삶은 변화된다.

- 명상을 계속하면서 무의식이 정화되어 늘 평화롭고 감사한 마음을 느끼게 되면 현실에서도 감사한 일들만 경험하게 된다.

- 신체적으로 자유롭고 본능적인 욕구가 충족된다 해도 진정한 자유와 즐거움을 얻을 수는 없다. 진짜 내가 누구인지를 발견할 때 진정한 자유와 행복을 누리게 된다.

Reset Guide

1. '참나선언문'을 활용하여 명상을 한다.

잠들기 직전과 깨어난 직후에'참나선언문'을 소리 내어 두 번 이상 읽어 보자. 천천히 느낌을 담아 읽고 나서 편안하게 눈을 감고 '감사하다.'라는 말을 마음속으로 1~2분 정도 반복하여 그 느낌을 지속시킨다. 화장실, 식탁, 사무실 책상 등 시선이 늘 닿는 곳에 '참나선언문'을 붙여 놓고, 눈에 띌 때마다 한 구절씩 읽어 보자.

2. 용서와 사랑을 선언한다.

내가 미워하는 누군가가 있다면 그 사람을 떠올려 보자. 그 사람의 부모의 입장에서 바라보고 그를"용서한다."라고 말하고, 그 다음에는 그 사람을 사랑하는 사람의 입장에서 바라보고 이름을 부르며 진심으로"사랑한다."라고 말해 보자.

3. 행복한 감정을 느낀다.

이제까지 살아오면서 가장 행복했던 순간을 떠올려 보자. 눈을 감고 구체적으로 그 장면을 떠올리며 그때의 느낌을 생생하게 느낀다. 또한 내가 비전 게시판에 올려놓은 내용들도 눈을 감고 떠올리며, 그것들이 성취된 모습을 구체적으로 그리고 그때의 느낌을 생생하게 느껴 보자.

리셋! 눈부신 탄생

펴낸날	**초판 1쇄 2009년 7월 17일** **초판 12쇄 2024년 1월 17일**

지은이	**김필수**
펴낸이	**심만수**
펴낸곳	**(주)살림출판사**
출판등록	**1989년 11월 1일 제9-210호**

주소	**경기도 파주시 광인사길 30**
전화	**031-955-1350 팩스 031-624-1356**
홈페이지	**http://www.sallimbooks.com**
이메일	**book@sallimbooks.com**

ISBN	**978-89-522-1208-5 03320**

※ 값은 뒤표지에 있습니다.
※ 잘못 만들어진 책은 구입하신 서점에서 바꾸어 드립니다.